EXPERTO EN CRIPTOMONEDAS

Actualidad y futuro de Blockchain

PAUL LE GRAND

A mi familia que siempre
ha estado ahí...

Tabla de contenido

INTRODUCCIÓN

Aproximación a las criptomonedas

Ningún inversor en acciones podría aspirar a obtener los rendimientos que han sabido registrar los inversionistas en activos digitales como Ripple o las criptomonedas como Bitcoin.

Esto explica, en parte, la inmensa popularidad que han ido ganando estos novedosos valores.

El Bitcoin llegó a producir rendimientos del orden del 1.300% (2017) y el Ripple de más del 35.000%, algo impensable para ninguna acción que cotice en Bolsa.

Algunos inversores novatos juzgaron mal a todo este mercado debido a que ingresaron sin conocimiento, a principios de 2018 como consecuencia del boom del año anterior y obtuvieron pérdidas al producirse un efecto burbuja, dado que compraron criptomonedas a precios muy elevados.

Muchos de ellos resolvieron abandonar para siempre este tipo de inversiones y volver a los activos financieros tradicionales.

Sin embargo, pasada la burbuja, el mercado de las criptomonedas continuó evolucionando, ganó en estabilidad y logró el apoyo de muchas instituciones financieras importantes a nivel mundial.

En la medida en que hay más usuarios de las criptomonedas, son también más las personas que terminan aceptándolas como método de pago y así es como se ha ido fortaleciendo este innovador mercado.

En la base del desarrollo de las criptomonedas como Bitcoin reside una nueva tecnología llamada Blockchain o cadena de bloques.

Blockchain es la infraestructura que sostiene a las criptomonedas y se la considera una tecnología disruptiva e innovativa con aplicaciones que no terminan con las criptomonedas. Algunos comparan su influencia en los mercados de valores con la que tuvo el advenimiento de Internet en las comunicaciones.

El hecho significativo respecto de la inversión y el comercio de criptomonedas es su naturaleza combinada entre un activo y una moneda.

Los fundamentos de una criptomoneda son diferentes de los de cualquier otro activo financiero. En criptografía no se aplican las formas tradicionales de medir valor, en principio, porque en muchos casos los datos criptográficos no se almacenan en ningún sitio formal. En realidad, la mayoría de las criptomonedas y su subyacente blockchain están descentralizadas sin que ninguna autoridad esté a cargo.

Por el contrario, el poder se encuentra distribuido entre los miembros de cualquier blockchain o comunidad criptográfica.

La inversión en criptomonedas explicada simplemente

Si bien una de las más famosas es Bitcoin, el mercado de las criptomonedas tiene mucho mayor amplitud. También es cierto que tiene una gran volatilidad, pero a la par mantiene el potencial de permitir a los inversores ganar mucho dinero invirtiendo adecuadamente y desarrollando estrategias que se adapten a su concepto personal del riesgo. Se pueden considerar diferentes métodos para participar en la inversión en criptomonedas y una forma de ordenarlas es a través del análisis de riesgo.

Hay que reconocer que la materia de las criptomonedas y su tecnología blockchain puede resultar confuso para iniciados, por eso el enfoque de este tratado es el de explicarlo de una manera extremadamente sencilla, accesible y libre de la terminología intimidante de los expertos.

Esto no significa que no pueda contener información seria sobre el desarrollo de estrategias, el análisis de riesgos y el mercado en general.

En el presente documento se incluye Material Técnico, pero está diseñado de manera que resulte información de interés sin ser imprescindible para la comprensión general del tema. Igualmente el lector puede convertirse en un inversor criptográfico sin necesidad de adentrarse en estos datos técnicos.

Asimismo, el tratado contiene referencias de muchas páginas web que permiten obtener información adicional sobre ciertos tópicos, incluso enlaces de sitios de empresas de servicios criptográficos.

La suposición de partida para la preparación de este libro es que el lector sólo posee conocimientos básicos sobre la inversión y el mercado de las criptomonedas:

En principio es posible que haya oído hablar de criptomonedas o incluso que sea propietario de algunas de ellas, pero no sepa realmente cómo funcionan.

También es posible que haya invertido antes en otros mercados como el mercado de valores, sin estar necesariamente familiarizado con la terminología técnica financiera.

Otra suposición básica es que el lector interesado en introducirse en el universo de la criptografía conoce el uso de su computadora y el empleo de Internet y dispone de una conexión de alta velocidad, la cual será necesaria para poder trabajar con muchas de las herramientas en línea que se recomiendan.

Simbología utilizada:

Hay ciertos íconos que se utilizan a lo largo del texto para señalar distintos fragmentos e identificar rápidamente las características de su contenido.

Este ícono señala cuando algo es verdaderamente importante y debe ser tenido en cuenta.

Este ícono simboliza la presencia de ideas válidas para mejorar su inversión en criptomonedas.

Esta señal indica posibles riesgos en la inversión y el mercado de criptomonedas. Es indicativo de zonas peligrosas, donde algunos errores pueden costarle mucho dinero.

Este símbolo indica algunos hechos interesantes y anécdotas divertidas que pueden disfrutarse, pero su lectura no es esencial para la inversión.

Más allá del presente libro

Además del texto, este material también incluye la posibilidad de acceder a diversas fuentes en la web, algo que debe computarse como una ventaja.

Capítulo 1

¿Qué es una criptomoneda?

Después de haber elegido iniciar la lectura de este material, su primera pregunta quizás podría ser: ¿Al final, qué diablos es una criptomoneda?

Para decirlo en pocas palabras, una criptomoneda es una nueva forma de dinero digital. El dinero tradicional, por ejemplo, el dólar estadounidense, se puede transferir en forma digital pero no es exactamente del mismo modo como funcionan las criptomonedas.

Cuando el uso de las criptomonedas se generalice, los usuarios podrán emplearlas para pagar las cosas electrónicamente, del mismo modo que se hace con el dinero tradicional.

Con todo, lo que distingue a las criptomonedas es la tecnología que las respalda. Alguien podría decir "¿A quién le importa la tecnología que hay detrás de mi dinero? ¡A mí sólo me preocupa de cuánto dispongo en mi billetera!

El problema es que los sistemas de dinero actual del mundo presentan un montón de problemas.

Algunos ejemplos son los siguientes:

- Los sistemas de pago tales como tarjetas de crédito y transferencias bancarias se encuentran desactualizados.

- Existen grupos de intermediarios, en la mayoría de los casos, tales como bancos y corredores, que forman parte del proceso, haciendo que las transacciones sean más costosas y lentas.

- La desigualdad financiera es creciente en todo el mundo.

- Existen alrededor de 3.000 millones de personas en el mundo que no están bancarizadas o están sub-bancarizadas.

Estos usuarios no pueden acceder a los servicios financieros y constituyen aproximadamente la mitad de la población del planeta.

En principio, las criptomonedas tienen como objetivo resolver algunos de estos problemas y otros más. Este capítulo introduce los fundamentos de las criptomonedas.

Principios básicos del criptodinero

¿Alguien sabe cómo se reserva en los bancos su moneda de uso diario, que cuenta con respaldo del gobierno?

¿O que se necesita un cajero automático o la conexión a un banco para obtener más dinero o transferirlo a otras personas?

Pues, con las criptomonedas es posible deshacerse de los bancos y otros intermediarios centralizados.

Esto sucede porque las criptomonedas dependen de una tecnología llamada blockchain, que está descentralizada, lo cual significa que no hay una única entidad a cargo de ella. En lugar de ello, cada computadora en la red puede confirmar las transacciones.

En el próximo Capítulo 5 se incluye más información sobre la tecnología blockchain que tiene aplicaciones interesantes como en el caso de las criptomonedas.

En las siguientes secciones, se repasan los conceptos básicos de las criptomonedas: sus antecedentes, beneficios y más.

La definición de dinero

Antes de entrar en el meollo de las criptomonedas, es imprescindible ingresar y comprender la definición de dinero en sí. La filosofía sobre la cual se apoya el dinero tiene algo del dilema huevo-gallina: "¿Que fue primero, la gallina o el huevo?"

Para que el dinero sea valioso, debe reunir una serie de características, tales como las siguientes:

»» Debe poseerlo suficiente gente.

»» Los comerciantes deben aceptarlo como forma de pago.

»» La sociedad debe confiar y creer en que es valioso y seguirá siendo valioso en el futuro.

Obviamente, en la antigüedad era común intercambiar un lote de alimentos por una herramienta, y entonces los valores de las mercancías transadas eran inherentes a su propia naturaleza. Pero cuando aparecieron las monedas, el efectivo y las tarjetas de crédito cambiaron la definición del dinero y, especialmente, el modelo de confianza del dinero.

Otra característica clave en el dinero ha sido su facilidad de transacción. La molestia que representaba transportar una tonelada de lingotes de oro de un país a otro fue una de las principales razones que llevaron al invento del efectivo. Luego, cuando la gente se volvió aún más cómoda y perezosa, se inventaron las tarjetas de crédito. Pero, las tarjetas de crédito involucran el dinero controlado por el gobierno. Como el mundo se ha vuelto más interconectado y atento a las disposiciones de las autoridades, que pueden o no tener en cuenta los mejores intereses de las personas, las criptomonedas llegan para ofrecer una valiosa alternativa.

Aquí surge un dato llamativo: la moneda normal que está respaldada por el gobierno, tal como el dólar de EE. UU, debe utilizar su nombre elegante de moneda fiduciaria, ahora que las criptomonedas se encuentran a su alrededor. La fiducia se describe como una moneda de curso legal, de modo que son monedas y billetes que tienen valor solamente porque el gobierno lo dice. Más detalles sobre las monedas fiduciarias se pueden encontrar en Capítulos siguientes.

Genealogía de las criptomonedas

La primera criptomoneda consolidada fue la que es todavía la más renombrada: Bitcoin.

Probablemente se trata de lo más escuchado por el usuario desprevenido en su aproximación al mercado de la criptografía. Bitcoin se constituyó en el primer resultado de la cadena de bloques desarrollada por alguna entidad anónima, cuyo nombre se debió a Satoshi Nakamoto, creador del protocolo Bitcoin de dinero digital en 2008.

Satoshi lo describió como una versión P2P, o sea, peer-to-peer del dinero electrónico. Un año después, en 2009, liberó el software Bitcoin que le dio nombre a la red y a las primeras unidades monetarias, llamadas también, previsiblemente, bitcoins.

Nakamoto continuó trabajando en el proyecto junto a otros programadores hasta mediados del año 2010, fecha en la que entregó el control del código fuente y las claves de acceso y abandonó el programa.

Su verdadera identidad siempre ha sido un misterio y no se sabe si Satoshi Nakamoto es un nombre real o un pseudónimo. Incluso se piensa que es la denominación de un grupo de especialistas informáticos.

Si bien Bitcoin fue la primera criptomoneda establecida, existieron muchos otros antecedentes para intentar la creación de monedas digitales, desde algunos años antes de que Bitcoin se introdujera formalmente.

El desarrollo de las criptomonedas como Bitcoin utiliza un proceso llamado minería, por una similitud con la obtención de los minerales. El proceso de la minería de criptomonedas implica el empleo de computadoras personales y la resolución de problemas complejos. Se puede consultar el Capítulo 12 para obtener más información sobre la minería criptográfica.

La exclusividad de Bitcoin como criptomoneda duró hasta 2011, año en que los aficionados a este sistema creyeron advertir algunas fallas en su diseño, velocidad, seguridad y anónima crear monedas alternativas, también conocidas como altcoins.

Una de las primeras altcoins desarrolladas fue Litecoin, pensada para convertirse en una alternativa de Bitcoin para transferencias de bajo valor.

A la fecha existen más de 1.600 criptomonedas y probablemente su número aumente en el futuro.

Un resumen de las criptomonedas disponibles se puede encontrar en el Capítulo 8.

Beneficios clave de las criptomonedas

Para quienes dudan de que las criptomonedas o cualquier otra forma de descentralización del dinero pueda constituir una mejor alternativa que el empleo del dinero tradicional avalado por los gobiernos, se ofrece a continuación un listado de soluciones que las criptomonedas podrían proporcionar a través de su naturaleza descentralizada:

- **Reducir la corrupción:** un gran poder debería ir aparejado con una gran responsabilidad. Porque si se otorga demasiadas facultades a una sola persona o entidad, las posibilidades aumentan de que termine abusando de ese poder.

Tal como lo sentenció John Emerich Edward Dalberg-Acton, más conocido como Lord Acton, que fue un historiador y político inglés, católico y liberal, cuya fama se debió en parte a la frase que supo acuñar: *«El poder tiende a corromper y el poder absoluto corrompe absolutamente»*.

Uno de los objetivos no declarados de las criptomonedas es el de evitar el problema de la concentración de poder absoluto, distribuyéndolo entre mucha gente, que son todos los miembros de

la red. Esa es la idea central que subyace detrás de la tecnología blockchain. Para obtener más información se puede consultar en el Capítulo 4.

- Eliminar la posibilidad de impresión de dinero innecesaria y exagerada. Una costumbre de muchos gobiernos que lo hacen a través de sus bancos centrales, cuando se enfrentan con problemas económicos graves.

Simplemente recurren al expediente de imprimir dinero sin respaldo, que trae soluciones aparentes junto con otros problemas más profundos.

La impresión de dinero permite a un gobierno rescatar una deuda o cumplir con obligaciones de pago internas, pero generalmente desemboca en un proceso inflacionario que termina erosionando el valor de la propia moneda. El público tiende a huir de esos papeles sin valor o de escaso valor adquiriendo bienes de consumo, pero los precios de estos comienzan a aumentar diariamente convirtiéndose en inalcanzables. Países como Argentina, Irán o Venezuela han caído en estas situaciones.

A diferencia de esto, la mayoría de las criptomonedas cuentan con una cantidad limitada y establecida de unidades disponibles. Cuando todas esas monedas estén en circulación, ninguna entidad central o empresa responsable de la cadena de bloques tiene una manera sencilla de crear más unidades de monedas para agregar a su provisión.

- Colocar a las personas a cargo de su propio dinero, algo que no sucede con el efectivo tradicional. En el caso del dinero convencional los usuarios ceden el control a los bancos centrales y al gobierno. Esto puede resultar correcto si se confía en el gobierno, pero también implica riesgos, puesto que, en cualquier momento, el gobierno podría decidir simplemente congelar las cuentas bancarias y negar el acceso a los fondos. Por ejemplo, en los Estados Unidos, si no se cuenta con un testamento legal y se posee bienes patrimoniales, el gobierno tiene derecho a disponer de todos sus activos en el caso de fallecimiento. También puede darse la situación de que el gobierno llegue a abolir los billetes de banco, tal como lo hizo India en 2016.

Con las criptomonedas, solamente el titular y nadie más puede acceder a sus fondos. Todo esto, en condiciones normales, dejando de lado los robos y situaciones irregulares. Para interiorizarse sobre la forma de proteger los criptoactivos, se puede consultar el Capítulo 3.

- **Eliminando al intermediario:** con el dinero tradicional, cada vez que el usuario realiza una transferencia, hay un intermediario como su banco o un servicio de pago digital hace un recorte.

Vale decir que siempre habrá un intermediario que se queda con una pequeña parte en forma de comisión. A diferencia de esto, con las criptomonedas, todos los miembros de la red en la cadena de bloques son como aquellos intermediarios y su compensación está formulada de manera diferente a la de la fiducia de los intermediarios de dinero y, por lo tanto, su monto es mínimo en comparación. En el Capítulo 4 se puede obtener más información sobre cómo funcionan las criptomonedas.

- **Al servicio de los no bancarizados:** como ya se expresó, una gran parte de los ciudadanos del mundo no tiene acceso o tiene un acceso muy limitado a los sistemas de pago formales como los bancos. Las criptomonedas tienen como objetivo resolver este problema mediante la difusión del comercio digital en todo el mundo para que cualquiera, simplemente con un teléfono móvil, pueda empezar a realizar pagos.

De hecho, hay más gente que tiene acceso a los teléfonos móviles que a los bancos.

Se llega a afirmar que hay más personas que tienen dispositivos móviles que inodoros.

En el Capítulo 2 se puede consultar sobre los beneficios sociales que pueden provenir de las criptomonedas y la tecnología blockchain.

Algunos mitos sobre cripto y cadena de bloques

Durante la burbuja de Bitcoin en 2017, se difundieron muchos conceptos erróneos sobre todo el mercado de criptomonedas. Estos verdaderos mitos pueden haber jugado su papel en el aparente descrédito de las criptomonedas que siguió a la oleada. Lo importante es recordar que, tanto la tecnología blockchain como su subproducto, el mercado de las criptomonedas, todavía están en su infancia, y las cosas están cambiando rápidamente. Analicemos algunos de los malentendidos más comunes.

- Las criptomonedas solo son buenas para el delito. Algunas criptomonedas se jactan del anonimato como una de sus características más notables, aludiendo a la preservación de la identidad de quien realiza las transacciones.

También es cierto que las criptomonedas, al basarse en una tecnología blockchain descentralizada, quedan fuera del control de un gobierno central. El prejuicio induce a pensar que estas características podrían hacer que las criptomonedas sean atractivas para criminales. Sin embargo, lo destacable es que los ciudadanos respetuosos de la ley, aún en países con regímenes corruptos también pueden beneficiarse de ellas. A saber, si un usuario no confía en su banco o país porque hay mucha corrupción e inestabilidad política, la mejor manera de almacenar y proteger su dinero puede ser a través de los activos de blockchain y criptomonedas.

- Todas las criptomonedas facilitan la realización de transacciones anónimas.

Por alguna razón, mucha gente tiende a equiparar Bitcoin con el anonimato. Pero muchas criptomonedas, así como Bitcoin, no hacen del anonimato una cuestión esencial sino que más bien es una consecuencia del formato digital y la metodología de operación.

La realidad es que todas las transacciones realizadas con dichas criptomonedas se concretan a través de una blockchain que es pública.

Hay criptomonedas, como Monero, que priorizan más la privacidad, lo que significa que un extraño no puede encontrar el origen, monto o destino de las transacciones. Sin embargo, éste no es el caso de la mayoría de las criptomonedas, incluido Bitcoin, que no funcionan de esa manera.

- La única aplicación de blockchain es Bitcoin.

Esto, tal como se mencionó al comienzo, es una idea alejada de la realidad. Bitcoin y otras criptomonedas son apenas un pequeño subproducto de la revolución de cadena de bloques o blockchain. La tecnología de cadena de bloques asegurados criptográficamente se hizo popular con la llegada de Bitcoin y las criptodivisas, pero ya existía desde hacía varios años y registraba crecientes aplicaciones comerciales, especialmente en usos ligados a las instituciones financieras. Básicamente se trata de un registro único y consensuado que se encuentra distribuido en varios nodos en una red. Para explicarlo de un modo sencillo, en el caso de las criptomonedas provee el "libro contable" de las transacciones.

Todos los participantes de la red almacenan una copia exacta de la cadena. Algunos llegan a creer que Satoshi creó Bitcoin simplemente para proporcione un ejemplo de cómo puede funcionar la tecnología blockchain, indicando con esta exageración que es más importante la tecnología madre que sus productos derivados.

Muchas industrias en el mundo y sus diferentes empresas pueden utilizar la tecnología blockchain en su campo específico.

Se puede obtener más información y ejemplos en el Capítulo 5.

- La actividad de blockchain es un universo cerrado.

Mucha gente cree falsamente que la tecnología blockchain constituye un mundo oscuro de iniciados informáticos, sólo accesible para su red de usuarios secretos y que, por lo tanto, no está abierta al público.

Puede suceder que algunas empresas creen sus propias blockchains privadas para ser utilizados solamente entre sus empleados y socios comerciales, pero la mayoría de las cadenas de bloques que operan detrás de criptomonedas famosas como Bitcoin son accesibles al público. Literalmente, cualquier persona que disponga de una computadora y una conexión de red puede acceder a las transacciones en tiempo real.

Puede hacerlo, por ejemplo, buscando el sitio Transacciones de Bitcoin en www.blockchain.com.

Riesgos

Esto es algo que preocupa a mucha gente, especialmente a los potenciales inversores de estilo conservador, caracterizados por su cautela. Se debe admitir que las criptomonedas poseen su propio bagaje de riesgos, casi como cualquier otra actividad o emprendimiento humano.

Todo aquel que intercambie criptomonedas, invierta en ellas o simplemente las conserve por previsión de futuro, debe comprender de antemano que los riesgos existen y debe ser capaz de evaluarlos antes que descartar de plano su empleo. Algunos de los riesgos de las criptomonedas más mencionados son su volatilidad y la falta de regulación.

La *volatilidad* se manifestó en forma palpable especialmente en 2017, cuando el precio de la mayoría de las principales criptomonedas, incluido Bitcoin, se disparó por encima del 1.000 por ciento y luego vino el rebote que lo deprimió exageradamente. Es de esperar que pasada la burbuja del consumo desmedido de las criptomonedas, se haya ingresado en un escenario más calmado y predecible. En este escenario de normalidad, las fluctuaciones del precio han comenzado a seguir patrones similares a los de las acciones y otros activos financieros.

Las *regulaciones*, en realidad su ausencia, constituyen otro tema importante para la criptoindustria. Es llamativo que los mismos que se quejan por la carencia de regulaciones serían los primeros en quejarse de un exceso de regulación. Ellos mismos admiten que un denso marco regulatorio se convertiría en un entorno de riesgo para las criptomonedas.

Puede profundizarse acerca de los riesgos y las formas de gestionarlos, en el Capítulo 3.

Preparativos para realizar transacciones

El objetivo implícito de las criptomonedas es el de facilitar y agilizar las transacciones. Para que el usuario pueda aprovechar estos beneficios debe conocer y prepararse con dispositivos criptográficos, descubrir cómo puede acceder a diferentes criptomonedas y conocer la comunidad de criptodinero. Algunos de los elementos esenciales incluyen las carteras de criptodivisas y los intercambios.

Carteras

Algunas carteras de criptomonedas, que pueden retener sus compras de criptos son similares a ciertos servicios de pago digital como Apple Pay y PayPal.

Pero en general, estas carteras son diferentes de las tradicionales y se presentan con diversos formatos y niveles de seguridad.

Nadie puede involucrarse en el mercado de las criptomonedas si no posee una billetera criptográfica.

Algunos confían en que el tipo más seguro, es el de las billeteras físicas como las de hardware o papel, en lugar de usar las correspondientes billeteras en línea. En el Capítulo 7 se incluye contenido acerca del funcionamiento de estas carteras y cómo pueden obtenerse.

Sitios de Intercambios

El usuario que ya posee una billetera criptográfica está en condiciones de adquirir sus criptomonedas, y uno de los mejores destinos adonde puede dirigirse para hacerlo es una central de intercambio de criptomonedas.

Esto se ofrece como un servicio web en línea y es el sitio hacia donde se puede transferir el dinero tradicional para comprar criptomonedas, intercambiar diferentes tipos de ellas o incluso almacenar las propias criptomonedas.

Sin embargo, debe tenerse en cuenta que almacenar sus criptomonedas en un sitio de intercambio se considera de alto riesgo porque muchos de ellos han estado expuestos a ciberataques y estafas en el pasado.

Cuando haya finalizado sus transacciones, la mejor opción es mover sus nuevos activos a una billetera personal más segura.

Los sitios de intercambio se encuentran en diferentes formas y formatos. Algunos se parecen a la bolsa tradicional y actúan como intermediarios, algo que para los entusiastas de la criptografía es como una ofensa para el mercado de las criptomonedas, ya que se supone que éste está tratando de eliminar un sistema de intermediación centralizada.

Otros intercambios están descentralizados y brindan un servicio donde los compradores y los vendedores se reúnen y realizan transacciones de igual a igual, pero tienen sus propios problemas, como el riesgo de sufrir bloqueos. Un tercer tipo de criptointercambio se llama híbrido y combina los beneficios de los otros dos para crear una experiencia mejor y más segura para los usuarios. En el Capítulo 6 se pueden hallar varios pros y contras de todos estos tipos de intercambios y conocer otros lugares donde se puede ir a comprar criptomonedas.

Compartir comunidades

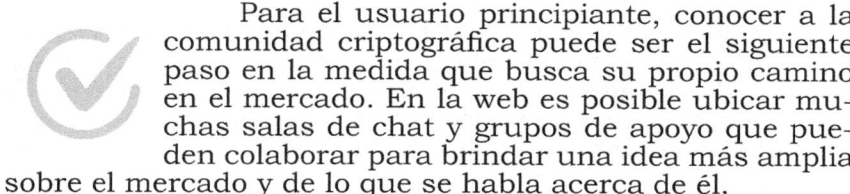

Para el usuario principiante, conocer a la comunidad criptográfica puede ser el siguiente paso en la medida que busca su propio camino en el mercado. En la web es posible ubicar muchas salas de chat y grupos de apoyo que pueden colaborar para brindar una idea más amplia sobre el mercado y de lo que se habla acerca de él.

Algunas formas de involucrarse son las siguientes:

- Participar en Grupos de Telegram específicos de criptografía.

Muchas de las criptomonedas más conocidas tienen sus propios canales en la aplicación Telegram. Para unirse a ellos, el usuario sólo necesita poseer la aplicación de mensajería Telegram en el teléfono inteligente o computadora; la cual puede descargarse desde la red y está disponible para sistemas operativos iOS y Android.

- Participar en Salas de chat criptográficas

Tales como Reddit o BitcoinTalk, a las cuales se puede acceder en los sitios web: BitcoinTalk en https://bitcointalk.org/ y Reddit en www.reddit.com/ que son algunos de los más antiguos que poseen salas de chat criptográficas.

Muchos de los temas incluidos pueden verse sin necesidad de registrarse, pero si se desea participar se requiere iniciar sesión y registrarse.

Por supuesto, el contenido de Reddit excede la materia referida a criptomonedas, pero puede buscarse allí una amplia variedad de temas de cripto.

- Participar en la Sala de chat de una plataforma online de transacciones

Una de las mejores plataformas de negociación de instrumentos financieros que existen es TradingView, a la que se puede acceder en el sitio web: www.tradingview.com/ y dispone también de un servicio social donde los comerciantes, corredores e inversores de todo tipo se reúnen y comparten sus pensamientos, preguntas e ideas.

- *Participar en Grupos de inversión más selectos*

Tales como, por ejemplo, el Invest Diva's Premium Investing Group. El beneficio es el de dirigirse a un lugar menos abarrotado de interlocutores y más centrado en la inversión y el comercio para obtener apoyo. En este caso el usuario se unirá a un grupo de inversión acotado.

También se puede chatear directamente con la experta en inversiones Kiana Danial en el sitio web:

https://learn.investdiva.com/join-group

Por otro lado, esta opción de participar en un grupo mejor delimitado tiende a evitar la presencia de estafadores, que también se dirigen a este tipo de plataformas para publicitar servicios y atraer a los miembros hacia sus engaños. Esto es actuar con prudencia y sabiduría para protegerse.

¿Cómo empezar?

Lo más lógico y racional es preparar un plan antes de comenzar. Es posible que el objetivo del usuario sólo sea comprar algunas pocas criptomonedas y guardarlas esperando su potencial crecimiento en el futuro.

También puede suceder que el usuario desee convertirse en un inversor más activo y entrar en el circuito de compra y venta de criptomonedas con mayor regularidad, buscando tomar ganancias y tratar de maximizarlas, para obtener así una nueva fuente de ingresos.

En cualquiera de los dos casos y algún otro posible, el usuario debe contar con un plan previo y una estrategia preparada. Incluso el inversor que desea realizar una única operación para mantener una reserva de valor y no quiere complicarse por varios años con nada que tenga relación con sus criptoactivos, aun así, al momento de ingresar al mercado cripto deberá tomar algunas decisiones ineludibles, como por ejemplo:

- Determinar qué va a comprar.

- Determinar en qué momento comprar.

- Establecer la cantidad que va a comprar.

- Y, muy especialmente, resolver cuándo salir. Esto lo saben bien los inversores en activos financieros tradicionales, el momento oportuno de vender se constituye en una de las claves para ganar, perder o ganar mucho.

En las siguientes secciones se brinda una descripción general rápida de los pasos que debe seguir el usuario principiante antes de comprar su primera criptomoneda.

Si el usuario considera que no está completamente listo para comprar criptomonedas, no debe preocuparse: puede probar con algunas de las alternativas a las criptomonedas. En el Capítulo 4 se describen distintas posibilidades, como ofertas iniciales de monedas, minería, acciones, y otras más.

¿Cómo seleccionar las criptos?

Se debe recordar, tal como ya se ha manifestado, que existen a la fecha más de 1.600 criptomonedas disponibles en este mercado y el número es creciente.

Este es un elemento que explica las dificultades de selección, así como la posible inestabilidad de algunas de estas criptomonedas, que pueden llegar a desaparecer en cinco años. Asimismo, algunos otros activos criptográficos pueden explotar en su cotización y esto no pueden preverlo ni siquiera los expertos.

En un extremo, que no es para nada una fantasía, se especula que pueden llegar a reemplazar al efectivo tradicional de curso legal.

Para una descripción detallada de los diferentes tipos de criptomonedas existentes, incluidas las más famosas como Ethereum, Ripple, Litecoin, Bitcoin Cash y Stellar Lumens, se puede consultar en el Capítulo 8.

Y para un análisis sobre los criterios de selección de criptomonedas se puede recurrir al Capítulo 10. Allí se profundiza el examen en función de factores como la categoría, popularidad, ideología, la gestión detrás de la cadena de bloques y el modelo económico.

La realidad indica que la industria de la criptografía se encuentra todavía en una fase inicial de su desarrollo, por lo que puede resultar difícil identificar las criptos más adecuadas para realizar inversiones de largo plazo. Por esta razón, el usuario puede encontrar beneficioso el recurso de diversificar entre varios tipos y categorías de criptomonedas con el fin de gestionarlas acotando su riesgo. Al diversificar en un cierto número de criptos, puede aumentar sus probabilidades de contener ganancias en su cartera. También es cierto que un exceso de diversificación puede traer aparejados otro tipo de problemas, por lo que resulta importante mantener un equilibrio.

En el Capítulo 9 se puede obtener más información sobre la diversificación.

¿Cómo obtener beneficios?

Si bien no existe una fórmula infalible para ello, lo más lógico es analizar antes de invertir. Cuando se han detectado las criptomonedas que más satisfacen al usuario, todavía se debe identificar cuál es el mejor momento para comprarlas.

Como ya se ha mencionado, en 2017 sucedió que mucha gente empezó a creer en la idea de que Bitcoin podía resultar una buena alternativa de inversión y todos quisieron involucrarse al mismo tiempo. Muchos de estos compradores, desconocedores del negocio, ingresaron al mercado cripto cuando el precio había subido demasiado.

Razón por la cual tuvieron que conformarse con menor cantidad de unidades de Bitcoin por su dinero y, lamentablemente, se encontraron después con un descenso del precio en lugar de una suba, cuando los jugadores mejor informados procedieron a vender para efectuar la toma de ganancias.

Esto les produjo grandes pérdidas a los novatos, que tuvieron que conservar sus pocas monedas esperando por una próxima suba de precios.

La sola lectura de estos conceptos no va a convertir al usuario interesado en un experto, pero sí es seguro que un buen análisis de precios y una gestión de riesgos adecuada puede aumentar sus probabilidades de obtener excelentes ganancias en el futuro.

Capítulo2

Invertir en criptomonedas

¿Por qué debería hacerlo? Para responder a esta pregunta se tienen que diferenciar dos situaciones posibles: la de un inversor experimentado, acostumbrado a participar en el mercado de valores con otros tipos de activos financieros convencionales o la de un recién llegado al universo de las finanzas que quiere hacer sus primeras armas. En este último caso, probablemente la pregunta previa quizás podría ser: ¿Por qué debería comenzar por criptomonedas?

Probablemente ambos potenciales inversores hayan escuchado referencias lejanas sobre Bitcoin desde distintas fuentes. También es posible que hayan oído hablar de otras variantes de criptos tales como Ethereum y Litecoin.

Si bien estas dos clases de inversores pueden llegar a tener distintos tipos de dudas, habrá otras incertidumbres que compartirán por igual. Fundamentalmente acerca de la naturaleza de las criptomonedas, ¿a qué se parecen?, ¿cómo son físicamente?, ¿cuánto espacio ocupan? Y, muy especialmente, ¿Por qué debería invertir en estas monedas?

En el Capítulo 8 se puede encontrar un extenso detalle sobre los diferentes tipos de criptomonedas, respondiendo a estas preguntas y muchas otras. Este conocimiento es de gran utilidad para la toma de decisiones acerca de la participación en el mercado de las criptomonedas y constituyen el camino adecuado para que el usuario aumente su riqueza.

La inversión en criptomonedas puede tener distintos sentidos para muchos inversores, que van desde lograr un rápido crecimiento patrimonial hasta la excitación de usar una nueva forma de dinero.

A lo largo de este capítulo se analizan características interesantes de esta nueva forma de inversión, tanto para los inversores experimentados como para los noveles.

En el siguiente Capítulo 3 se explican en detalle los posibles riesgos de las inversiones en las criptomonedas. Lo que viene a complementar las presentes justificaciones de sus posibilidades.

Las inversiones tradicionales y el mercado cripto

Una de las justificaciones más sólidas para la existencia y difusión de las criptomonedas es la diversificación. En general, este siempre resulta ser un buen consejo para inversores conservadores. Implica minimizar los riesgos y dispersar las posibles amenazas. Algo que es recomendable en todos los órdenes de la vida y que mucha gente realiza casi sin necesidad de pensarlo.

En materia de inversiones se puede lograr la diversificación de muchas maneras. Por ejemplo, recurriendo a la tenencia de diferentes activos financieros, tales como acciones, bonos, divisas, oro y otros.

También se puede diversificar en función del rubro de las inversiones, como las tecnologías, industria de la salud y servicios médicos o los entretenimientos. Se puede decidir la inversión en función de los tiempos de retorno esperado, tanto en el corto como en el largo plazo. Consulte en Capítulos siguientes para obtener más detalles.

Añadir criptomonedas a su cartera de inversiones es esencialmente una buena forma de equilibrar ese portafolio. Especialmente porque el mercado de las criptomonedas es enormemente diferente de las opciones tradicionales, esta ramificación puede incrementar su potencial maximizando el crecimiento de su cartera.

Una de las principales razones de este mayor potencial es que el mercado de las criptomonedas tiene la capacidad de reaccionar de maneras muy diferentes ante eventos globales y financieros.

Se pueden analizar brevemente algunos de los mercados tradicionales y explorar sus diferencias con el mercado de criptomonedas. En cuanto al tema de diversificación se puede consultar mayores detalles en el Capítulo 9.

La Bolsa de Valores

Para hablar de las finanzas tradicionales lo más lógico es comenzar por el Mercado de Valores, que le da la oportunidad a un inversor de asociarse a las ganancias de una empresa exitosa. En alguna medida, el inversionista que compra acciones de una empresa, se convierte en una especie de copropietario de la compañía en cuestión, para explicarlo de manera simple. Cuantas más acciones compre, mayor será su porción de copropiedad y, por supuesto, asume un mayor riesgo de compartir las pérdidas si la evolución no es la deseada y la compañía se arruina.

La participación en el mercado de valores es quizás uno de los activos de inversión más atractivos. Los inversores principiantes pueden comprar unas pocas acciones simplemente porque les gusta una empresa y confían en ella.

Para la mayoría de los inversores, invertir en acciones tiene el encanto de la incertidumbre, algo parecido a lo que ocurre con los juegos de azar pero más racional. Siempre existe la posibilidad de que los precios de las acciones aumenten con el tiempo y generen significativas utilidades. También existe la posibilidad de obtener un flujo de ingresos periódico a través de los dividendos que producen algunas acciones.

Con todo, debe tenerse en cuenta que los dividendos anuales pueden ser poco significativos frente a los montos que representa el aumento del valor de las acciones, especialmente cuando el entorno económico es optimista. En el Capítulo 13 se puede obtener más información sobre estos tópicos.

Lo que precisamente tienen en común las acciones y las criptomonedas es el beneficio que puede esperarse con su apreciación cuando sus respectivos mercados se encuentran fuertes. Sin embargo, ambos mercados pueden tener sus días malos y, a veces, incluso años malos.

La historia del mercado de valores es más prolongada por lo que otorga una diferencia favorable en cuanto a estabilidad y confiabilidad para los inversores a la hora de apostar.

En realidad, aunque no siempre lo parezca, los días malos de la Bolsa ocurren con menos frecuencia que los buenos. En el largo plazo las acciones siempre han sido una inversión confiable y retributiva como lo muestra el Gráfico siguiente que representa la variación histórica promedio del Dow Jones Industrial, uno de los principales índices bursátiles. Pese a las caídas coyunturales producidas durante algunas crisis bien conocidas, el indicador siempre termina ratificando la tendencia global alcista del Mercado de Valores a lo largo de los años.

FIGURA 2-1

Sin embargo, esto no significa que la inversión en acciones se realice carente de amenazas. El inversor bursátil también está expuesto a diferentes tipos de riesgos. Incluso las acciones que son aparentemente más sólidas tienen riesgos que no se pueden eliminar fácilmente, como por ejemplo: el riesgo empresarial y financiero, el de la pérdida del poder adquisitivo, el riesgo de mercado, los riesgos eventuales, los cambios en las reglas de juego gubernamentales y las regulaciones, la competencia extranjera y los cambios en el estado general de la economía.

El proceso de selección de activos bursátiles siempre puede ser algo dificultoso. Existen literalmente miles de acciones para elegir. Además, predecir cómo se comportará una empresa en el futuro inmediato también puede ser muy difícil.

Después de todo, el precio de hoy sólo refleja el estado actual de la empresa o lo que los agentes del mercado perciben como su situación.

Cuando se invierte en el mercado de criptomonedas, algunos de los riesgos anteriores no aparecen. Fundamentalmente, porque el proceso de selección de las criptodivisas es diferente al de las acciones, algo que se puede profundizar en el Capítulo 9.

También hay desventajas de la inversión en acciones que coinciden con las de las criptomonedas. Ambas producen, por lo general, menores ingresos corrientes que otros tipos de inversiones, como por ejemplo, las inversiones inmobiliarias o los bonos pueden pagar más intereses y lo hacen con mucha mayor certidumbre.

La inversión en criptomonedas es bastante asimétrica. En el momento adecuado, la inversión en criptodivisas puede producir un enorme retorno de la inversión (ROI).

Por mencionar algunos rendimientos referenciales, Ethereum tiene un ROI del 160.000%, IOTA tiene un ROI del 282.000 % y NXT tiene un 697.000% de ROI desde sus ofertas iniciales de monedas. No hay prácticamente ninguna otra inversión en el mundo que pueda superar esos rendimientos. Las acciones con mejor rendimiento, como Netflix rondan el 64.000 % en diez años.

Activos de renta fija

Unos de los activos o valores más conocidos de renta fija son los bonos que existen en muchas versiones, tales como Bonos del Gobierno, Bonos de fianza, Bonos emitidos para financiar eventos especiales y Obligaciones Negociables.

Son inversiones diferentes de las criptomonedas y las acciones en las cuales la base es prestar, en definitiva, dinero a una entidad durante un periodo de tiempo, para recibir una cierta cantidad de intereses en forma periódica. Donde estos intereses dependen de la evolución del valor en el mercado.

En cambio, los bonos se categorizan como valores de renta fija porque ésta se pacta al momento de la suscripción.

Al igual que con las criptomonedas y las acciones, también se puede esperar ganancias de capital en los bonos. Pero estas ganancias de capital funcionan de forma un poco diferente.

Dado que las empresas que emiten bonos prometen devolver una cantidad fija cuando se cumpla el plazo estipulado, los precios de los bonos no suelen subir en correlación con los beneficios de la empresa o emisor. Los precios de los bonos suben y bajan según los tipos de interés existentes en el mercado.

Además de las diferencias, también existen similitudes entre los bonos, las criptomonedas y las acciones. Una de las principales es que todos ellos son emitidos por una amplia gama de entidades, organizaciones y empresas. Muchos organismos gubernamentales, tanto centralizados como descentralizados emiten bonos. Por lo tanto, si se busca diversificar las inversiones se puede lograrlo sólo dentro del mercado de bonos.

Se puede elegir entre una amplia gama de bonos, algunos relativamente más seguros y otros altamente especulativos.

En comparación con las criptomonedas y las acciones, los bonos suelen ser menos arriesgados y proporcionan un flujo de ingresos corrientes más elevados. Pero, aun así, el inversor sigue estando sujeto a una serie de riesgos.

Algunos de los riesgos que conlleva la inversión en bonos son similares a los de las criptomonedas y las acciones, es decir, el riesgo de perder poder adquisitivo, el riesgo comercial y financiero y el riesgo de liquidez.

Pero los bonos tienen un tipo de riesgo adicional conocido como riesgo de compra o riesgo de prepago.

El riesgo de amortización es el peligro de que un bono se amortice, o se retire mucho antes de su fecha de vencimiento. Si el emisor de los bonos los retira, el inversor tendrá que encontrar otro lugar para colocar sus fondos.

También existe el riesgo de default, cuando un emisor, incluso un estado soberano, se declara insolvente para pagar sus deudas y todo debe terminar con un reclamo judicial, pero es cierto que esta alternativa es bastante poco probable.

El potencial de obtener rendimientos muy altos con los bonos es mucho menor en comparación con los de las criptomonedas y las acciones. Pero, en general, el riesgo de los bonos también es comparativamente menor. Más información sobre los riesgos de las criptodivisas se puede obtener en el próximo Capítulo 3.

Mercado de Divisas

El mercado internacional de divisas, también conocido por su nombre en inglés como Currency Market, Forex o simplemente FX, es una inversión alternativa que puede ser incluso más arriesgada que las criptomonedas.

Hay muchas publicaciones que se ocupan del mercado de divisas y también muchos consultores especializados que asesoran a grupos de inversores de todo el mundo.

Al participar en el mercado de divisas, el inversor compra y vende divisas. No criptomonedas ni acciones sino monedas fiduciarias como el dólar estadounidense, el euro, el yen, la libra esterlina, el dólar australiano, o cualquier otra moneda que emita un gobierno determinado. Se denomina moneda fiduciaria a la de curso legal en un país que es emitida por el gobierno.

Inicialmente, antes de que Bitcoin se convirtiera en la celebridad de los activos financieros en 2017, mucha gente lo asociaba y a otras criptomonedas con el mercado de divisas tradicional.

En esta confusión, algunos propietarios de cripto esperaban poder utilizar sus activos para realizar pagos.

Puede concluirse que el Forex también tiene mucho en común con el mercado de las acciones ya que, cuando se participa en el mercado de divisas, no se invierte necesariamente para obtener ganancias de capital a largo plazo sino como reserva de valor.

Incluso las monedas más populares, como el dólar estadounidense, están sujetas a una gran volatilidad a lo largo del año. Aunque la economía estadounidense sea sana no siempre esto se traduce en un dólar más fuerte, porque puede estar sujeto a vaivenes políticos.

Todos los países tienen políticas cambiarias propias que responden a sus intereses, aunque puedan contrariar artificialmente a las leyes del mercado. Como el caso de algunas potencias, que prefieren tener una moneda más débil porque dependen en gran medida de las exportaciones.

Si su moneda es más fuerte que la moneda del país comprador, obtendrán una tasa de ganancia más baja al vender sus productos, porque los habitantes del otro país encontrarán altos sus precios.

La participación en el mercado de divisas como inversor consiste principalmente en una actividad de negociación de corto y mediano plazo entre diferentes pares de divisas.

Así, el que posee dólar estadounidense como moneda puede comprar euros. Si el valor del euro se aprecia en relación con el del dólar estadounidense, el comprador gana dinero.

Sin embargo, si el valor del dólar estadounidense es el que se aprecia en un determinado plazo y resulta ser mayor que el del euro, el inversor pierde dinero al cabo de ese tiempo.

El análisis del mercado de divisas requiere de un enfoque muy diferente en comparación con el análisis de las acciones y las criptomonedas.

Cuando se analizan los mercados de divisas, es necesario centrarse en el estado económico del país emisor, sus presupuestos, las cifras de su economía tanto como la evolución de su producto interior bruto, PIB, o el valor y cantidad de los bienes producidos dentro país, su tasa de desempleo, la inflación, el tipo de interés vigente, así como -fundamentalmente- su ambiente político.

Siempre es necesario operar con pares de divisas que se empujan mutuamente hacia adelante y hacia atrás, de modo que los operadores pueden ganar dinero especulando y acertando en qué dirección se moverá la pareja.

Se podría aplicar un concepto similar al considerar el mercado de criptomonedas. Por ejemplo, se puede alternar entre el Bitcoin y Ethereum o incluso se puede tratar de comparar una criptodivisa como el Bitcoin contra una moneda fiduciaria como el dólar y especular con su valor frente a los demás. Sin embargo, en estos casos hay que analizar cada moneda, cripto o fiducia, por separado. Luego hay que medir su valor relativo entre sí y predecir qué moneda ganará la batalla del par en el futuro.

También se puede considerar a las criptomonedas como un cruce entre las acciones y las divisas. Aunque muchos inversores invierten en criptomonedas con fines de plusvalía, también es posible negociar diferentes criptomonedas entre sí, de la misma manera que se puede hacerlo en el mercado de divisas. En el capítulo 9 se explica el comercio de criptodivisas cruzadas.

El oro

Una de las formas más antiguas de procurar reserva de valor ha sido siempre la compra de metales preciosos, básicamente el oro y la plata. Es interesante realizar la comparación con uno de los medios más recientes creados por el hombre para el mismo fin como son las criptomonedas.

Los metales preciosos como el oro y la plata no sólo se utilizaron durante mucho tiempo para conservar un capital sino también para hacer transacciones cumpliendo el rol de monedas.

Cuando alguien dice que las criptomonedas no tienen vigor porque no tienen ningún valor intrínseco, generalmente se apela a la comparación con los metales preciosos como argumento.

Un poco de historia

En las épocas del trueque, la gente intercambiaba cosas de valor equivalente para satisfacer sus reales necesidades humanas. Así, era común intercambiar en distintos tipos de canjes a animales de granja, utensilios, ropa, granos, mercaderías o servicios agrícolas. Según los historiadores, la antigua civilización residente en el reino de Lidia, al oeste de Anatolia, cerca de las actuales provincias turcas de Esmirna y Manisa, fue una de las primeras poblaciones en utilizar monedas de oro y plata a cambio de bienes y servicios. Es difícil imaginarse al primer comprador que intentó convencer a un vendedor para que aceptara una moneda de oro en lugar de dos gallinas y un saco de harina pollos que podrían alimentar a su familia. Luego de este cambio se dio el del dinero de cuero, el papel dinero, más recientemente las tarjetas de crédito y ahora las criptomonedas.

Todos elementos sin valor intrínseco hasta las cripto. Un largo camino.

Además de argumentar que los metales preciosos como el oro y la plata tienen valor intrínseco, se arguye que son duraderos. También que son buenos conductores del calor y la electricidad y, por tanto, tienen alguna aplicación industrial. Así como otras propiedades, por ejemplo que no se oxidan fácilmente.

Sin embargo, nadie cree seriamente que la mayoría de la gente invierte en metales preciosos porque son buenos para conducir la electricidad. En general, muchos los compran para usarlos como joyas o moneda durable. Actualmente, es la percepción del mercado principalmente quien determina el valor del oro y la plata.

Desde el punto de vista industrial la plata tiene más usos y aplicaciones como metal que el oro. La plata se utiliza en la fabricación de aparatos eléctricos, baterías, productos médicos y de ortodoncia, herramientas y otros artículos de usos industriales. Sin embargo, a pesar de su mayor demanda adicional, la plata se valora menos que el oro. Para tener una idea, la cotización actual en abril de 2021 de los metales preciosos es de:

METAL	PRECIO POR ONZA	PRECIO POR GRAMO
Oro	1468,72 €	47,22 €
Plata	21,51 €	0,69 €
Platino	1.020,28 €	32,80 €

Hay que tener en cuenta que recién en 1816, Inglaterra estableció el oro como patrón de valor, atando el valor de su moneda al valor del oro. Mucho más tarde, recién en 1913, los Estados Unidos finalmente tomaron una medida similar a través de su sistema de Reserva Federal.

Mediante este sistema, respaldaba el valor de sus billetes con oro y pretendía garantizar que, tanto los billetes de curso legal como los cheques fueran honrados en su cuantía y pudieran ser canjeados por oro. Con el tiempo, la mayoría de los países fueron abandonando la idea de que sus Bancos Centrales respaldaran con oro el valor de su papel moneda emitido.

Quizás justamente por su valor intrínseco, los metales preciosos han sido durante mucho tiempo una herramienta de inversión favorita entre los participantes del mercado. Una de las principales razones, probablemente, es su asociación histórica con la riqueza. Muchas veces sucede que, cuando inversiones como los bonos, los bienes inmuebles y el mercado de valores bajan o el entorno político se vuelve incierto, la gente acude a los metales preciosos.

Hay incluso hasta razones de orden psicológico, mucha gente prefiere poseer metales preciosos porque sabe que puede tocarlos físicamente y tenerlos en sus casas en lugar seguro. Son valores tangibles.

Comparación entre activos de valor

Se puede comparar a los metales preciosos con las criptomonedas.

Las principales similitudes, además del hecho de que es necesario minarlos para tener metales preciosos y algunas criptodivisas, otra semejanza clave entre ambas categorías es que las dos tienen características no reguladas. El oro ha sido históricamente una moneda no regulada en varias ocasiones y en varios lugares.

Las monedas no reguladas se vuelven más valiosas cuando los inversores no confían en la moneda oficial de curso legal y las criptomonedas parecen ser otro ejemplo de esta tendencia.

En el capítulo 12 se explica con más detalle acerca de la minería de criptomonedas.

No todas las circunstancias son favorables en el caso de la inversión en metales preciosos. Ésta conlleva una serie de factores de riesgo que hay que tener en cuenta. Algunos por razones técnicas y otros de orden práctico. Por ejemplo, si uno está comprando metales preciosos físicos como una inversión, debe considerar su riesgo de portabilidad. El traslado de metales preciosos puede ser costoso e incómodo, debido a su peso, a los elevados impuestos de importación y a la necesidad de proveer un alto nivel de seguridad durante el transporte. En cambio, con las criptodivisas no es necesario hacer una transferencia física, además de considerar la existencia de las criptocarteras de hardware que ayudan. Sobre este tema se trata en el Capítulo 7.

Definitivamente, mover criptodivisas es mucho más rápido y menos costoso, incluso con una cartera de hardware, que la transferencia de metales preciosos.

Otra razón de carácter técnico que aporta un factor de riesgo adicional en los metales preciosos, es la amplia diferencia entre la cotización de compra y la de venta, denominada habitualmente como spread en la terminología financiera especializada.

Esta diferencia hace que la inversión en oro sea apta sólo si se puede dejar inmovilizado el capital por un tiempo considerable, a la espera de un alza en su cotización, porque si el inversor quiere cambiarlo en el corto plazo, por esta disparidad entre los precios de compra y venta es probable que pierda dinero.

Por otro lado, a diferencia de los metales preciosos que tienen precios muy estables, las valuaciones de las criptodivisas han sido más volátiles en el corto tiempo que han estado disponibles en los mercados.

La volatilidad extrema de 2017, en particular, como ya se ha explicado se debió a la burbuja del mercado.

En la medida que la inversión en criptodivisas se convierta en una corriente destacada de negocios y más personas la utilicen para sus transacciones diarias, los precios de las criptodivisas podrían volverse más predecibles.

¿Cómo se puede aumentar el capital?

La revalorización del capital se produce cuando existe un aumento del precio o valor de las criptomonedas.

Ésta es una de las razones por las que muchos inversores y algunos curiosos también, buscan subirse al boom de las criptodivisas.

Los propietarios iniciales de Bitcoin aseguran que tuvieron que esperar algunos años antes de ver algún tipo de apreciación del capital.

Quizás es por esta razón que todavía existen muchos escépticos acerca de todo este mercado.

Como ya se explicó, muchos comenzaron a invertir en criptomonedas cuando el precio del Bitcoin había subido significativamente. Era difícil entonces obtener ganancias fáciles e inmediatas. Sin embargo, realizando un poco de investigación, se puede encontrar criptomonedas más asequibles para obtener una capitalización superior.

La revalorización del capital de las criptodivisas tiene antecedentes que es oportuno conocer para discutir su potencial de crecimiento, una gran razón para considerar la posibilidad de inversión.

Las grandes expectativas de revalorización del capital que presentan las cripto y el enorme potencial de crecimiento, no deberían alejar a los inversores de las posibilidades, siempre latentes, de pérdidas de capital.

Por eso es recomendable la lectura minuciosa del Capítulo 3 antes de iniciar la actividad comercial en el mercado de criptomonedas.

Reseña histórica

En un análisis histórico de los retornos en el mercado de las criptodivisas, se puede ver que la mayoría de las ganancias hasta 2017 fueron el resultado de la exageración del mercado.

En 2014, por ejemplo, mucha gente compró Bitcoin cuando su precio se acercó a los 1.000 dólares por primera vez. Pero poco después, su precio se desplomó hasta unos 300 dólares, donde se mantuvo durante los dos años siguientes.

La siguiente gran ola de crecimiento llegó en 2017, cuando el precio de Bitcoin superó el nivel de 1.000 dólares, como se ve en la Figura 2-2 siguiente.

FIGURA 2-2

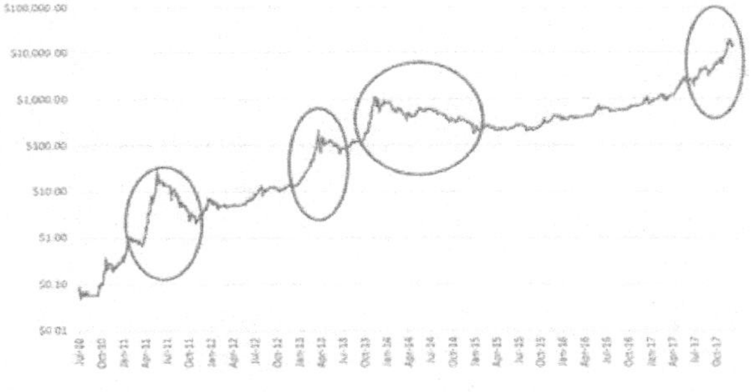

Un inversor que hubiera comprado un Bitcoin a 300 dólares a fines de 2015, a mediados de 2017 habría obtenido 700 dólares de revalorización del capital, cuando la cotización alcanzó los 1.000 dólares.

FIGURA 2-3

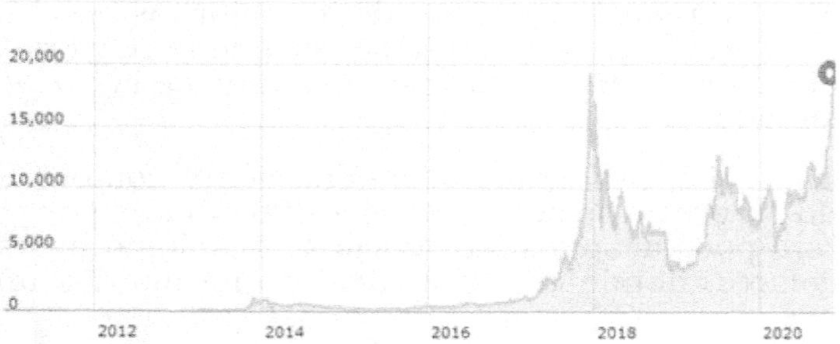

Pero por supuesto, las ganancias no se detuvieron ahí. Como se puede ver en la Figura 2-3 anterior, después de la ruptura por encima de los 1.000 dólares, el precio de Bitcoin consiguió subir hasta cerca de los 20.000 dólares a finales de 2017, y luego se desplomó hasta un rango en torno a los 4.000 dólares en 2019.

Para las personas que habían comprado o minado Bitcoin cuando estaba valorado en unos 300 dólares y se aferraron a él durante la volatilidad, la caída a 4.000 dólares no fue tan perjudicial. Por cada Bitcoin que habían comprado a 300 dólares, tenían alrededor de 3.700 dólares de revalorización del capital, incluso si no cobraron sus Bitcoins cuando el valor alcanzara más de 19.000 dólares.

Las personas que compraron Bitcoin a unos 1.000 dólares y lo cobraron a 19.000 dólares en su pico de fines de 2017 habrían ganado 18.000 dólares por cada Bitcoin que tuvieran.

Por supuesto, aquellos que compraron Bitcoin a 19.000 dólares llegaron tarde a la burbuja y tuvieron que quedarse de brazos cruzados y aguantar sus pérdidas después de la caída.

Muchos de los participantes en el mercado financiero comparan la apreciación del Bitcoin y otras criptodivisas con la burbuja de las puntocom, que fue el rápido y elevado crecimiento de los valores económicos de las empresas vinculadas a Internet y sus acciones, ocurrido entre 1997 y 2001.

Según la revista Fortune, desde su creación en 2009 hasta marzo de 2018, Bitcoin sufrió cuatro olas de tendencia bajista o caídas, en las que los precios cayeron entre un 45 y un 50 por ciento, y normalmente recuperando después una media del 47 por ciento. Durante la burbuja de las puntocom, el índice compuesto Nasdaq tuvo cinco de esas olas, con un promedio de caídas del 44 por ciento seguidas de repuntes del 40%. Los patrones de volumen de negociación también son inquietantemente similares.

Está claro que el Nasdaq se ha recuperado muy bien desde su mínimo de 2002.

Aunque la historia y el rendimiento pasado no son indicativos del comportamiento futuro, los entusiastas de las criptomonedas tienen razones para creer que el potencial de crecimiento de las criptodivisas puede ser similar al del demostrado por el Nasdaq o aún mejor.

Un mercado con un gran potencial

El crecimiento del bitcoin y las criptodivisas en 2017 ingresó en la historia grande de la inversión con resultados más espectaculares.

En las principales cadenas televisivas y en los periódicos especializados como el Wall Street Journal y el New York Times, aparecieron noticias sobre personas que se habían convertido en millonarias prácticamente de la noche a la mañana.

Sin embargo, después de enero de 2018, el precio de Bitcoin cayó hasta un 63%.

Algunos medios de comunicación se anticiparon a decir que la burbuja había estallado.

Predijeron rápidamente la finalización de la tendencia alcista en el mercado de las criptodivisas, quizás definitivamente, aventuraron.

Esta apreciación es controvertida, especialmente porque muchos multimillonarios se convirtieron en cripto-inversores.

Hay algunas historias muy pintorescas al respecto, como por ejemplo la del director general de J.P. Morgan, Jamie Dimon.

Mr. Dimon había llegado a afirmar en un momento que Bitcoin era un gigantesco fraude y declaró que cualquier operador de J.P. Morgan que fuera sorprendido operando con Bitcoin sería despedido.

El precio de Bitcoin cayó hasta un 24% en los días que siguieron a las declaraciones de Dimon. Por supuesto, justo en ese período, J.P. Morgan y Morgan Stanley comenzaron a comprar criptomonedas para sus clientes a precios bajos. Luego de esto, el propio Dimon se convirtió en uno de los compradores más activos de un fondo que se referencia en el precio del Bitcoin.

Esta historia llamativa no es la única en el mercado de las criptomonedas. Por ejemplo, después de criticar al Bitcoin en el Foro Económico Mundial de Davos, Suiza, en enero de 2018, calificándolo de "burbuja", el coloso de los fondos de cobertura, George Soros, dueño de una fortuna de 26.000 millones de dólares, dio luz verde a su oficina familiar para que comenzara a comprar criptodivisas apenas ocho semanas después.

Curiosamente, Soros atribuye parte de su éxito a la comprensión de lo que se denomina "reflexividad". En términos sencillos, esta teoría se refiere a un efecto de refuerzo de la confianza del mercado que se produce con el aumento de los precios de las acciones y la puja de los compradores impulsa aún más el alza de los precios.

Algunos la sintetizan diciendo que los inversores basan sus decisiones no en la realidad, sino en su percepción de la realidad.

El mismo Soros dijo alguna vez que "El grado de distorsión puede variar de vez en cuando.

A veces es bastante insignificante, en otras ocasiones es bastante pronunciado. Toda burbuja tiene dos componentes: una tendencia subyacente que prevalece en la realidad y una idea errónea relacionada con esa tendencia".

El problema es que la mayoría de la gente no tiene ni idea de lo que realmente está pasando en el mercado de las criptomonedas.

Y la mayoría no tiene tampoco ni idea de hacia dónde va a ir el precio. La mayoría de los interesados en las cripto toman sus señales de los ruidos del mercado, lo que hace más fácil que los precios caigan cuando los grandes jugadores se retiran para su beneficio propio.

A veces, un buen consejo es ir en contra de la multitud. Cuando la mayoría del mercado entra en pánico acerca de las caídas en el valor de un activo, a menudo es el mejor momento para apostar en él.

Se puede decir lo mismo del mercado de criptomonedas. Un hecho para destacar es que en las criptomonedas con una fuerte tecnología blockchain detrás de ellas, una vez que el precio toca fondo, no hay otro lugar al que pueda ir su valor que no sea hacia arriba.

¿Cómo incrementar los ingresos?

De acuerdo con lo explicado anteriormente, la revalorización del capital es una de las características más atractivas de la inversión en criptodivisas, pero también se pueden aprovechar algunas criptodivisas que pagan algo similar a los dividendos en el mercado de valores.

Acerca de los dividendos tradicionales

Un dividendo es, por definición, una suma de dinero

que las empresas pagan a sus accionistas de forma regular. Las empresas estadounidenses pagan miles de millones de dólares en dividendos cada año. Sin embargo, a pesar de estas cifras, muchos inversores, especialmente los más jóvenes, no prestan mucha atención a los dividendos. Prefieren apuntar a las ganancias de capital porque las recompensas pueden ser más rápidas y pueden superar con creces cualquier cantidad proveniente del pago de dividendos.

El régimen de pago de dividendos en el mercado de valores tradicional es trimestral, de modo que las empresas suelen pagar sus dividendos trimestralmente.

El consejo de administración de una empresa decide cuánto pagar a los accionistas en dividendos y si se pagan dividendos. A veces, los directores deciden pagar dividendos porque el valor de las acciones no va muy bien. Así que descomprimen la situación seleccionando una tasa de dividendos más alta para mantener a los inversores interesados en seguir comprando las acciones y aportando capital a la sociedad.

Los inversores con menor tolerancia al riesgo pueden preferir los pagos de dividendos a las ganancias de capital porque los pagos de dividendos son más estables y no fluctúan tanto como el valor de las acciones. Además, si los mercados se desploman como lo hicieron en 2008, los dividendos pueden proporcionar una buena protección. La mejor manera de acumular dividendos es mantener los activos en el largo plazo.

Diferencias esenciales con los criptodividendos

Cuando sobrevino la criptomanía de 2017, muchas plataformas de criptodivisas se advirtieron rápidamente la importancia de efectuar pagos regulares para mantener conformes a los inversores. Pero estos pagos resultarían ser ligeramente diferentes de los dividendos de las acciones tradicionales. Se pueden generar ingresos regulares y pasivos en el mercado de criptomonedas de varias maneras distintas. Dos de las más populares son las siguientes:

"Hodling": Aunque lo parezca, este término no es un error al tratar de escribir "holding".

En realidad, proviene de la sigla HODL que significa "Hold On for Dear Life" y podría traducirse como sujetarse a tu vida querida. Es el pago más parecido a los dividendos tradicionales.

Algunas criptodivisas pagan a los Hodlers, que simplemente compran y llevan las monedas en sus carteras.

"POS": Que es la sigla de "Proof-of-stake" o prueba de participación que es un protocolo de consenso para redes distribuidas que consiste en asegurar o "estaquear" a la red de una criptomoneda mediante la petición de pruebas de posesión de esas monedas. Es similar a lo que se conoce como proof of work, en la cual los nodos que realizan minería verifican la validez de un bloque a través de la solución de acertijos criptográficos. Esta solución se constituye en una prueba que les posibilita a los mineros decidir si el bloque es válido y entonces se agrega a la blockchain o se desecha en caso contrario.

Si se "estaquea" una moneda, significa que se aparta a un lado para que no pueda ser utilizada en la red de blockchain. El que tiene muchas estacas, tienes más posibilidades de que le paguen en una selección aleatoria por la red.

El rendimiento anual por estaquear varía entre el 1% y el 5%, dependiendo de la moneda.

Por mencionar algunas de las criptomonedas más populares que pagaron dividendos en 2018, pueden citarse NEO, ARK y las criptomonedas de intercambio como Binance y KuCoin.

Aunque recibir dinero en efectivo o monedas digitales solamente por conservar los activos es algo muy bueno, a veces tiene más sentido cobrar y reinvertir las tenencias para obtener un mejor rendimiento.

¿Se puede impulsar el empoderamiento?

La tecnología subyacente de las criptomonedas, que es Blockchain, opera como facilitador en el mercado cripto, permitiendo que éste funcione.

Además, conforme ya se ha mencionado, posee otras muchas aplicaciones en distintas industrias. Más detalles sobre blockchain se tratan en el Capítulo 5.

La tecnología de cadena de bloques puede ofrecer muchas soluciones para resolver distintos problemas económicos y lidiar con las fallas de la economía colaborativa, así como proveer un sucedáneo de banca para las personas no bancarizadas y sub-bancarizadas que existen por doquier. Podrían calificarse estos aportes como beneficios de tipo social que traen las criptomonedas y la tecnología blockchain.

La economía del futuro

Estamos en la época en que la economía colaborativa y el asociativismo están en auge. La economía colaborativa permite que una persona utilice su propio vehículo como un Uber o Lyft prestando el servicio de taxi para otros. También hay particulares que alquilan sus propias viviendas o una habitación de ellas como si fuera un hotel por medio de Airbnb.

Las grandes corporaciones de Internet como Google, Facebook y Twitter, utilizan las contribuciones de los usuarios como medio para generar valor dentro de sus propias plataformas. Todas estas son formas de la economía colaborativa.

Sin embargo, también es cierto que la economía colaborativa tradicional tiene sus problemas, como los siguientes:

- Exigir altas tarifas por utilizar las plataformas.

- Perjudicar a los usuarios individuales para beneficiar a las corporaciones: en la mayoría de los casos, el valor producido por la multitud no se redistribuye por igual entre todos los que han contribuido a la producción de ese valor. Más bien, los beneficios son los grandes intermediarios que operan las plataformas.

- Disponer de la información de los consumidores:

Algunas empresas han abusado de su posición de poder accediendo a datos privados sin que los clientes lo sepan.

Es de esperar, a medida que la economía colaborativa se expanda en el futuro, que sus problemas se vuelvan más complicados.

Para enfrentar a estos problemas, varias empresas están desarrollando plataformas de economía compartida basadas en la cadena de bloques. Estas plataformas son mucho más asequibles de y proporcionan la tan necesaria transparencia a los usuarios. Limitan, y a veces eliminan por completo, la necesidad de un. Este cambio permite una verdadera interacción entre iguales, eliminando las tasas de transacción de entre el 20 y el 30 por ciento que conllevan las plataformas centralizadas.

Como todas las transacciones se registran en blockchain, todos los usuarios pueden auditar sus operaciones de la red.

Este enfoque es posible gracias a la naturaleza descentralizada de la tecnología blockchain, que es, en última instancia, un medio para que los individuos coordinen actividades comunes, puedan interactuar directamente entre sí y gobernarse a sí mismos de una manera más confiable y descentralizada.

No todas las transacciones de criptodivisas son totalmente gratuitas. En muchos casos, cada vez que se realiza una transacción en una blockchain, hay que pagar las "tarifas de red", que son cargos que se deben pagar a los miembros de la red blockchain que están minando las monedas o transacciones comprometidas. Si se tiene en cuenta el tiempo que se "pierde" esperando que una transacción alcance el consenso, para el caso de bitcoin es poco más de una hora reloj, entonces, en realidad, es posible que no se ahorre tanto en comisiones al recurrir a las aplicaciones de blockchain.

Blockchain sigue siendo el catalizador de la economía del futuro, y las criptomonedas son un subproducto para allanar el camino distribuyendo mejor la economía global.

¿Puede independizarse la moneda del control gubernamental?

La aparición del Bitcoin y otras criptodivisas ascendentes como una nueva clase de activos de más de un billón de dólares en 2017 fue espoleada sin la supervisión de ningún banco central o autoridad monetaria que garantice la confianza o la conducta del mercado.

A diferencia de las monedas fiduciarias como el dólar estadounidense y el euro, la mayoría de las criptodivisas nunca estarán sujetas a la impresión de dinero, también llamada oficialmente *flexibilización cuantitativa*, por parte de los bancos centrales.

La mayoría de las criptodivisas operan bajo una oferta apenas controlada, lo que significa que no hay impresión de dinero. De hecho, las propias redes limitan la oferta de tokens incluso en los casos en que la demanda es alta. Los tokens son activos digitales del mismo ecosistema que requieren de otra plataforma blockchain para funcionar.

Se estima que la oferta de Bitcoin disminuirá con el tiempo y alcanzará su número final alrededor del año 2140. Todas las criptomonedas controlan el suministro de los tokens mediante un calendario escrito en el código. Por lo tanto: El suministro de dinero en forma de criptodivisa para cada momento del futuro se puede calcular aproximadamente hoy.

La falta de control gubernamental sobre las criptodivisas también se debe considerar una característica benéfica, dado que puede ayudar a reducir el riesgo de inflación. La historia ha demostrado una y otra vez, indefectiblemente, que cuando un gobierno en particular aplica malas políticas económicas, se corrompe o se enfrenta a una crisis, la moneda de ese país sufre. Esta fluctuación en el valor de la moneda puede llevar a la impresión de más dinero.

La inflación es el reflejo de la corrupción de la moneda y la consecuencia de la desacertada intervención del Estado en la economía.

Como puede verse a lo largo y ancho del mundo, afecta más a los países emergentes con inestabilidad política e inseguridad jurídica.

Pero también hay teorías económicas, a veces nacidas y practicadas en países presuntamente serios y prolijos, que alientan el establecimiento de la inflación.

¿Sería algo tan asombroso si sucediera que las criptomonedas pudieran deshacerse de la inflación producida y no controlada por el gobierno para que las próximas generaciones no tengan que pagar más por las cosas de lo que se paga hoy?

¿Qué pasa con los no bancarizados e infrabancarizados?

Una de las ayudas más nobles que pueden prestar las criptomonedas es la bancarización de los no bancarizados, uno de los problemas que traban actualmente la modernización de la economía.

El medio de comunicación digital independiente Cointelegraph, especializado en la industria de criptos, sostiene que alrededor de 2.000 millones de personas en el mundo todavía no tienen una cuenta bancaria.

La mayoría de ellos viven en mercados emergentes de ingresos bajos y medios, pero incluso en los países de ingresos altos, todavía hay un gran número de personas que no pueden utilizar los bancos para satisfacer sus necesidades financieras cotidianas.

Esto significa que no tienen acceso a la comodidad, la seguridad y el pago de intereses que ofrecen los bancos.

Además, a esta realidad se suma que muchas personas están infrabancarizadas; o sea que tienen acceso a una cuenta bancaria pero no tienen un acceso adecuado a toda la gama de los servicios financieros que los bancos pueden proporcionar. Incluso en los Estados Unidos, por ejemplo, había en 2015 unos 33 millones y medio de hogares que no estaban bancarizados o lo estaban como sujetos infrabancarizados, por distintas circunstancias.

Sin tener acceso libre y completo al ahorro y al crédito, estas personas no pueden participar activamente en el ciclo del crecimiento económico.

Las criptomonedas, con la ayuda de la tecnología blockchain, tienen el potencial de ayudar a las personas no bancarizadas o infrabancarizadas, permitiéndoles crear sus propias alternativas financieras de forma eficiente y transparente.

Todo lo que se necesita para empezar a utilizar criptodivisas como el Bitcoin y enviar y recibir dinero es un smartphone o una computadora portátil y una conexión a Internet. En capítulos siguientes se puede ver en detalle distintas versiones sobre cómo comprar criptodivisas.

Capítulo 3

Acerca de los riesgos en criptomonedas

Probablemente un inversor potencial esté entusiasmado por ingresar al novedoso fenómeno de las criptodivisas, quizás porque espera un gigantesco retorno de su inversión. Eso es lo que se vislumbra como recompensa aparente por invertir en cripto. Sin embargo, además de considerar la expectativa notable de rentabilidad debería tenerse en cuenta también los riesgos.

Un riesgo es básicamente la incertidumbre que rodea a una expectativa de éxito, en este caso la rentabilidad real que se espera generar.

En general, el abordaje del riesgo es una actitud individual. Lo que parece representar un alto riesgo para una persona puede no ser tan arriesgado para otra debido a sus diferentes visiones sobre la vida y las finanzas.

Las criptomonedas han demostrado poseer una cuota de volatilidad, lo que ha hecho que algunos inversores ganaran millones de dólares, mientras que otros han perdido toda su inversión inicial. Ya se ha mencionado el efecto de las burbujas de 2017 y 2018 sobre el mercado de criptodivisas y lo que algunos consideraron una volatilidad extrema respondió a la dinámica natural del mercado ante el comportamiento de muchos inversores.

También se pueden acotar las recompensas y el riesgo de las criptomonedas, describir los diferentes tipos de riesgo y dar consejos para gestionar el riesgo.

Considerando el rendimiento de las cripto

Es sabido que diferentes activos generan diferentes tipos de rendimientos. Por ejemplo, una fuente de retorno es el cambio en el valor de la inversión. Además, cuando se invierte en el mercado de valores o en el mercado de divisas Forex, se puede generar un ingreso en forma de dividendos o intereses. Los inversores llaman a estas dos fuentes de rendimiento como ganancias de capital e ingresos corrientes, respectivamente. También puede hablarse de pérdidas de capital cuando el retorno es negativo.

Aunque la mayoría de la gente invierte en el mercado de criptomonedas para obtener ganancias de capital, algunas criptodivisas ofrecen en realidad oportunidades de ingresos corrientes equiparables a los dividendos de las acciones.

Entre los inversores una razón muy popular para apostar a las criptodivisas surge de ver las altas ganancias producidas por el valor de las monedas en determinados instantes.

Algunas personas asocian a las criptomonedas con los metales preciosos como el oro.

Hacer esta asociación tiene sentido porque, al igual que sucede con el oro, hay una cantidad limitada disponible para la mayoría de las criptodivisas, y una forma de extraer muchas de ellas es minar.

En el mercado cripto cuando se habla de minar no es un término literal sino una analogía para designar al procedimiento de selección y captura.

En el Capítulo 12 se encuentran mayores detalles de la minería de criptodivisas.

Aunque muchos inversores consideran que las criptodivisas son activos, técnicamente son monedas que se pueden utilizar en las transacciones, vale decir la parte inerte e instrumental de la operación. Como en cualquier especulación válida, la gente compra estas monedas con la esperanza de venderlas cuando sus precios suban más.

Si el valor de su token de criptomoneda sube desde el momento de la compra, el inversor obtendrá ganancias de capital cuando lo venda.

Pero también, por supuesto, si los precios bajan, el comprador termina con pérdidas de capital.

No solo ganancias de capital

De acuerdo con lo que ya se ha deslizado antes, en el mercado de las criptomonedas no sólo se puede obtener ganancias por vía de un incremento de capital sino también a través de ingresos extras. Estos ingresos son un tipo de rendimiento menos conocido, que algunos llaman criptodividendos, por su analogía con las utilidades periódicas que generan las acciones de la Bolsa.

Tradicionalmente, los dividendos se producen cuando las empresas que cotizan en el Mercado de Valores distribuyen una parte de sus ganancias a los poseedores de acciones.

Estos tipos tradicionales de dividendos incluyen pagos en efectivo, pagos en acciones u otros bienes.

A diferencia de esto, en el mercado de criptomonedas llegar a ganar los criptodividendos puede resultar un poco más complicado. Las diversas monedas tienen diferentes sistemas operativos y sus propias reglas y regulaciones.

Sin embargo, el concepto sigue siendo el mismo. Los pagos de dividendos en criptografía son cada vez más populares entre las *altcoins*, que son las criptodivisas alternativas además del Bitcoin. El inversor, cuando elige una criptodivisa para su cartera, puede considerar la posibilidad basarse en los dividendos de las criptodivisas, tanto como en el potencial de las ganancias de capital.

Algunas de las formas más populares de obtener criptodividendos son:

- Staking:

Que consiste en mantener una moneda en situación de *prueba de participación,* PoS ó proof-of-stake en un monedero especial; concepto que implica que el inversor puede extraer o validar transacciones en bloque, en función del número de monedas que posea. Cuanto más criptomonedas sean de su propiedad, más poder minero tiene.

- Holding:

Que significa poder comprar y mantener una criptomoneda en cualquier monedero.

Algunas criptodivisas que pagan dividendos son Komodo, BridgeCoin, NEO, KuCoin, Neblio. Para saber más sobre estas monedas, se puede consultar en el Capítulo 8.

Esto significa que, además de apostar y mantenerse esperando que suba el precio de las cripto para obtener ganancias de capital, también se pueden ganar pagos regulares de intereses participando en los préstamos de criptomonedas.

Por ejemplo, puede ganar hasta 5% de interés sobre los activos en criptomonedas permitiendo que empresas como Celsius Network concedan préstamos al público en general contra el aval de criptomonedas.

Siguiendo con los riesgos

Para el inversor medio, las fluctuaciones en el rendimiento de las colocaciones pueden ser emocionantes, pero no se debe considerar solamente el rendimiento sin tener en cuenta también el riesgo.

La realidad de cualquier tipo de inversión es que cuanto mayor es la rentabilidad esperada, también es mayor el riesgo que se asume. Dado que la inversión en criptomonedas todavía se considera como más arriesgada que la de otros activos, también pueden proporcionar mayores rendimientos. La relación entre el riesgo y el rendimiento se denomina compensación de riesgo-beneficio.

La inversión en criptodivisas no debería ser un plan para hacerse rico rápidamente. No es lo más aconsejable invertir en criptodivisas utilizando los ahorros de toda una vida o pidiendo un préstamo.

El inversor debe tener en cuenta su propia tolerancia al riesgo, entender las diferentes fuentes de riesgo de las criptodivisas, y desarrollar una estrategia de inversión que sea adecuada para esa visión personal porque esa mirada es única y también lo es su situación financiera particular.

Los primeros inversores en Bitcoin esperaron años para ver algún rendimiento. Se requiere tener la paciencia necesaria para ver rendimientos significativos de una inversión.

No obstante la validez de estas apelaciones a la prudencia, también es esencial tener un cierto apego sensato por el riesgo, no sólo a la hora de invertir, sino también en otros órdenes de la vida.

El que tiene una excesiva aprehensión por el riesgo puede llegar a paralizarse y dejar de emprender, porque en toda actividad productiva hay riesgos.

Evaluación de beneficios

Una actitud inteligente frente al riesgo potencial de las criptodivisas es la de evaluarlo en función de la expectativa de beneficios futuros.

Esta evaluación riesgo-beneficio es la forma correcta de tomar decisiones, porque el riesgo siempre existe pero puede valer la pena correrlo.

Una de las principales razones por las que la inversión en criptodivisas tuvo un auge repentino en 2017 fue el aumento desbordante del valor de las principales criptodivisas como el Bitcoin.

Aunque el Bitcoin era y es el más popular, ni siquiera estuvo entre los diez criptoactivos con mejor rendimiento de 2017. El valor del Bitcoin creció más de un 1.000% pero también hubo subas importantes en otras criptodivisas menos conocidas como Ripple y NEM, que estuvieron entre los mayores ganadores, rendimientos que oscilaron alrededor de un 36.000% y un 29.800% por ciento respectivamente.

¿Qué lugar real ocupó el Bitcoin en la lista de los más altos rendimientos? Pues, el decimocuarto lugar.

Estas subas explosivas en los rendimientos hicieron que tanto los inversores habituales como muchos curiosos no habitualmente inversores, se mostraran muy entusiastas a favor del mercado de criptodivisas.

Fue algo normal, a principios de 2018, que muchas personas se interesaran y hablaran sobre Bitcoin, independientemente de que tuvieran o no alguna experiencia en cualquier tipo de inversiones.

Como no puede ser de otro modo en materia de inversión, todo lo que sube bruscamente tiende luego a bajar, especialmente porque los más avisados y experimentados realizan su toma de ganancias y venden todas sus existencias en el mercado de criptomonedas empujando el precio hacia abajo.

Dado que los precios de las criptomonedas habían subido tanto y tan rápido, la caída fue igual de dura y rápida.

Por ejemplo, para febrero de 2018, el Bitcoin había caído a un mínimo de 6.000 dólares desde los máximos de casi 20.000 dólares y así se mantuvo por unos tres meses.

La criptodivisa comenzó entonces a consolidarse por encima del nivel de soporte de 6.000 dólares, estableciendo una sucesión de máximos decrecientes como se puede ver en la Figura 3-1.

FIGURA 3-1

Fuente: Coinmetrics

El nivel de soporte es aquel en el cual la cotización tiende a permanecer a pesar de las fluctuaciones, vale decir aquel por debajo del cual el precio de mercado trata de no bajar.

En este caso, el precio tuvo dificultades para romper por debajo de los 6.000 dólares allá por noviembre de 2017, por lo que este sería su nivel de soporte. Recién se produjo una caída por debajo de ese nivel en 2019, pero eso fue debido a la pandemia y ya es otra historia.

Los máximos inferiores son esos picos que aparecen en el gráfico y se observa que cada pico es más bajo que el anterior, lo que indica una tendencia a la disminución entre los participantes del mercado.

El nivel de resistencia entraña el concepto opuesto al de soporte, ya que indica un valor donde la cotización tiende a permanecer como promedio, pese a las oscilaciones.

En el siguiente gráfico, correspondiente a la Figura 3-2 se explica con mayor detalle en un caso teórico la resistencia y el soporte.

FIGURA 3-2

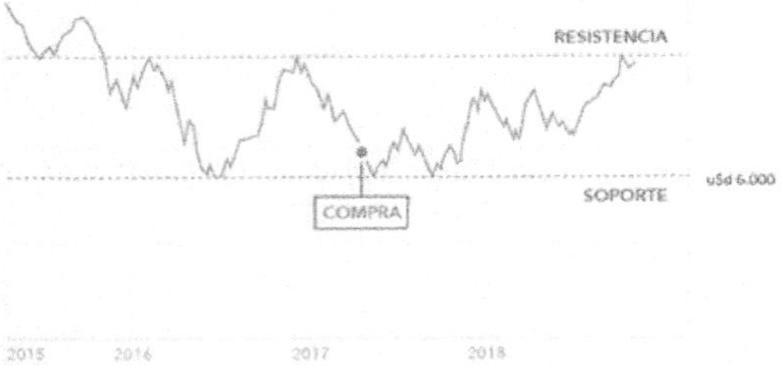

Incluso, en un ejercicio teórico se recomienda un momento oportuno para la compra, justo cuando el precio ha caído lo suficiente y en pocos meses se obtienen ganancias, pese a algún susto pasajero.

Esa decisión de compra tiene que ver con el análisis del nivel de soporte.

Muchos analistas consideraron que la gran apreciación del valor de las principales criptodivisas fue una burbuja. Esta fluctuación como un serrucho en un periodo de tiempo tan corto parece darles la razón. Los rendimientos fueron grandes para los que invirtieron temprano y tomaron ganancias en los máximos. Pero los que invirtieron en el mercado cuando los precios estaban en alza y luego vieron cómo el valor de su inversión iba bajando, entraron en desesperación. Ese es uno de los principales factores de riesgo en cualquier tipo de inversión.

Lo importante es comprender que este comportamiento no es azaroso, aunque lo parezca a muchos inversores improvisados.

Muchos expertos saben que el mercado se comporta siempre de esta manera aunque, por supuesto, lo difícil es pronosticar adecuadamente la duración de los periodos de alza y baja.

¿Cómo profundizar en los distintos tipos de riesgo?

Para amortiguar la posible influencia de los factores de riesgo es importante informarse sobre ellos y tener capacidad de análisis. Quien lo logra se sitúa en la cima del juego. Otro elemento importante es conocer y dimensionar la propia tolerancia al riesgo para poder desarrollar una estrategia que proteja al inversor y a su patrimonio. Los riesgos asociados con las criptomonedas provienen de muchas fuentes diferentes. Aquí están los varios tipos de riesgos de las criptodivisas.

El riesgo del bombo publicitario

La excesiva publicidad que rodea a las criptodivisas y que escaló en un momento alrededor del año clave de 2017, no siempre puede considerarse como algo positivo. El principal problema de esta publicidad es que atrajo a mucha gente que desconocía en qué estaba invirtiendo y actuaron casi como una turba.

Esta fue la causa de la rápida y frenética subida del mercado de las criptomonedas, impulsada por la gente que no sabía de qué se trataba. Cuando empezaron a darse cuenta, los precios se desplomaron.

Este procedimiento de una intervención desordenada, masiva y carente de conocimientos y análisis se hizo tan popular que los propios jugadores criptogénicos crearon una jerga en torno al mismo. Algunos de los términos más significativos son los siguientes:

- FOMO:

Este es uno de los términos cripto-friki, recordando que friki es el uso coloquial del inglés freak que significa “extraño y estrafalario”.

Fomo proviene de la sigla de “Fear of missing out” o miedo a perderse. Esto sucede porque se produce una subida masiva en una criptografía que los inversores no poseen y se apresuran a tratar de conseguirla sin tener en cuenta que el precio se encuentra subiendo. En realidad, esto es lo que no debería hacerse, desde el momento que todo lo que sube debe bajar, es mejor esperar a que se calme el revuelo y se pueda comprar a precios más bajos.

- FUD:

Es la abreviatura de miedo, incertidumbre y duda, del inglés “fear, uncertainty, doubt”. Se puede aplicar en un sitio como Reddit cuando se escucha a uno de esos supervillanos tipo Doctor Doomsdays hablando de la baja del mercado. Ya se comentó el caso del CEO de JPMorgan Chase, Jamie Dimon, quien difundió uno de los mayores FUD en septiembre de 2017 al llamar al Bitcoin un fraude. En enero de 2018, dijo que se había arrepentido de haberlo dicho.

- ATH:

Diminutivo de máximo histórico proveniente del inglés “All-time high”. Siempre que el precio de un activo alcanza el punto más alto de su historia, se puede decir que ha alcanzado un ATH.

- Bag holder:

Este es el apodo que ningún inversor querría recibir. Los “bag holders” son aquellos inversores que compraron por FOMO en un ATH y perdieron la oportunidad de vender. Por lo tanto, se quedan con una bolsa llena de monedas sin valor.

- BTFD:

Es la sigla de “Buy the fucking dip” o sea, *compra la maldita caída.* Es lo que se requiere para que no convertirse en un poseedor de una bolsa de criptos sin valor, vale decir comprar BTFD.

Antes de ingresar en el barullo del mercado es conveniente armarse de conocimientos sobre las criptomonedas que se está considerando adquirir. Existen muchas oportunidades de hacer dinero en el mercado de las criptomonedas.

Hay que ser paciente y buscar los conocimientos adecuados en lugar de apostar por el furor del momento. Un inversor que opera en base al estruendo publicitario probablemente ni siquiera tenga una estrategia de inversión clara sino que participa en el mercado como quien lo hace de los juegos de azar.

Se pueden encontrar diferentes métodos de desarrollo de buenas estrategias en capítulos de este tratado.

La seguridad

Existen amenazas que son propias del mercado de las criptomonedas, tales como las estafas, Hacking, robos. Estos problemas han sido un tema común en el universo cripto desde la creación de Bitcoin en 2009. Y con cada nuevo escándalo, los valores de las criptomonedas también se ven afectados, aunque sea temporalmente. Para que la criptodivisa no resulte comprometida de ninguna de las formas habituales, se debe seguir las precauciones de seguridad en cada paso de la estrategia de inversión, a saber.

Primer control: La propia criptodivisa

A la fecha hay cientos de criptodivisas disponibles para la inversión, con miles de nuevas ofertas iniciales ICOs, sigla de *Initial Coin Offering* en camino, tema que se abordará con detalle en el Capítulo 11.

A la hora de elegir la criptomoneda en la que se va a invertir, el interesado debería informarse sobre la cadena de bloques y asegurarse de que ningún error, o rumor de error, pueda comprometer su inversión.

El protocolo es el conjunto de reglas comunes que la red blockchain ha acordado. Se puede obtener información sobre la naturaleza del protocolo de la criptomoneda en el sitio web, consultando su libro blanco. El libro blanco es un documento oficial que los fundadores de la criptodivisa elaboraron antes de su ICO, en el que se establece todo lo que hay que saber sobre la criptodivisa.

Como es natural, resulta muy poco probable que las empresas compartan sus deficiencias en el libro blanco. Por eso la lectura de las reseñas en sitios web de expertos como Reddit y otros, a menudo puede ser una mejor propuesta.

Este tipo de deficiencias puede aparecer incluso en las principales criptomonedas. Por ejemplo, el lanzamiento de EOS estuvo rodeado de mucha de prensa negativa acerca de la primera versión de su software de código abierto antes del 2 de junio de 2018. El hecho es que una empresa de seguridad china había encontrado una falla en el código de EOS que teóricamente podría haberse utilizado para crear tokens de la nada. Sin embargo, EOS fue capaz de corregir los errores. Para revertir la mala imagen y convertirla en comentarios de prensa positivos, Block.one, el desarrollador de EOS, invitó a la gente a detectar errores a cambio de recompensas monetarias, en un proceso conocido como bug bounty.

Cuando se encuentre un error de programa, los emisores de criptomonedas confiables deberían tomar cartas en el asunto inmediatamente para subsanarlo.

Pero hasta que consigan detectarlo y corregirlo, es prudente para los inversores mantenerse alejados de sus monedas.

Segundo control: El intercambio

Los intercambios son los lugares donde se comercian los tokens de criptodivisas. El inversor tiene que asegurarse de que su anfitrión de intercambio es digno de confianza y creíble. Se conocen innumerables incidentes de seguridad y violaciones de datos en la comunidad de criptomonedas a causa de los intercambios.

En febrero de 2014 la empresa japonesa Monte Gox, la mayor bolsa de Bitcoin en ese momento, con sede en Tokio, tuvo que cerrar sus operaciones como consecuencia de haber sufrido un fraude gigantesco. Unos 850.000 bitcoins pertenecientes a los clientes y a la compañía fueron robados de su cartera.

El problema fue importante porque Mt. Gox manejaba

el 70% de las transacciones de Bitcoin en el mundo. La empresa abrió una investigación y admitió que tenía muchos problemas de seguridad, como la falta de una política de pruebas y de un software de control de versiones sumados a una gestión inadecuada.

Finalmente, se logró recuperar unos 200.000 Bitcoins, pero los restantes nunca aparecieron.

Muchas bolsas han aprendido la lección a partir de este incidente y han actualizado sus medidas de seguridad. Sin embargo, los ataques de piratas informáticos a las bolsas siguen produciéndose periódicamente, aunque con menores dimensiones.

Una conclusión importante es que las bolsas centralizadas son las más vulnerables a los ataques. En capítulos sucesivos se analizan más métodos para detectar señales de alarma en los intercambios de criptodivisas.

Muchos atribuyen lo sucedido al hecho de trabajar con un mercado nuevo en pleno desarrollo y creen que no hay que entrar en pánico sino aprender de los errores y trabaja duro para mejorar la seguridad global del cripto en el futuro.

La otra lección importante tiene que ver con la necesidad de que cada inversor tome la cuestión de la seguridad como parte de su propia responsabilidad.

Antes de elegir una bolsa de valores, hay que informarse sobre su sección de seguridad en el sitio web. Es bueno comprobar si participa en algún programa de recompensa por detección de errores para fomentar la seguridad. Y, por supuesto, consultar con asesores expertos sobre las características de ese intercambio.

Muchos sitios especializados se encuentran atentos a las últimas novedades del mercado y mantenemos a sus miembros informados sobre cualquier actividad sospechosa.

Tercer Control: su cartera

La última ronda de comprobación de seguridad está

en las propias manos del inversor, porque el tipo de cartera de criptomonedas que utilice dependerá enteramente de su decisión. Aunque no lleve físicamente sus criptomoneda, puedes almacenarlas en una cartera física segura.

En realidad, lo que almacena son las claves públicas y privadas, que necesita usar para hacer transacciones con sus altcoins, lo que realiza también en estos monederos. Siempre se puede incrementar la seguridad de un monedero a un nivel superior utilizando una copia de seguridad.

Riesgo de fugacidad

Otro de los riesgos típicos es el de volatilidad o fugacidad debido esencialmente a los movimientos inesperados que pueden producirse en el mercado. Aunque esa mutabilidad de los valores podría ser también algo positivo, puede tomar a los inversores o en un momento inoportuno. Al igual que cualquier otro mercado financiero, el de criptomonedas puede moverse repentinamente en la dirección opuesta a la que se esperaba. Si el inversor no está preparado para la volatilidad del mercado, puede perder todo el dinero que invirtió.

Esa volatilidad en el mercado de criptomonedas es el resultado de la combinación de muchos factores. En primer lugar, se trata de una tecnología totalmente nueva. La aparición disruptiva de tecnologías revolucionarias como Internet, pueden crear períodos iniciales de volatilidad.

La tecnología blockchain y el comercio de criptomonedas que se basa en ella necesita un periodo de adaptación antes de convertirse en la corriente principal de inversión.

La mejor manera de combatir el riesgo de volatilidad de las criptomonedas es atender al panorama general del mercado cripto.

La volatilidad es importante y puede preocupar mucho si el usuario tiene un horizonte de inversión de corto plazo, porque es un indicador de cuánto dinero puede ganar o perder en un período breve.

Pero si tiene un horizonte a largo plazo la volatilidad

puede convertirse en una oportunidad, tal como se aprecia en las Figura 2-2 del Capítulo 2.

Para los expertos también existe una forma analítica de compensar el riesgo de volatilidad utilizando algoritmos de negociación automatizados en varias bolsas de valores. En un ejemplo, se podrían establecer distintas órdenes del tipo "vender el 55% de la moneda A" y "el 80% de la moneda B" y así sucesivamente, si el precio cae por un valor mayor de un 3%. Este tipo de estrategias puede minimizar el riesgo de volatilidad.

Riesgo de realización

Este es otro de los riesgos típicos, también llamado *riesgo de liquidez*, es por definición el riesgo de no poder vender o realizar una inversión rápidamente a un precio razonable, cuando se lo necesita.

La posibilidad de realización, o sea, de convertir en líquidos los activos rápidamente, es importante para cualquier negocio financiero.

Aún el inversor que pensaba inmovilizar parte de su capital por mucho tiempo, en una colocación de largo plazo, puede llegar a encontrarse con una urgencia que le reclama volver a disponer de él inmediatamente.

El comportamiento del mercado de divisas habitualmente posee un alto estándar de liquidez, pero incluso en este mercado pueden presentarse problemas de liquidez.

Si se negocia con divisas en un volumen muy bajo, es posible que ni siquiera se pueda intentar cambiarlas porque los precios no se mueven y hacerlo significaría perder.

Las criptomonedas también pueden verse involucradas en episodios de iliquidez.

El problema de la realizabilidad fue uno de los factores que llevó a la alta volatilidad en Bitcoin y otras altcoins descritas anteriormente en este capítulo. Cuando la liquidez es baja, aumenta el riesgo de manipulación de precios. Los grandes jugadores pueden mover fácilmente el mercado a su favor colocando órdenes masivas de compra o venta.

La comunidad de usuarios de criptomonedas suele referirse a este tipo de grandes jugadores como las *ballenas*.

En el mercado de las criptomonedas, las ballenas suelen mover la cotización de pequeñas altcoins utilizando su enorme capital.

Los especialistas esperan que, en la medida que las inversiones en criptodivisas se hagan más accesible y aceptable, el mercado puede volverse más líquido.

El aumento del número de bolsas confiables de criptomonedas dará la oportunidad para que más personas puedan comerciarlas. Los cajeros automáticos Cripto y las tarjetas de pago que ya están apareciendo, contribuyen a aumentar el conocimiento y la aceptación de las criptodivisas en las transacciones cotidianas.

Otro factor clave que puede influir en la liquidez de las criptodivisas es la postura que adopten los distintos países sobre las regulaciones de las criptodivisas.

Si las autoridades son capaces de definir claramente cuestiones como la protección del consumidor y los impuestos sobre las criptomonedas, más personas se sentirán seguras para comerciar con criptodivisas, lo que incidirá en su liquidez.

A la hora de elegir una criptodivisa para operar, hay que tener en cuenta su liquidez analizando su aceptación, popularidad y el número de intercambios en los que ha sido negociada.

Las criptodivisas menos conocidas pueden tener un gran potencial de aumento, pero al mismo tiempo pueden exponer al inversor a caer en problemas por su falta de ejecutabilidad.

Riesgo de desaparición

En la actualidad existen centenares de tipos de criptodivisas diferentes y cada día se introducen nuevas criptodivisas más. Dentro de unos años, el destino de muchas de estas monedas alternativas puede ser el de desaparecer mientras que el de otras puede ser el de florecer.

Un caso muy conocido de riesgo de desaparición fue la burbuja de las puntocom o acciones de las empresas vinculadas a Internet a finales de la década de los '90.

En ese momento muchas personas de todo el mundo soñaron con negocios que capitalizaban la popularidad de Internet. Algunas compañías, como Amazon y eBay, se convirtieron luego en gigantes y lograron conquistar el mundo. Muchas otras se estrellaron en el camino y se fundieron. Manteniendo la analogía, muchas de las criptodivisas en auge, que van surgiendo a diestra y siniestra, están destinadas a desaparecer.

Para minimizar este riesgo de colapso, hay que analizar cuidadosamente los fundamentos de las criptodivisas que se eligen para invertir.

¿Cómo inversor, veo que sus objetivos tienen sentido para mí? ¿Serán capaces de solucionar los problemas o estos continuarán durante los próximos años? ¿Quiénes son sus titulares y sus socios?

No se puede eliminar por completo el riesgo de colapso, pero se puede minimizar la exposición a una quiebra repentina.

Riesgo de exceso de regulación

Uno de los verdaderos atractivos iniciales de las criptodivisas era su falta de regulación. Los inversores vislumbraron al nuevo mercado como un ámbito de libertad. Los entusiastas de las criptomonedas no tenían que preocuparse por ninguna medida de los gobiernos que los persiguiera o los coartara.

Todo lo que tenían era un libro en blanco y una promesa. Sin embargo, a medida que crece la demanda de criptodivisas, los reguladores mundiales se preguntan cómo intervenir y seguir el ritmo a esta la nueva realidad económica.

Hasta la fecha, la mayoría de las monedas digitales no están respaldadas por ningún gobierno central, lo que no ha significado ningún impedimento para su crecimiento y, además, implica que cada país tiene normas diferentes.

Se podría dividir el riesgo de regulación excesiva de las criptomonedas en dos componentes: la propia regulación y la naturaleza de la regulación.

Que exista un riesgo de regulación no significa necesariamente que el mercado de las criptodivisas funcione mal. Hablar de *riesgo* solo significa que los participantes del mercado han reaccionado ante un anuncio inesperado.

En 2018, cada anuncio de regulación aparentemente pequeño impulsó el precio de muchas criptodivisas importantes y creó una gran de volatilidad.

Actualmente no hay todavía reguladores globales de criptodivisas, por lo que las regulaciones existentes están diseminadas por todo el escenario internacional.

En algunos países como Japón y Estados Unidos, por ejemplo, los intercambios de criptodivisas son legales con la única condición de que los operadores estén registrados ante las autoridades financieras. En otros países, como China, han sido más estrictos con las criptomonedas pero más indulgentes con la industria de la cadena de bloques en otro tipo de aplicaciones.

El futuro de las regulaciones de criptodivisas es todavía incierto en este momento y puede afectar a los mercados en el futuro.

Sin embargo, a medida que el mercado se fortalece, se espera que estos impactos pueden convertirse en eventos aislados de mínima influencia.

Riesgo fiscal

Inicialmente, cuando la inversión en criptomonedas comenzó a hacerse popular, casi nadie pagaba impuestos sobre las ganancias obtenidas. Ni siquiera se declaraban. Sin embargo, a medida que el mercado se ha ido regulando más, las autoridades pueden comenzar a volverse más estrictas en materia de impuestos.

A partir de 2018, el Servicio de Impuestos Internos de los Estados Unidos considera al Bitcoin y a otras criptodivisas como bienes, a pesar de que se definen por medio de la palabra monedas. Por lo tanto, las transacciones que utilizan altcoins están sujetas al impuesto sobre las ganancias de capital.

Para los ciudadanos estadounidenses o personas que viven en Estados Unidos, el riesgo fiscal está dado por la posibilidad de que las autoridades realicen cambios desfavorables en las leyes tributarias, tales como la limitación de las deducciones, el aumento de las tasas impositivas y la eliminación de las exenciones fiscales. En otros países, con menos tradición liberal, el riesgo fiscal puede ser más todavía complicado. Por ejemplo, en el caso de Filipinas, hasta el año 2019 no se había establecido claramente si la Oficina de Impuestos Internos trataría a las criptodivisas como acciones, propiedades o con impuestos sobre las ganancias de capital.

Aunque prácticamente todas las inversiones son vulnerables a los aumentos de las tasas impositivas, la tributación de las criptomonedas es un área confusa.

La mayoría de los reguladores ni siquiera se ponen de acuerdo en el concepto básico de lo que representa un token.

Y, por supuesto, para diferentes países existen diferentes normas. Cuando el inversor tiene más de un país de residencia puede sentirse muy afectado por la existencia de diferentes esquemas fiscales.

También podría ser una ventaja cuando dispone de la posibilidad de elegir el país con leyes más benignas para fijar su domicilio legal.

En cualquier caso los cambios y modificaciones constantes de la legislación tributaria representan una amenaza para inversores y los exponen a pagar multas por incumplimientos o demoras.

Por todo esto, es crucial contemplar el tema de impuestos dentro del desarrollo de la estrategia de inversión.

Métodos de gestión de riesgos

Para un usuario cripto que pretende alcanzar sus objetivos de inversión exitosamente, una de las primeras exigencias a satisfacer es la de invertir a un nivel de riesgo que sea consistente con su propia evaluación de tolerancia al riesgo.

Por esta razón adquieren mucha importancia los métodos para calcular su tolerancia al riesgo. Se puede medir la tolerancia al riesgo considerando indicadores objetivos como los objetivos de inversión, el horizonte temporal para cada objetivo, la necesidad de liquidez y demás por el estilo.

También se puede tratar de aumentar la tolerancia al riesgo estableciendo objetivos a más largo plazo, aumentando los ahorros mediante métodos distintos a la inversión en línea y reduciendo la necesidad actual de liquidez.

Obviamente estas cosas son más fáciles de decir que de hacer, especialmente teniendo en cuenta que nunca se sabe cuándo se va a recibir un golpe financiero.

En las siguientes secciones se ofrece orientación sobre cómo gestionar el riesgo creando fondos de emergencia, siendo paciente con las inversiones y diversificando las colocaciones.

Algunos consultores especializados brindan herramientas de análisis y cuestionarios para poder calcular la tolerancia personal al riesgo y lograr que el dinero se ponga a trabajar eficientemente.

¿CÓMO MEDIR LA PROPIA TOLERANCIA AL RIESGO?

La tolerancia al riesgo se basa en dos componentes principales, uno objetivo y el otro subjetivo, a saber:

- La capacidad de riesgo

- La disposición a arriesgar

Es muy probable que un buen planificador financiero al servicio del inversor le haga rellenar un cuestionario de tolerancia al riesgo que mida su disposición al riesgo. Aunque esta inclinación es subjetiva, el cuestionario evalúa la disposición a asumir riesgo preguntando sobre cuestiones varias que determinan las actitudes personales frente al riesgo. Puede ayudar a establecer si se tiene aversión al riesgo o tolerante al riesgo.

Un inversor con aversión al riesgo requiere una rentabilidad significativamente mayor para considerar siquiera la posibilidad de invertir en una operación de alto riesgo.

Un inversor con tolerancia al riesgo estará más dispuesto a aceptar la exposición a cambio de un pequeño aumento en la rentabilidad.

Sin embargo, para llegar a una toma de decisión racional debe conocer realmente la cantidad que puede invertir en los mercados. Por lo tanto, debe averiguar cuál es su capacidad de riesgo en función de su situación financiera verdadera y las circunstancias de vida que desempeña. Para calcular su tolerancia al riesgo, debe preparar sus estados financieros y analizar algunos ratios.

Estos ratios y la forma de conocerlos son:

<u>- Ratio de fondo de emergencia:</u>

Se puede calcular dividiendo el efectivo accesible del inversor por el gasto mensual necesario. El resultado debe ser superior a 6.

- Ratio de manutención:

Consiste en dividir los gastos de mantenimiento y vivienda por el tu sueldo bruto. Por ejemplo, en los Estados Unidos, el resultado debe ser inferior al 28%.

- Ratio de endeudamiento:

Se basa en calcular la deuda total dividida por los activos totales. El punto de referencia varía en función de la edad y los objetivos financieros.

- Ratio de patrimonio neto:

Se puede calcular dividiendo el patrimonio neto, que son todos los activos menos la deuda, por el total de activos.

Utilizando todos estos ratios y comparándolos con las cifras de referencia suministradas por los consultores, se puede rellenar un sencillo cuestionario para averiguar la tolerancia al riesgo.

El fondo de emergencia

Una prioridad para un inversor organizado debería ser la construcción de su propio *fondo de emergencia* antes que nada. Algunos gobiernos serios, en distintos países, son capaces de crear fondos contracíclicos en épocas de economía floreciente para poder disponer de ellos cuando lleguen las "épocas de vacas flacas".

Nada impide que esta actitud, económica y financieramente sana, pueda ser adoptada también por los particulares.

Lo habitual es que esto no suceda y después de un ciclo de éxito financiero, algunas personas sólo adquieren más bienes y añaden gastos a su presupuesto, volcando toda la bonanza a un incremento del consumo, a veces innecesario y lujoso.

Pero siempre pueden sobrevenir cambios desfavorables, como un negocio que pierde rentabilidad, un aumento de carga impositiva por parte del gobierno, una quita de exenciones y deducciones fiscales, circunstancias naturales, laborales o familiares que aumentan los gastos y muchas otras posibles causas que llevan a retroceder económicamente.

Cuando esto acontece se revela con más fuerza la importancia de disponer de un fondo de emergencia, no importa en qué invierta la familia o cuál sea su estrategia. La existencia de un fondo de emergencia puede ayudar a superar esos momentos de dificultad financiera, de los cuales nadie está exento.

Otro elemento de suma importancia, por supuesto, es la necesidad de reconstruir el fondo cuando se lo ha empleado, aún desde cero si fuera necesario.

Se puede estimar la magnitud del fondo de emergencia necesario dividiendo el valor del dinero total inmediatamente accesible entre los gastos mensuales inevitables.

Eso le da al inversor el número de meses que puede sobrevivir sin flujo de efectivo adicional. El resultado debe ser superior a los seis meses, pero cuanta más duración, mejor.

Antes de crear una cartera de inversiones y mucho menos añadir criptodivisas a la misma, hay que disponer de un fondo de emergencia.

La importancia de ser paciente

Los riesgos que entrañan las criptodivisas son ligeramente diferentes a los de otros mercados más consolidados, como la renta variable y los metales preciosos.

Sin embargo, se puede utilizar métodos similares para gestionar el riesgo de esta cartera, independientemente de la naturaleza de sus inversiones.

La razón más común por la que muchos hombres de

negocios pierden dinero en línea es la fantasía de hacerse rico rápidamente. En cambio, la gran mayoría de los inversores experimentados han ganado mucho dinero a largo plazo. La clave ha sido la paciencia de estos expertos.

"La paciencia es una virtud rentable" es el mantra de algunos grupos de inversión.

Los primeros entusiastas del Bitcoin tardaron nueve años, para que Bitcoin produjera algún rendimiento de sus participaciones. Y aunque en 2017 se produjo una pequeña burbuja con un comportamiento irregular, nada impide que los mercados alcancen y superen los niveles más altos de todos los tiempos en los próximos años.

La paciencia no es sólo una ayuda eficaz para los inversores de largo plazo. También es válida para los especuladores y operadores de corto plazo.

Con frecuencia, esa inversión o posición especulativa puede ir a la baja o permanecer en una meseta durante un plazo que parece una eternidad. Pero tarde o temprano, el mercado tomará nota del sentimiento inversor y borrará las pérdidas o creará nuevas oportunidades de compra.

En la Figura 3-3, se puede ver el papel que puede desempeñar la paciencia en los rendimientos de un inversor.

FIGURA 3-3

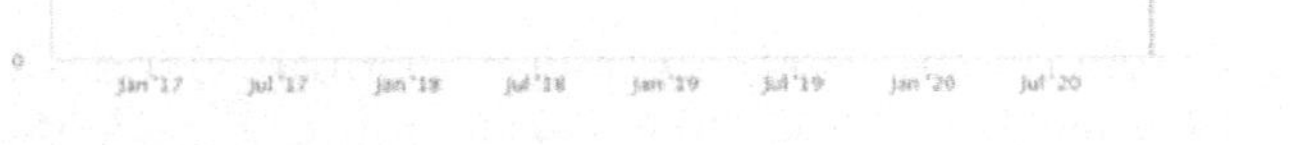

Las flechas señalan los mejores momentos para entrar al mercado de las cripto y comprar, justo cuando el precio ha bajado significativamente. Por supuesto, al inversor le gustaría que los precios subieran inmediatamente hasta alcanzar su objetivo de beneficios en un nivel alto de precios de salida. Pero la mayoría de las veces, el mercado no funciona así.

En resumen, la virtud de la paciencia consiste en que el inversor espere a que el precio alcance un mínimo relativo para ingresar y comprar y, por el contrario, esperar a un máximo relativo para salir y vender. En el siguiente gráfico simplificado se muestra esto:

Momento adecuado para invertir en Bitcoin

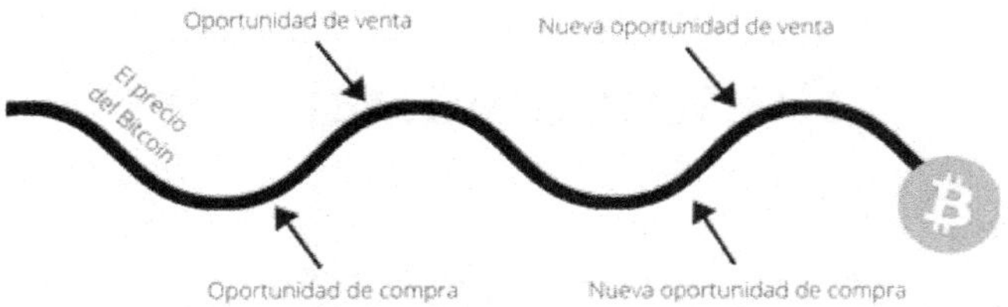

Pero la realidad se halla en el gráfico anterior, donde se aprecian una sucesión de subas y bajas, por lo que tanto los operadores como los inversores suelen ver muchas caídas en el precio antes de que el mercado alcance su objetivo de beneficios.

Algunos inversores entran en pánico en las caídas y se rinden. Pero al final, los que fueron pacientes y mantuvieron su posición en los momentos difíciles, son los que ganan.

Esto puede ser cierto tanto para los inversores a corto como a largo plazo, por lo que el marco temporal del gráfico no importa realmente.

El éxito no sigue un camino llano y suave sino uno real lleno de baches.

La cartera puede incluso entrar en territorio negativo a veces. Sin embargo, si ha hecho la debida diligencia de analizar su inversión se debe procurar que el tiempo sea un amigo para ver beneficios a largo plazo.

Un gran ejemplo de este razonamiento es el crash de 2008, en el cual casi todos los mercados del mundo, incluido el mercado de valores de los Estados Unidos, cayeron a plomo debido a la crisis hipotecaria. La mayoría de la gente entró en pánico y trató de salir de sus inversiones con pérdidas masivas. Si hubieran tenido la paciencia necesaria, habrían visto sus carteras en territorio positivo en unos cinco años. En 2018, habrían duplicado con creces los rendimientos de las mismas inversiones.

¿Dónde diversificar?

Una diversificación correcta debe realizarse dentro y fuera de la cartera de criptomonedas. La misma regla de oro válida para cualquier tipo de inversión sigue siéndolo para el revolucionario mercado de las criptomonedas.

Además de diversificar la cartera añadiendo diferentes activos como acciones, bonos o fondos negociables en la bolsa, la diversificación dentro de la propia cartera de criptodivisas también es importante.

Por ejemplo, Bitcoin es quizás la celebridad de todas las criptodivisas, por lo que todo el mundo quiere hacerse de ella. Pero Bitcoin es también la criptodivisa más antigua, por lo que tiene algunos problemas irresolubles. Cada día aparecen en el mercado criptodivisas más jóvenes y con mejor rendimiento y ofrecen interesantes oportunidades.

Existen diferentes formas de agrupar las criptodivisas con fines de diversificación, además de hacerlo por la antigüedad.

Algunos de estas formas son las siguientes:

<u># Por capitalización de mercado:</u>

En esta categoría se pueden incluir las principales criptodivisas que están en entre las primeras. Aunque esto varía permanentemente, al momento de escribir este artículo, serían Bitcoin, Ethereum, Ripple y Litecoin.

Criptodivisas transaccionales:

Este grupo es la categoría original para criptodivisas. Las criptodivisas transaccionales están diseñadas para ser utilizadas como dinero y se pueden intercambiar por bienes y servicios. Los ejemplos de criptomonedas más conocidas en esta lista son Bitcoin y Litecoin.

#Criptodivisas de plataforma:

Estas criptomonedas están diseñadas básicamente para uso de los intermediarios, crear mercados e incluso lanzar otras criptodivisas.

Ethereum es una de las mayores criptomonedas de esta categoría. Proporciona una columna vertebral para futuras aplicaciones. NEO es otro ejemplo destacado.

Estas criptodivisas generalmente se consideran buenas inversiones a largo plazo porque aumentan su valor a medida que se crean más aplicaciones en su blockchain.

#Criptodivisas de privacidad:

Estas opciones son similares a las criptomonedas transaccionales, pero sus virtudes se centran en la seguridad y el anonimato de las transacciones. Algunos ejemplos son Monero, Zcash y Dash.

#Criptodivisas de aplicación específica:

Constituyen uno de los tipos de criptomonedas que se encuentra más de moda.

Estas criptomonedas de aplicación específica cumplen funciones concretas y resuelven algunos de los mayores problemas del universo cripto. Algunos ejemplos de estas criptomonedas son Vechain, utilizada para aplicaciones de la cadena de suministro; IOTA, empleada para aplicaciones del Internet de las cosas y Cardano, usada para escalabilidad de criptomonedas, optimizaciones de privacidad y otros fines similares.

Algunos se vuelven demasiado específicas, como Mobius, también conocida como Stripe para la industria del blockchain, que buscaba resolver los problemas de pago en la industria agrícola en 2018. Dependiendo de las especificidades de cada proyecto de inversión, varias de estas criptomonedas pueden resultar muy exitosas. Se puede elegir entre las que estén resolviendo más problemas, siempre analizando su usabilidad y el rendimiento de la aplicación desde el equipo del proyecto adecuadamente.

Un problema clave al que se enfrenta el mercado de las criptomonedas cuando se trata de la diversificación es que todo el mercado parece estar extremadamente correlacionado. Sucede que la mayoría de las criptodivisas suben cuando la percepción del mercado se vuelve alcista, y viceversa.

A pesar de este comportamiento, se puede diversificar el riesgo en una cartera, aunque sea sólo de criptomonedas, añadiendo más criptoactivos a su monedero.

Al invertir en múltiples criptoactivos, se puede prorratear la cantidad de riesgo a la que se expone el inversor en lugar de mantener toda la volatilidad de la cartera concentrada en uno o pocos activos. En el Capítulo 9 hay más información sobre la diversificación en criptodivisas.

Capítulo 4

Funcionamiento de las criptomonedas

Las criptomonedas y bitcoin, en particular, han sido uno de los primeros casos de uso activo de la tecnología blockchain. Por esa razón, mucha gente puede haber oído hablar más de Bitcoin que de la tecnología de cadena de bloques subyacente en la criptomoneda.

En este capítulo se trata en detalle sobre cómo las criptomonedas utilizan la tecnología blockchain, cómo operan y cómo se generan, así como algunos términos cripto y términos geek con los que conviene familiarizarse. La tecnología blockchain propiamente dicha se considerará en el próximo Capítulo 5.

Explicación de los términos básicos

Es importante conocer los términos básicos utilizados en el proceso de las criptodivisas, que también se conocen como monedas digitales, aunque son muy diferentes de las monedas que la gente porta en sus bolsillos. Para comenzar, las monedas cripto no están vinculadas a un banco central, un país o un organismo regulador.

Cuando alguien realiza una compra utilizando su tarjeta de débito normal, lo que sucede es lo siguiente:

1.- El usuario brinda los datos de su tarjeta al cajero o

al sistema en el punto de venta de la tienda.

2.- El establecimiento comprueba los datos, confirmando la identidad y preguntando a su banco si tiene suficiente dinero en su cuenta bancaria para efectuar la comprar.

3.- El banco comprueba sus registros para confirmar si los fondos existen.

4.- Cuando la cuenta tiene fondos suficientes, el banco da el visto bueno a la tienda.

5.- El banco actualiza entonces sus registros para asentar el movimiento del dinero desde la cuenta a la de la tienda.

6.- El banco se cobra una pequeña parte, en forma de comisión, por el trabajo concretado y los gastos incurridos como intermediario.

Ahora bien, si se quisiera eliminar al banco de todo este proceso, ¿en quién más se podría confiar para que llevara todos estos registros sin alterarlos ni hacer trampa de ninguna manera?

Este pasa a ser un verdadero problema, dificilmente se confíe en ninguna persona, ni aunque esté calificada.

Pero sí es posible confiar en todos los miembros de la red efectuando un control recíproco cruzado.

En el siguiente capítulo, se explicará que la tecnología blockchain funciona para eliminar a los intermediarios.

Cuando se aplica a las criptomonedas, blockchain elimina la necesidad de un registro central de transacciones.

En su lugar, se distribuyen muchas copias de su contabilidad de transacciones en todo el mundo. Cada propietario de cada copia registra su transacción de compra.

Si la compra antes mencionada se quiere efectuar usando una criptodivisa, la secuencia sería la siguiente:

1.- El usuario da sus datos de criptomoneda al cajero.

2.- La tienda pregunta a todos en la red para ver si ese usuario tiene suficientes monedas para realizar esa comprar.

3.- Todos los titulares de registros en la red, llamados nodos, comprueban sus registros para ver si el usuario tiene disponibilidad.

4.- Si el usuario cripto tiene suficientes monedas, cada nodo da el visto bueno al cajero.

5.- Todos los nodos actualizan sus registros para mostrar el resultado de la transferencia.

6. Al azar, un nodo recibe una recompensa por el trabajo.

Esto significa que ninguna organización centralizada lleva la cuenta de dónde están tus monedas o investiga si hay fraude.

De hecho, las criptomonedas como Bitcoin no existirían sin una red de nodos contables y un elemento conocido como criptografía.

En las siguientes secciones, se explica esto y algunos otros términos importantes relacionados con el funcionamiento de las cripto.

¿Por qué criptografía?

Tradicionalmente se ha definido a la criptografía como la técnica de escribir bajo claves secretas, de modo tal que lo escrito sólo sea inteligible para quien conoce las claves y procedimientos para descifrarlo. También se la considera un arte que utiliza procedimientos enigmáticos. De modo que su principal característica es la vinculación con lo secreto.

En el universo de las criptomonedas esto se manifiesta principalmente en la voluntad y disposición para mantenerse "anónimo".

Puede decirse que, históricamente, la criptografía es un antiguo arte para enviar mensajes ocultos. La etimología así lo delata, ya que la raíz del término proviene de la palabra griega *krypto* que significa secreto más graphos que significa escritura.

Un emisor o remitente encripta el mensaje utilizando algún tipo de clave. El receptor tiene que descifrarlo.

Por ejemplo, los eruditos del Siglo XIX descifraron los antiguos jeroglíficos egipcios cuando los soldados de Napoleón encontraron la Piedra de Rosetta en 1799 cerca de Rashid, Egipto.

En la era de las redes de información, en pleno Siglo XXI, el emisor puede cifrar digitalmente los mensajes, y el receptor debe utilizar servicios criptográficos y algoritmos para descifrarlos.

Las criptomonedas utilizan la criptografía para mantener la seguridad y el anonimato.

Así es como las monedas digitales, aunque no estén acuñadas por ninguna autoridad central ni avaladas por un organismo regulador, pueden ayudar con la seguridad y la protección contra el doble gasto, que es el riesgo de que su dinero digital se utilice más de una vez.

La criptografía aplicada a las criptomonedas utiliza tres métodos principales de cifrado:

#Hashing:

Hashing, que ya se explicará más en detalle, es algo así como una huella digital o una firma. Una función hash primero toma los datos de entrada que pueden ser de cualquier tamaño. La función entonces realiza una operación sobre los datos originales y devuelve una salida que representa los datos originales pero con un tamaño fijo, generalmente más pequeño. En criptomonedas como Bitcoin, se utiliza para adivinar la combinación de inhibición de un bloque. El hashing mantiene la estructura de los datos de la cadena de bloques, codifica las direcciones de las cuentas de las personas y hace la minería de bloques. Puedes encontrar más información sobre la minería más adelante en capítulos siguientes.

#Encriptación simétrica:

La encriptación simétrica es el método más utilizado en criptografía. Sólo implica una clave secreta para el emisor y el receptor. La principal desventaja del cifrado simétrico es que todas las partes implicadas tienen que intercambiar la clave utilizada para cifrar los datos antes de poder descifrarlos y esto la expone más.

#Cifrado asimétrico: La criptografía de cifrado asimétrico utiliza dos claves: una clave pública y una clave privada. Se puede cifrar un mensaje utilizando la clave pública del receptor, pero éste sólo puede descifrarlo utilizando su clave privada.

¿Qué es un nodo?

Un nodo es un dispositivo electrónico que hace el trabajo de contabilidad en la red blockchain, haciendo todo en forma descentralizada. El dispositivo puede ser un ordenador, un teléfono móvil o incluso una impresora, siempre que esté conectado a Internet y tenga acceso a la red blockchain.

Proceso de minería

Otro concepto importante es el de minería.

La llamada *minería* consiste en que los propietarios de los nodos que contribuyen voluntariamente con su informática para almacenar y validar las transacciones, tengan la oportunidad de cobrar las tasas de transacción y ganar una recompensa por hacerlo, pagadera en la criptomoneda subyacente.

Este proceso se conoce como minería, y a los propietarios que lo hacen se les denomina mineros.

Corresponde hacer una aclaración importante en este punto: no todas las criptodivisas pueden ser minadas. Bitcoin y algunas otras famosas sí pueden serlo. Pero hay otras, como Ripple (XRP), que evitan la minería porque quieren una plataforma que no consuma una gran cantidad de energía eléctrica en el proceso de minería; el uso de la energía es uno de los problemas con blockchain que ya se ha mencionado.

En cualquier caso, en la mayoría de las criptomonedas, la minería es un factor esencial hasta la fecha.

El funcionamiento de la minería es más o menos el siguiente: los mineros de criptomonedas deben resolver rompecabezas criptográficos, a través de software, para añadir transacciones al libro de contabilidad que es el blockchain, con la esperanza de obtener a cambio monedas como recompensa. Se llama minería por el hecho de que este proceso ayuda a extraer nuevas criptomonedas del sistema, como si un minero con casco y piqueta lo hiciera desde el yacimiento. Cualquier persona puede unirse a este grupo y el único requisito es que su computador encuentre el número aleatorio que resuelva una ecuación que el sistema blockchain genera.

De hecho, el ordenador tiene que calcular muchas cadenas de 64 caracteres o hashes de 256 bits y comprobar a través de la ecuación que la respuesta es correcta. Por eso es tan importante que el usuario cripto disponga de un ordenador potente. Cuanto más potente sea su ordenador, más conjeturas puede hacer en un segundo, aumentando sus posibilidades de ganar en este juego.

Si el usuario consigue acertar, ganará Bitcoins y conseguirá escribir la próxima página de transacciones de Bitcoin en la cadena de bloques.

Como la minería se basa en una forma de adivinación, en cada bloque un minero diferente encuentra el número y se le concede el derecho a actualizar la cadena de bloques. Quien tenga la mayor potencia de cálculo combinada, controla la cadena y gana siempre como si tuviera el control sobre el 51% de los votos.

Gracias a la ley de la probabilidad estadística, es poco probable que el mismo minero tenga éxito todas las veces. Por supuesto, este juego a veces puede parecer injusto porque el ordenador de mayor potencia será siempre el primero en resolver la ecuación del desafío y ganar, por así decirlo, más a menudo.

Ensayo de trabajo

Un minero que quiere introducir realmente su bloque y sus transacciones en la cadena, tiene que proporcionar una respuesta de verificación o prueba a un desafío específico.

Esta prueba resulta difícil de producir y de ahí la necesidad de contar con todos los gigantescos ordenadores, tiempo y dinero necesarios, pero los otros mineros pueden verificarla con relativa facilidad. Este proceso se conoce como prueba de trabajo, o PoW por su sigla en inglés.

Cualquier adivinanza que requiera comprobar muchas y distintas combinaciones es una prueba desafiante. Esto sucede porque deben verificarse todas las diferentes combinaciones posibles para llegar a la respuesta correcta.

Puede ser algo bastante difícil, pero después de conseguirla, es fácil de validar, sólo hay que introducir la clave correcta y comprobarlo.

El primer minero que resuelva el problema para cada bloque de la cadena de bloques recibe una recompensa. La recompensa es básicamente el incentivo para seguir minando y hace que los mineros compitan por ser los primeros en encontrar una solución a los problemas matemáticos.

El concepto de PoW es utilizado por Bitcoin y algunas otras criptomonedas principalmente para asegurarse de que la red no pueda ser fácilmente manipulada.

Tal como se analiza con más detalle en otro capítulo, todo el tema de la prueba de trabajo tiene también sus desventajas para la tecnología blockchain. Uno de los principales inconvenientes es que desperdicia mucha de potencia de cálculo y consume energía eléctrica sólo para producir múltiples conjeturas al azar.

Esta es la razón que ha llevado a muchas de las nuevas criptomonedas a probar con un método alternativo llamado *prueba de participación* o proof-of-stake (PoS). Generalmente no se traduce y se usa el término original en inglés entre los usuarios cripto.

Sistema Proof-of-stake

A diferencia de la prueba de trabajo PoW, en el sistema proof-of-stake, PoS, se requiere demostrar la propiedad de una cierta cantidad de dinero o apuesta.

El usuario que disponga de mayor volumen de cripto será el que más poder de minería tenga. Este enfoque elimina la necesidad de la costosa extravagancia minera. Y como los cálculos son bastante sencillos de probar, el usuario obtendrá un cierto porcentaje de la cantidad total de las criptomonedas disponibles.

Otra diferencia importante es que el sistema PoS no ofrece recompensas por bloque, sino que los mineros obtienen comisiones por transacción. Así es como las criptomonedas con PoS pueden ser varios miles de veces más rentables que las de PoW.

Como no podía ser de otro modo, PoS también puede tener sus propios problemas. Para empezar, se puede argumentar que PoS es un sistema que premia a los acaparadores de monedas. Bajo el modelo proof-of-stake, los nodos sólo pueden minar un porcentaje de transacciones que corresponde a su participación en una criptomoneda.

Por ejemplo, un minero de prueba de participación que posee el 10% de una criptomoneda, podría minar el 10% de los bloques de la red. La limitación de este modelo de consenso es que da a los nodos de la red una razón para guardar sus monedas en lugar de gastarlas. También, produce un escenario en el que los ricos se hacen más ricos. Y se enriquecen porque los grandes poseedores de monedas pueden minar un mayor porcentaje de bloques en la red.

Prueba de importancia

El otro sistema desarrollado es el llamado *prueba de importancia*, PoI, que fue introducido por primera vez por una plataforma de blockchain llamada NEM para apoyar a su propia criptomoneda XEM. En cierto modo, PoI es similar a PoS porque los participantes o nodos son marcados como *elegibles* si tienen una cierta cantidad de criptomoneda conferida. Entonces la red da una *puntuación* a los nodos elegibles, y esto les permite crear un bloque que tenga aproximadamente la misma proporción que esa puntuación.

La diferencia con las otras pruebas es que los nodos no obtendrán una mayor puntuación solo por tener más criptomonedas. También se contemplan otras variables en la puntuación, para poder resolver el principal problema del PoS, que es el acaparamiento.

La comunidad NEM, en particular, utiliza un método llamado cosecha para resolver el problema del acaparamiento en la PoS.

El sitio Investopedia, dedicado a la educación de inversores, con sede en Alberta, Canadá; define así a la recolección: "En lugar de que cada minero contribuya con su potencia minera de forma acumulativa a un nodo de computación, un participante de la *cosecha* simplemente vincula su cuenta a un supernodo existente y utiliza la potencia de cálculo de esa cuenta para completar bloques en su nombre".

Entendiendo las Transacciones

En un resumen de cómo funcionan las criptodivisas se deberían mencionar los siguientes conceptos destacados:

1.- Si un usuario quiere usar criptomonedas para comprar algo, primero que nada, su red de cripto y su cartera de criptomonedas comprueban automáticamente sus transacciones anteriores, para asegurarse de que tiene suficientes criptodivisas para realizar esa transacción.

Para ello, necesita utilizar sus claves privadas y públicas, que se tratarán en detalle en el capítulo 7.

2.- La transacción entonces se encripta, se transmite a la red de la criptodivisa y se pone en cola para ser añadida al libro mayor.

3.- Las transacciones se registran en el libro de contabilidad pública a través de la minería. Las direcciones de envío y recepción son identificaciones de cartera o valores hash que no están vinculados a la identidad del usuario, por lo que permanece anónimo.

4. Para las criptomonedas bajo sistema PoW, los mineros tienen que resolver un rompecabezas matemático para verificar la transacción.

Las criptomonedas bajo sistema PoS atribuyen el poder de minería a la proporción de las monedas que posean los mineros, en lugar de utilizar la energía para resolver problemas matemáticos, evitando el inconveniente del desperdicio de energía de PoW.

Las criptos bajo sistema PoI añaden una serie de variables a la hora de atribuir la potencia minera a los nodos, para resolver el problema de "acaparamiento" que se asocia con PoS.

Otros conceptos importantes en criptografía

A pesar de que ya se han desarrollado parte de los fundamentos de las criptomonedas y cómo se encuentran relacionadas con la tecnología blockchain, se puede navegar sobre algunos otros conceptos más, que habitualmente aparecen en las conversaciones. Muchos de ellos son los factores que hacen que las criptodivisas sean tan especiales y diferentes de la moneda de curso legal respaldada por los gobiernos, también conocida como moneda fiduciaria, tal como el dólar estadounidense.

Escalamiento adaptativo

El escalamiento adaptativo es una de las grandes ventajas de invertir en criptodivisas. Significa que es más difícil minar una criptodivisa específica con el tiempo. Por lo tanto, permite que las criptomonedas funcionen bien tanto a pequeña como a gran escala. Por eso las criptomonedas toman medidas como limitar la oferta en el tiempo, para así crear escasez y reducir la recompensa por minar a medida que se siembran más monedas en total.

Merced al escalamiento adaptativo, la dificultad de la minería sube y baja en función de la popularidad de la moneda y de la cadena de bloques. Esto puede contribuir a otorgar a las criptomonedas una verdadera longevidad dentro del mercado.

Descentralización

Toda la idea básica conceptual detrás de la tecnología blockchain es que está descentralizada.

Este concepto significa que ninguna entidad puede afectar a las criptodivisas.

Algunas criptodivisas no están realmente descentralizadas, como en el caso de Ripple, porque no siguen exactamente el protocolo de minería de Bitcoin. A diferencia de ésta, Ripple no tiene mineros.

En su lugar, las transacciones se realizan a través de una cadena de bloques centralizada para hacerla más fiable y rápida. Sucede que Ripple, en particular, es una cripto que ha seguido este camino porque quiere trabajar con los grandes bancos y, por lo tanto, quiere combinar los mejores elementos del dinero fiduciario y las criptomonedas blockchain.

Si las monedas no minables como Ripple pueden ser consideradas verdaderas criptodivisas está en discusión, pero ese hecho no significa que no se pueda invertir en ellas que, en última instancia, es el objetivo de todos.

Cosecha

La recolección o cosecha es una alternativa a la minería tradicional utilizada para mantener la integridad de una red blockchain. Fue diseñada por una plataforma de blockchain llamada NEM para generar su propia moneda llamada XEM. Según el sitio finder.com así es como funciona la recolección: "Cada vez que alguien realiza una transacción, el primer ordenador que vea y verifique la transacción notificará a los usuarios cercanos de esa transacción, creando una cascada de información. Este proceso se llama *"generar un bloque"*. Cada vez que alguien con más de 10.000 XEM adquiridos genera un bloque en NEM, recibe las tasas de transacción de ese bloque como pago".

Además, como se explicó anteriormente, la recolección utiliza un sistema PoI en lugar de PoS y PoW.

Código abierto

Las criptomonedas suelen ser de código abierto. Esto significa que los mineros, los nodos y los cosechadores pueden unirse a la red y utilizarla sin necesidad de pagar una cuota o una membresía.

Libro mayor público

Un libro de contabilidad es el antiguo sistema de registro para registrar información y datos contables. Las criptomonedas utilizan un libro de contabilidad público digital para registrar todos los datos de las transacciones.

Todo el mundo puede acceder a las cadenas de bloques públicas y ver todas las transacciones que se realizan con las criptomonedas.

Sin embargo, debe tenerse en cuenta que no todas las cadenas de bloques utilizan un libro de contabilidad público. Algunas empresas e instituciones financieras utilizan libros de contabilidad privados para que las transacciones no sean visibles para el mundo.

Sin embargo, al hacerlo, pueden estar contradiciendo la idea original de la tecnología blockchain

Contratos inteligentes

Los contratos inteligentes también se denominan contratos autoejecutables, contratos blockchain o contratos digitales.

Son similares a los contratos tradicionales, salvo porque son completamente digitales. Los contratos inteligentes eliminan el intermediario entre el comprador y el vendedor para que se puedan implementar aplicaciones como pagos automáticos y productos de inversión sin la necesidad de una autoridad central como un banco.

Un contrato inteligente es en realidad un pequeño programa informático que se almacena y ejecuta en una plataforma de blockchain.

Por eso, todas las transacciones están completamente distribuidas y ninguna autoridad centralizada tiene el control del dinero. Además, al estar almacenado en una cadena de bloques, un contrato inteligente es inmutable.

Ser inmutable significa que después de crearlo no se puede cambiar nunca más; no se puede manipularlo, lo cual es una característica heredada de la tecnología blockchain.

Obviamente, el carácter de inmutable puede tener sus propias desventajas. Como no se puede cambiar nada en el contrato inteligente, eso significa que si el código tiene algún error tampoco se puede arreglarlo. Esto hace que la seguridad de los contratos inteligentes sea más difícil.

Algunas empresas intentan combatir este problema auditando sus contratos inteligentes, lo que puede ser más seguro pero también más costoso.

Es de esperar que el paso del tiempo traiga mejores prácticas de codificación y ciclos de vida de desarrollo para combatir los problemas de seguridad de los contratos inteligentes.

Después de todo, los contratos inteligentes son todavía una práctica bastante joven con toda una vida de prueba y error por delante.

Bifurcaciones de criptodivisas

Un usuario puede obtener algo de dinero de una bifurcación de criptodivisas. Muchas criptodivisas populares nacieron como resultado de una escisión de otra criptodivisa como el Bitcoin. En esta sección se explican los fundamentos de estas divisiones de criptodivisas y cómo se puede obtener beneficios de ellas.

¿Qué es una bifurcación y por qué se producen las bifurcaciones?

En ocasiones, si un grupo de desarrolladores no está de acuerdo con la dirección que está tomando una criptomoneda, estos miembros deciden seguir su propio camino e iniciar una ramificación.

Esto significa imaginarse un tronco común largo, y luego un montón de ramas que se derivan de él. Eso es exactamente lo mismo que sucede con una criptodivisa.

Como ya se ha explicado antes, muchas criptomonedas se implementan dentro de un software de código abierto. Cada una de estas criptodivisas tiene su propio protocolo que todo el mundo en la red debe seguir. Ejemplos de estas reglas son las siguientes:

#Tamaño del bloque

#Recompensas que obtienen los mineros, recolectores u otros participantes de la red

#Cómo se calculan las comisiones

Pero como las criptomonedas son esencialmente proyectos de software, su desarrollo nunca estará completamente terminado. Siempre hay margen para mejorar.

Los desarrolladores de criptomonedas regularmente conciben actualizaciones para solucionar algunos problemas o mejorar el rendimiento.

Algunas de estas mejoras son pequeñas, pero otras cambian fundamentalmente el funcionamiento de la criptomoneda original, de la cual los desarrolladores se habían enamorado. Como siempre sucede, al deteriorarse la relación las partes se separan. Cuando los desacuerdos entre los distintos miembros de un grupo de desarrolladores o participantes de la red se intensifican, pueden pueden optar por separarse y crear su propia versión del protocolo.

Bifurcaciones duras y blandas

Los tipos de bifurcaciones que pueden ocurrir en una criptodivisa son de dos naturalezas: una bifurcación dura y una suave.

La mayoría de las criptomonedas constan de dos grandes piezas: el protocolo, que es un conjunto de reglas y la cadena de bloques que almacena todas las transacciones que han tenido lugar. Si un segmento de la comunidad de criptomonedas decide crear sus propias reglas, empieza por copiar el código del protocolo original y luego introducir cambios en él, asumiendo que la criptodivisa es un diseño completamente de código abierto.

Una vez que los desarrolladores han implementado los cambios deseados, definen un punto en el que su bifurcación se activará.

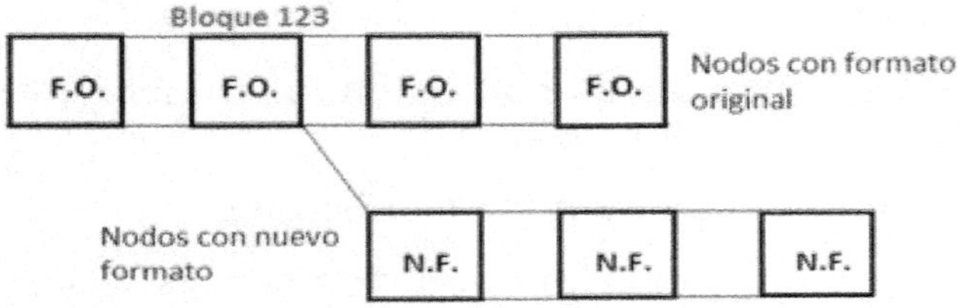

FIGURA 4-1

Más concretamente, eligen un número de bloque para iniciar la ramificación.

Por ejemplo, como se puede ver en la Figura 4-1, la comunidad determina que el nuevo protocolo se activará cuando el bloque 123 se publique en la cadena de bloques de la criptomoneda.

Cuando la moneda alcanza ese número de bloque, la comunidad se divide en dos y aparecen los nodos con la nueva versión del software además de aquellos con el software original.

Algunas personas deciden apoyar el conjunto original de reglas, mientras que otras apoyan al nuevo y se agregan a la bifurcación. Cada grupo comienza entonces a añadir nuevos bloques a la bifurcación que apoya.

A partir de este momento, ambas blockchains son incompatibles entre sí, y se ha producido una bifurcación dura. Los nodos esencialmente se separan y no vuelven a interactuar entre sí. Ni siquiera reconocen los nodos o transacciones en la antigua cadena de bloques.

En cambio, por el otro lado, una bifurcación suave es el tipo de ruptura en la que ambas partes conservan el *affectio societatis* y siguen siendo "amigas".

Si los desarrolladores deciden bifurcar la criptomoneda y hacer los cambios compatibles con la antigua cadena, entonces la situación se llama bifurcación blanda o soft fork.

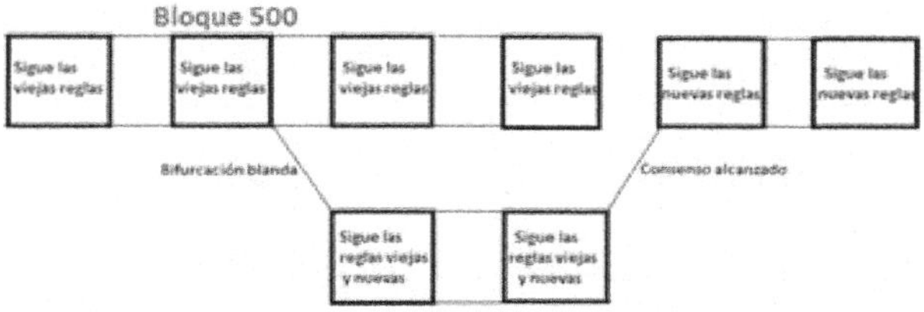

FIGURA 4-2

Se puede ver la sutil diferencia en el ejemplo mostrado en la Figura 4-2.

Se puede observar que la bifurcación suave está programada para ocurrir en el bloque 500.

La mayoría de la comunidad puede apoyar la cadena de bloques más fuerte siguiendo tanto las reglas nuevas como las antiguas.

Si las dos partes llegan a un consenso después de un tiempo, las nuevas reglas se actualizan en toda la red. Todos los nodos no actualizados, es decir, los obstinados que siguen minando estarán perdiendo su tiempo. La comunidad vuelve a unirse suavemente, y todo el mundo evolucionará normalmente hasta la próxima separación.

Hay dinero gratis en las bifurcaciones

Como una nueva bifurcación se basa en la cadena de bloques original, todas las transacciones que anteriormente se realizaban en la cadena de bloques también se realizan en la bifurcación.

Los desarrolladores de la nueva cadena toman una especie de fotografía instantánea del libro mayor en el número de bloque específico en el que se produjo la ramificación, como el 123 en la Figura 4-1, y, por lo tanto, crean una copia duplicada de la cadena.

Como consecuencia, el usuario que tenía una cierta cantidad de criptodivisas antes de la bifurcación, también obtiene la misma cantidad de la nueva moneda para el nuevo circuito.

Analizando un caso de bifurcación: bitcoin frente a bitcoin cash

Hasta la más célebre de las criptomonedas, Bitcoin (BTC), ha protagonizado bifurcaciones. Uno de los casos más conocidos de bifurcaciones de Bitcoin ocurrió el 1 de agosto de 2017. Ese día es el cumpleaños de Bitcoin Cash.

En esta oportunidad, los desarrolladores no pudieron ponerse de acuerdo sobre cuál debería ser el tamaño para el bloque. Algunos querían que el tamaño del bloque pasara de 1Mb a 2Mb, pero otros querían aumentarlo aún más, hasta 32Mb. A algunas personas de la comunidad les encantó la nueva gran idea, mientras que otras pensaron que el restante grupo estaba loco. Tanto fue así que ambos grupos decidieron seguir sus propios caminos.

Bitcoin Cash también adoptó un nuevo símbolo: BCH.

Las personas que ya tenían BTC obtuvieron la misma cantidad de BCH añadida a sus criptocarteras.

En agosto de 2018, BCH estaba valorado en unos 750 dólares, mientras que BTC valía diez veces más, alrededor de 7.500 dólares. Sólo el tiempo dirá si el BCH logra superar alguna vez al valor del protocolo original. Pero los bifurcadores por lo menos obtuvieron algo de valor.

Una aclaración pertinente es que para obtener monedas gratis de una bifurcación, es necesario tener la criptomoneda en una plataforma que soporte la bifurcación antes del número de bloque en el que se produce la bifurcación. Se puede llamar a esto "dinero gratis". Pero el valor de las monedas depende de lo bien que funcione la nueva y de la popularidad que adquiera dentro de la comunidad.

Capítulo 5

¿Qué es la tecnología blockchain?

Es probable que mucho más gente haya oído hablar de Bitcoin que de Blockchain. Y de los pocos que han oído hablar de blockchain, muchos piensan que es sólo la tecnología que propulsa a Bitcoin.

Aunque es cierto que Bitcoin se convirtió en uno de los más famosos resultados de la tecnología blockchain, ésta es capaz de sorprender mucho más. Es quizás una de las tecnologías más innovadoras de las últimas décadas y puede cambiar nuestras vidas para siempre.

En pocas palabras, la relación entre Bitcoin y blockchain es similar a la de una herramienta y la tecnología materna que la dirige y aprovecha.

Para poder utilizar cualquier criptografía, se necesita tecnología blockchain. A lo largo de este capítulo, se examina cómo funciona la tecnología blockchain, por qué es importante y cómo puede afectar a la vida en el futuro. Tener una noción mayor sobre la tecnología blockchain puede ayudar a reformar la visión del mercado de las criptomonedas.

De este modo, se podrán tomar mejores decisiones de inversión en el sector.

Fundamentos de la tecnología blockchain

Las modernas tecnologías de comunicación permiten a las personas conectarse directamente. Ellas se pueden utilizar para enviar directamente correos electrónicos, mensajes de texto, imágenes y videos a otras personas sin necesidad de un intermediario.

De este modo, se puede mantener la conexión con los demás sin importar en qué parte del mundo se encuentren.

Las relaciones a distancia ya no son tan duras y desgarradoras merced a la existencia de Internet.

Se puede asistir a la boda o la graduación de un familiar o amigo que se encuentre muy lejos por videoconferencia o videollamada, utilizando Zoom, Meet o Skype.

Sin embargo, a pesar de estos avances, la gente sigue dependiendo de un tercero para completar una transacción financiera. Pero la tecnología blockchain ha venido a desafiar esta configuración de una manera radical. En las siguientes secciones se explican los fundamentos de la tecnología blockchain.

¿Qué es una cadena de bloques?

En pocas palabras, una cadena de bloques es un tipo especial de base de datos. El Centro de Innovación para la Gobernabilidad Internacional, conocido por su sigla C.I.G.I., en su sitio *cigionline.org* considera que el término blockchain se refiere a toda la red de tecnologías de libros de contabilidad distribuidos.

Según el diccionario Oxford, un libro de contabilidad es "un libro u otra colección de cuentas financieras de un tipo particular".

Puede ser también un archivo informático donde se

registran las transacciones. En realidad, un libro de contabilidad es la base de la contabilidad y es tan antiguo como la escritura y el dinero.

Se puede pensar a esta tecnología como todo un conjunto de libros de contabilidad digitales incorruptibles, aptos para registrar las transacciones económicas y que pueden ser programados además para registrar y rastrear no sólo las transacciones financieras sino también prácticamente todo lo que tiene valor.

La cadena de bloques puede rastrear elementos como historias clínicas, títulos de propiedad, e incluso hasta una votación, como se verá más adelante en este mismo capítulo.

Es una especie de sistema de libro de contabilidad compartido, distribuido e inmutable que registra la historia de las transacciones empezando desde la transacción número uno. El sistema aporta confianza, responsabilidad y transparencia.

La cadena de bloques debe su nombre a que almacena la información en lotes de datos llamados bloques.

Estos bloques se enlazan unos a otros de forma secuencial para formar una línea continua. Una cadena de bloques.

Cada bloque es como una página de un libro de contabilidad o un libro de registro. Como se puede ver en la Figura 5-1, cada bloque tiene principalmente tres elementos:

#Datos:

El tipo de datos almacenados depende del uso que se haga de la cadena de bloques. En Bitcoin, por ejemplo, los datos de un bloque contienen los detalles de la transacción incluyendo el remitente, el receptor, el número de monedas y otros.

#Hash:

El *hash* es una función criptográfica que mediante un algoritmo matemático es capaz de transformar un bloque arbitrario de datos en una nueva secuencia de caracteres con una longitud fija. Su característica principal es que, sin importar la longitud de los datos de entrada, el valor de salida tendrá siempre la misma longitud. También se le llama función extracto o función de extractado.

Para expresarlo simplemente, un hash en blockchain es una especie de huella digital o una firma. Identifica a un bloque y a todo su contenido, y siempre es único.

#Hash del bloque anterior:

Esta pieza es precisamente lo que termina constituyendo una cadena de bloques. Como cada bloque lleva la información del bloque anterior, la cadena se vuelve muy segura.

Se puede considerar un ejemplo totalmente imaginario sobre cómo se pueden unir un grupo de bloque en una cadena, tal como el siguiente:

Suponiendo que se dispone de tres bloques, el Bloque 1 podría contener estos datos:

Bloque 1:

"Datos": 15 Bitcoins de Ernesto a Pablo

"Hash" simplificado: 14 A

"Hash anterior" simplificado: 000

El bloque 2 contiene lo siguiente

Bloque 2:

"Datos": 10 Bitcoins de Pablo a Marta

"Hash" simplificado: 3B6

"Hash anterior": 14 A

El bloque 3 contiene en cambio

Bloque 3:

"Datos": 3 Bitcoins de Marta a Sofía

"Hash" simplificado: C62

"Hash anterior": 3B6

Como se puede ver en la Figura 5-2, cada bloque tiene su propio hash y un hash del bloque anterior. De esta manera, el bloque 3 proviene del bloque 2, y el bloque 2 proviene del bloque 1.

El primer bloque es el bloque génesis y por su posición no proviene de ningún otro bloque anterior, lo que le confiere una naturaleza especial.

FIGURA 5-2

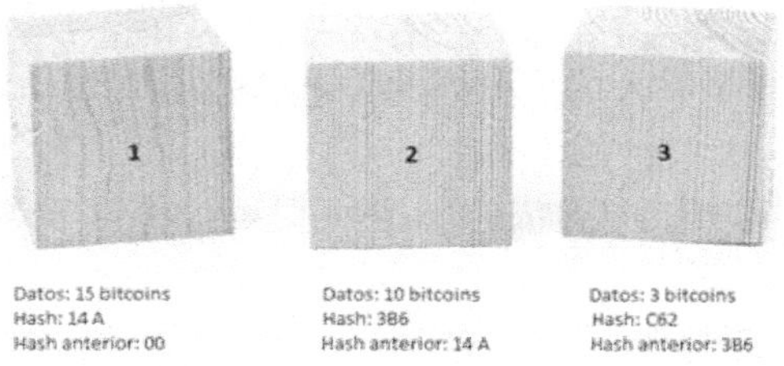

Los hashes y los datos son únicos para cada bloque, pero pueden ser manipulados. En la siguiente sección se exponen algunas de las formas en que las cadenas de bloques se protegen a sí mismas.

Seguridad en una cadena de bloques

Existen formas de autoprotección de la cadena dadas por su diseño, de manera que resulta casi imposible interferir en un bloque de la cadena de bloques.

La primera forma en que una cadena de bloques se protege a sí misma es mediante el hash. La manipulación de un bloque dentro de una blockchain hace que el hash del bloque cambie.

Ese cambio hace que el siguiente bloque, que originalmente apuntaba al hash del primer bloque, no sea válido.

De hecho, al cambiar un solo bloque el resultado es que todos los bloques siguientes sean inválidos. Esta configuración le da a la cadena de bloques un alto nivel de seguridad.

Sin embargo, el uso del hash no es suficiente para evitar la manipulación.

Esto sucede porque existen programas de computadora muy rápidos y pueden calcular cientos de miles de combinaciones posibles para los hashes en segundos. Técnicamente, es posible que un hacker pueda cambiar el hash de un bloque específico y luego calcular y cambiar todos los hashes de los siguientes bloques con el fin de ocultar la manipulación.

Las figuras anteriores pertenecen a un diseño de © John Wiley & Sons, Inc.

Por esta razón, además de los hashes, las cadenas de bloques tienen medidas de seguridad adicionales, incluyendo elementos como la prueba de trabajo y la distribución entre pares.

Una prueba de trabajo, PoW, que ya ha sido mencionada anteriormente en este trabajo, es un mecanismo que tiene el efecto de ralentizar la creación de los bloques.

En el caso de Bitcoin, por ejemplo, se tarda alrededor de unos diez minutos en calcular el PoW y añadir un nuevo bloque a la cadena. Esta línea de tiempo hace que la manipulación de un bloque sea más dificultosa, ya que si se interfiere en un bloque, se necesitará hacerlo análogamente en todos los bloques siguientes.

Bitcoin presenta una cadena de bloques que contiene cientos de miles de bloques, por lo tanto, manipularla con éxito puede llevar un plazo de más de diez años. En el capítulo 5 se agregan más precisiones sobre la prueba de trabajo.

Una tercera forma de asegurar y proteger las cadenas de bloques es mediante la naturaleza de su distribución. Las cadenas de bloques no dependen de una entidad central para gestionar la cadena. En su lugar, utilizan una red que trabaja de igual a igual (peer-to-peer) o P2P. En las cadenas de bloques públicas como Bitcoin, todo el mundo puede participar. Por eso, cada miembro de la red es un validador o nodo. Cuando alguien se une a la red, obtiene la copia completa de la cadena de bloques. De esta manera, el nodo puede verificar que todo sigue en orden.

El procedimiento completo que tiene lugar cuando alguien crea un nuevo bloque en la red es el siguiente:

1.- La información correspondiente al nuevo bloque se envía a todos los miembros de la red.

2.- Cada nodo verifica el bloque y se asegura de que no ha sido manipulado.

3.- Si todo es correcto, cada nodo añade este nuevo bloque a su propia cadena de bloques.

De esta manera, se genera un proceso mediante el cual todos los nodos crean un consenso. Vale decir que se ponen de acuerdo sobre qué bloques son válidos y cuáles no.

Los otros nodos de la red contribuirán a rechazar los bloques que hayan sido manipulados.

Así que para intentar la manipulación con éxito de un bloque en una cadena de bloques, se tendría que hacerlo con todos los bloques de la cadena, rehaciendo la prueba de trabajo de cada bloque y tomando el control de la red peer-to-peer.

La tecnología de las cadenas de bloques también evoluciona constantemente. Uno de los desarrollos más recientes en el ecosistema de las criptomonedas es la incorporación del así llamado *contrato inteligente*.

Para resumir la explicación, un contrato inteligente es un programa informático digital almacenado dentro de una cadena de bloques, que puede controlar directamente la transferencia de las criptomonedas u otros activos digitales en función de determinadas condiciones. En el Capítulo 5 se puede obtener más datos sobre los contratos inteligentes.

La cadena de bloques es innovadora. ¿Por qué?

Se puede afirmar que la cadena de bloques es revolucionaria y algunas de las principales razones para dar sustento a esta afirmación y que hacen que la blockchain sea diferente de otros tipos de bases de datos y sistemas de seguimiento, son las siguientes:

Blockchain puede eliminar la manipulación de datos

Y esto es debido a la forma en que la cadena de bloques rastrea y almacena esos datos.

Si se realiza un cambio en la información registrada en un bloque concreto de una blockchain, ésta no se reescribe. En lugar de ello, el cambio se almacena en un nuevo bloque.

Por lo tanto, no se puede reescribir los contenidos porque ese nuevo bloque muestra el cambio acontecido, así como la fecha y la hora del mismo. Este enfoque está implícito, en realidad, en la base de un método centenario que es particular del libro mayor de contabilidad.

En el Libro Mayor hay entradas correspondientes a los registros iniciales de actividades. Cada cambio que se produzca luego, por ejemplo en la titularidad de un negocio, hay que asentar una nueva entrada, donde conste la fecha correspondiente a la novedad y su descripción. Por lo tanto, al cabo de los años queda un registro fehaciente de todos los cambios y su oportunidad.

Como la tecnología blockchain utiliza el mismo método que el libro mayor, sucedería algo parecido pero con una diferencia sustancial, el libro mayor utiliza un archivo o base de datos almacenado en un sistema único y, por lo tanto, centralizado.

Sin embargo, blockchain fue diseñado para ser una base descentralizada y distribuida en una gran red de ordenadores. Esta descentralización de la información contribuye a reducir la posibilidad de manipulación de los datos.

Han existido ataques a las cadenas de bloques, como el que sufrió ZenCash, que demuestran que la manipulación de datos no puede eliminarse por completo. Si el 51% de los mineros en la base de datos de la cadena de bloques decidieran reescribir el libro mayor, ello sería posible, y como resultado, podrían hacer lo que quisieran con las transacciones, como retrasarlas, gastar dos veces las monedas, posponerlas, o simplemente eliminarlas del bloque.

Hay varias redes de blockchain que están trabajando actualmente en una solución personalizada para esto.

Se puede consultar al respecto en el sitio:

https://medium.com/coinmonks/is-blockchain-really-tamper-proof-88d1bc5ee338)

Blockchain se basa en datos confiables

La base del funcionamiento de blockchain es la creación de confianza en los datos manejados.

Antes de que un bloque pueda ser añadido a la cadena, tienen que ocurrir algunas cosas que, en forma simplificada, son:

1.- Hay que resolver un rompecabezas criptográfico para crear el nuevo bloque.

2. El ordenador que resuelve el rompecabezas comparte la solución con todos los demás ordenadores de la red. Esta solución se relaciona con la prueba de trabajo PoW mencionada brevemente en la sección anterior sobre la seguridad en la cadena de bloques.

3. Por último, todos los ordenadores de la red tienen que verificar la prueba de trabajo.

Si el 51% de la red atestigua que el PoW era correcto, el nuevo bloque se añade a la cadena.

La combinación de estos complejos rompecabezas matemáticos y la verificación por parte de muchos ordenadores garantiza que los usuarios puedan confiar en todos y cada uno de los bloques de la cadena.

Una de las principales razones por las que las criptomonedas tienen grandes defensores es la confianza que muchos depositan en la tecnología de la cadena de bloques. Es la red la que se encarga de crear confianza para los usuarios. Ellos tienen la oportunidad de interactuar con sus datos en tiempo real, sin necesidad de los terceros centralizados.

¿Es necesario el arbitraje de un tercero?

En una disputa se puede contratar a un abogado o a un tercero centralizado de confianza para revisar los libros de contabilidad y la documentación disponible.

El problema que surge con la convocatoria a los terceros e intermediarios centralizados, como los abogados y los bancos, es que añaden un paso más a la resolución de la disputa, lo que hace que se gaste más tiempo y dinero.

Si la información correspondiente a la disputa se hubiera almacenado en una cadena de bloques, se habría podido prescindir de los intermediarios centralizados como los abogados.

Esto es porque todos los bloques añadidos a la cadena habrían sido verificados como verdaderos y no podrían haber sido manipulados.

En otras palabras, la red blockchain y los mineros son ahora, por sí mismos, la tercera parte, lo que hace que el proceso sea más rápido y asequible. Se ahorraría mucho dinero y tiempo al eliminar al intermediario centralizado.

Este tipo de interacción, basado en la confianza entre pares respecto de los datos, puede revolucionar la forma de acceder, verificar y realizar transacciones entre las personas.

Y como blockchain es un tipo de tecnología y no una red única, se puede implementar las soluciones de muchas maneras diferentes.

Problemas en la cadena de bloques

La tecnología blockchain, tal como se ha descrito antes, es muy atractiva y revolucionaria, pero también es cierto que todavía tiene algunos problemas con los cuales enfrentarse, antes de que se convierta en algo adaptado a la vida cotidiana.

Muchos analistas piensan que antes de que los inversores se entusiasmen o se involucren demasiado, los expertos deberían ser capaces de tratar algunos problemas y barreras que blockchain tiene que superar, por ejemplo:

Problemas relacionados con la escala

La escalabilidad es tal vez uno de los problemas más inmediatos a los que se enfrenta la tecnología blockchain.

Antes se habló de cómo la blockchain se protege a sí misma, y cómo los hackers necesitarían mucho tiempo para poder manipular el sistema con éxito. La contracara de esta seguridad es que tiene un costo para los usuarios.

La realidad es que las transacciones de Blockchain son lentas y costosas. Es sabido que la red Bitcoin es capaz de procesar un máximo de siete transacciones por segundo para millones de usuarios de todo el mundo. Además, para aumentar la seguridad de los pagos, las transacciones de Bitcoin-blockchain se registran sólo una vez cada diez minutos. Si ahora se supone que todos los usuarios del planeta están usando Bitcoins para transacciones al mismo tiempo y tienen que esperar este tiempo para cada, resulta impensable.

Afortunadamente, ya se están desarrollando varias soluciones técnicas para este problema. La primera solución y la más sencilla es la de aumentar el tamaño de los bloques.

Cuanto mayor sea el tamaño del bloque, mayor será el número de transacciones procesadas por segundo. En un ejemplo, el tamaño actual de los bloques de Bitcoin es de 1MB por bloque. Si se aumenta a 2 Mb por bloque, se puede duplicar el número de transacciones procesadas por segundo.

Entonces, 2 Mb por bloque podría duplicar el número de transacciones procesadas por segundo. Pero este arreglo puede ser problemático en sí mismo debido a problemas de escalabilidad. Cuando se crea el bloque, hay que enviarlo a otras personas de la red. El envío masivo de un bloque masivo a otros usuarios puede causar retrasos dentro de la red.

Otras soluciones incluyen el uso de elementos como una bifurcación dura (hard fork), que es una actualización del protocolo que obliga a todos los usuarios a pasarse al nuevo software si quieren seguir utilizando la misma cadena de bloques, la red relámpago (lightning) y la fragmentación.

#Según el sitio de noticias CoinDesk, especializado en bitcoin y adquirido por el Digital Currency Group: “la red relámpago crea efectivamente una capa sobre Bitcoin, permitiendo transacciones rápidas y baratas que pueden liquidarse en la cadena de bloques de Bitcoin”.

El concepto “se basa en una red que se asienta sobre la cadena de bloques de Bitcoin, y que finalmente se liquida en ella.

La red se compone de canales generados por los usuarios que envían pagos de forma segura y sin necesidad de conocer a la contraparte para confiar”.

Esencialmente, la red relámpago saca las transacciones fuera de la cadena de bloques principal y, por lo tanto, reduce el tiempo de las transacciones.

#La fragmentación o sharding es otra solución propuesta para el problema de escalabilidad de la blockchain y es un concepto ampliamente utilizado en las bases de datos para hacerlas más eficientes.

En forma sencilla, la fragmentación para las criptomonedas asigna nodos aleatorios en lugares de la red completa para validar una transacción en blockchain.

La idea es que conjuntos más pequeños de nodos pueden procesar los datos más rápido y que la distribución aleatoria significa que nadie está atascado haciendo todo el trabajo.

La tecnología de fragmentación plantea algunas preocupaciones, la más básica es que un actor poco ético podría manipular un fragmento y la duda es si los miembros de ese fragmento deberían ser compensados.

A la luz de todas estas posibles soluciones que se proponen por doquier, los inversores pueden tener la esperanza de que el problema de la escalabilidad de la cadena de bloques se resuelva más temprano que tarde.

Problemas ambientales

. Otra fuente de potenciales problemas podría agruparse dentro del contexto ambiental. Es que toda la seguridad de la cadena de bloques de la que se han comentado propuestas en este capítulo tiene su reverso: el costo energético y medioambiental.

La forma en que la seguridad funciona hoy en día requiere de ejecutar complejos algoritmos, lo que a su vez demanda grandes magnitudes de potencia de cálculo, especialmente con las criptomonedas más antiguas, como Bitcoin.

Según la plataforma Digiconomist.net, dedicada a exponer las consecuencias no deseadas de las tendencias digitales, el índice de consumo de energía de Bitcoin en noviembre de 2017, que denota la actividad relacionada con la criptodivisa, superaba el consumo energético de 159 países diferentes de todo el mundo. https://powercompare.co.uk/bitcoin/

A medida que la criptomoneda y la tecnología blockchain evolucionen, se espera que introducirán un hardware más eficiente que requiera menos energía. Sin embargo, por el momento, hay una necesidad urgente de un cambio hacia la energía renovable en lugar de utilizar combustibles fósiles y carbón. El costado positivo es que la misma tecnología blockchain puede utilizarse para ayudar a limpiar el planeta, como se explica en la sección "Energía".

Problemas causados por fraude

Ha existido una gran publicidad alrededor de la industria de la cadena de bloques, particularmente en lo que respecta al mercado de las criptomonedas. Tanto es así que algunas empresas y operadores del mundo financiero están tratando de aprovechar el entusiasmo que rodea a blockchain.

En 2018, Nasdaq retiró de su lista a una empresa debido a que esta compañía hizo "declaraciones públicas vertidas para engañar a los inversores y aprovecharse del interés general de los mismo por el bitcoin y la tecnología blockchain".

También la Comisión de Seguridad de la Bolsa y Valores ha tomado medidas contra empresas que han hecho declaraciones falsas y engañosas sobre la tecnología blockchain en un esfuerzo por hacer subir el precio de las acciones. Este no es un nuevo tipo de fraude; es la misma historia de siempre, en la que una empresa cambia de juego, se aprovecha de una tendencia de moda y hace afirmaciones infundadas para desalentar otros activos y atraer hacia los suyos a los nuevos inversores, buscando que su ingreso haga subir sus acciones.

Además, algunos estafadores han intentado aprovecharse del desconocimiento de muchos inversores para capitalizar el misterio y la excitación que causa la cadena de bloques para dirigirse hacia ellos y captar su atención. Algunos estafadores se han hecho pasar por sitios web legítimos y conocidos que prestan servicios a los usuarios de criptomonedas para engañarlos.

Y la lista continúa. Estas historias sólo demuestran la importancia de informarse sobre el mercado y sus actores antes de involucrarse demasiado. Este trabajo puede ser una ayuda adecuada para empezar a hacerlo.

Problemas políticos

Como no podía ser de otro modo, en una enumeración de problemas no pueden faltar los de origen político. El sector tradicional de los servicios financieros, el así llamado *establishment*, tiene un gran interés en el fracaso de blockchain. Ya se explicó antes en este capítulo cómo la tecnología blockchain elimina al intermediario.

No hay error si se considera al sector de los servicios financieros como una gigantesca industria de los intermediarios. Todos los bancos, entidades, agentes, corredores, abogados, aseguradoras, y demás miembros obtienen enormes beneficios al desempeñar el papel de intermediarios. A partir de ahora, debido a que el costo total se distribuye entre millones de clientes, los usuarios finales suelen pagar muy poco individualmente. Pero si blockchain sigue sustituyendo estas funciones, puede suponer un serio peligro para el negocio de la intermediación financiera.

Como es sabido, en la mayoría de los países, incluido Estados Unidos, los bancos tienen un enorme poder de presión sobre los gobiernos y los legisladores.

La industria de servicios financieros establecida podría procurar reducir drásticamente la utilidad de blockchain y restringir su disponibilidad si se decide a hacerlo en beneficio de su propia industria.

Pero, claro, la gente también tiene poder y puede expresar su opinión a través de la prensa libre, las ONG's, las redes sociales.

Si la gente está cada vez más informada sobre las ventajas de utilizar la tecnología blockchain, más difícil será para los políticos y el sector financiero tratar de obstaculizar su crecimiento.

¿Para qué se puede utilizar Blockchain?

La creación de la tecnología blockchain ha logrado despertar el interés de mucha gente, desde que alguien llamado Satoshi Nakamoto inventó blockchain en 2008.

Quizás la intención original de blockchain era servir de soporte a Bitcoin. O tal vez Satoshi utilizó Bitcoin como una herramienta para introducir masivamente blockchain. En cualquier caso, pronto la gente advirtió que la tecnología blockchain se puede utilizar para diferentes propósitos, como la verificación de la identidad y el almacenamiento de historiales médicos. Las siguientes secciones explican cómo algunas otras categorías diferentes pueden utilizar blockchain y, lo que es más importante, cómo la utiliza el propio mercado de las criptomonedas.

Nadie sabe quién es Satoshi Nakamoto. Su identidad real está muy bien preservada, puede ser un hombre, una mujer o un equipo de geeks o adictos a la tecnología anónimos.

Existe, incluso, un movimiento de mujeres en el bloque que quiere tratar de demostrar que Satoshi es una mujer.

Pagos y transferencias

El primero y más popular de los usos de la tecnología blockchain fue la transferencia de dinero, como ya se ha mencionado.

Durante años, los economistas han estado buscando el recurso de una moneda digital que pueda eliminar el problema del doble gasto y evitar el inconveniente de tener que confiar en un tercero desconocido. Hasta que apareció el libro blanco de Satoshi en octubre de 2008 y eliminó a los bancos de la ecuación, como terceros en discordia.

Dejando de lado el problema de escalabilidad que ya se describió antes, con los bancos eliminados de las transacciones, la mayoría de los pagos procesados a través de una cadena de bloques pueden ser liquidados en cuestión de segundos.

Elecciones

Como se había anticipado, se puede considerar el aporte de la cadena de bloques al tema de los procesos electorales. El fraude en los sufragios ha sido un tema constante en los países democráticos y más en los no tan democráticos. La tecnología de la cadena de bloques puede hacer que todos los contendientes políticos en permanezcan en paz al momento de votar. La votación digital, a través de la cadena de bloques, puede ofrecer un grado suficiente de transparencia y confiabilidad como para que cualquiera pueda estar seguro de que no se ha cambiado nada en la red. Y si se lo intentara, sería groseramente visible. El método combina la facilidad del voto digital con la seguridad de blockchain para hacer que el voto cuente de verdad.

La cadena de suministro

Otro gran aporte de blockchain es la posibilidad de ejercer el control de la cadena de suministro, cualquiera sea el objeto involucrado. Hay muchas personas que necesitan saber de dónde vienen sus alimentos. Por ejemplo si son de origen orgánico, si cuentan con algún tipo de certificación especial como kosher o halal, para comunidades judías o musulmanas. Si hay alguna enfermedad transmitida por los alimentos que deban conocer inmediatamente. Pues, con la ayuda de la cadena de bloques, se puede rastrear los alimentos desde su origen hasta el plato. Esto podría ayudar a tomar decisiones éticas y saludables sobre las cosas que se compran.

Incluso, Blockchain también podría ayudar a los consumidores a ver cómo se comportan los productos desde una perspectiva de control de calidad en su recorrido desde el lugar de origen hasta el despacho minorista. Además, también puede ayudar a las empresas a identificar rápidamente las ineficiencias en sus cadenas de suministro. La cadena de bloques elimina los registros en papel y localiza los artículos en tiempo real.

Verificación de la identidad

También se mencionó antes esta posibilidad, en una época en la que las personas fluctúan entre la necesidad de exhibir sus claves digitales o su presencia física para identificarse.

Algunas entidades de crédito y las redes sociales como Facebook e Instagram actúan como los principales custodios de la identidad en línea. Mientras tanto, los consumidores anhelan poseer un sistema de identidad digital fiable para mantener los registros de crédito y demostrar quiénes son a los empleadores, los bancos o las empresas de servicios, sin dejar que las compañías privadas lucren con la comercialización de sus datos personales.

Una de las opciones para superar este reto, que muchas empresas ya están utilizando, es la tecnología blockchain. Blockchain permitiría crear un sistema de identificación digital seguro que daría a los usuarios una manera más apropiada de controlar sus identidades digitales. Algunos ejemplos prácticos se encuentran en los sistemas de autentificación de Microsoft y el sistema de identidad inteligente de Deloitte, así como también se puede llevar a la aplicación de datos biométricos para identificación de personal que utilizan algunas empresas.

Acreditación de Propiedad legal

La mayoría de los documentos legales se encuentran

volcados y conservados en papel. No solo los que acreditan propiedad sino también transacciones, compras, cesiones, posesión y hasta los nacimientos. Escrituras, actas, contratos, recibos, certificaciones académicas, permisos y muchos otros forman montañas de papel que se imprimen y se archivan, muchas veces en condiciones dudosas de seguridad y conservación. La pérdida, desaparición o deterioro de estos documentos puede generar problemas legales de muchas maneras.

La era digital en general y blockchain en particular, están librando una dura batalla contra el resguardo de documentos en papel. En algunos casos ya se ha avanzado mucho, como en el campo comercial con la factura electrónica y en otros cuesta más, como con los expedientes judiciales, que todavía generan dudas. Pero ningún usuario digital duda de que, tarde o temprano, todo se digitalizará.

La filosofía de blockchain concibe a la eliminación de documentos en papel como una parte del proceso de eliminación de los intermediarios.

En el caso de una compra o venta de propiedades o vehículos, la cadena de bloques puede almacenar los títulos en su red, permitiendo una visión transparente de esta transferencia y de la propiedad legal.

Además, si se sufre el robo de algún activo portable de alto valor, es posible rastrearlos utilizando servicios basados en blockchain, como ya lo están realizando empresas especializadas.

Ocio

Hasta la industria de ocio y el entretenimiento pueden beneficiarse de la tecnología blockchain, en un proceso que ya ha comenzado.

En los rubros de la música y los deportes electrónicos se encuentran un par de ejemplos.

La aparición de Internet democratizó la creación de contenidos a principios de la década de 2000, pero surgió un nuevo tipo de intermediario para los contenidos digitales, a cargo de plataformas como YouTube, que tiene 1.500 millones de usuarios; SoundCloud con 175 millones; Spotify con 140 millones y Netflix con unos 110 millones. Estas plataformas son ahora los intermediarios que controlan a usuarios y artistas.

La magnitud del control ha provocado una gran cantidad de disputas en torno a la compensación y retribución de los artistas.

Incluso algunos cantantes famosos han tenido que enfrentarse con muchas de estas plataformas.

En la medida que los artistas se desilusionan cada vez más con el monopolio de estas plataformas, la tecnología blockchain aparece como una nueva y reconfortante opción.

La cadena de bloques podría dar a las empresas titulares de los derechos la capacidad de tener registros encriptados de la propiedad. Cuando blockchain se aplica al consumo de los medios de comunicación, la tecnología puede resolver los problemas relacionados con el acceso a los contenidos, la distribución, la compensación por la cantidad de conexiones, la gestión de activos y los derechos digitales, entre otros.

Otro ejemplo claro de aplicación de blockchain en la industria del entretenimiento son las apuestas en los deportes electrónicos.

Este tipo de entretenimiento de juegos con apuestas incluidas, son una de las industrias de mayor crecimiento en el mundo de las apuestas deportivas en la actualidad.

La empresa Unikrn Esports, con sede en Seattle, se encuentra entre los pioneros de las compañías de apuestas deportivas y, al igual que otras similares, se han apresurado a incorporar tecnología blockchain para destacar.

En concreto, Unikrn utiliza una criptomoneda llamada Unikoin Gold, que está basada en el soporte de Ethereum, para su plataforma de apuestas. En 2015, Unikrn recaudó un total de 10 millones de dólares con su gestión de apuestas.

Sanidad

En el campo de la sanidad y el cuidado de la salud pública siempre ha sido problemático el archivo y cuidado de los historiales médicos. Tradicionalmente, el mantenimiento de los archivos ha sido confiado a la registración en papel, que el sector médico trata de modernizar desde hace años, primero con el empleo de microfichas y, más recientemente, con la digitalización. Otro problema concomitante es el del robo de identidades médicas.

La Asociación Nacional de Lucha contra el Fraude en la Sanidad de los Estados Unidos ha estimado las pérdidas debidas al fraude en la atención sanitaria, a través de engaños, prestaciones no realizadas, dolencias no padecidas y otros tipos de estafas, en unos 80.000 millones de dólares anuales.

Es claro que toda la información médica relacionada con un paciente, como las dolencias pasadas y presentes, los tratamientos y los antecedentes familiares de problemas médicos se pueden almacenar en la cadena de bloques. Este enfoque hará que cada registro sea permanente, transferible y accesible, lo que evitará que los archivos médicos se pierdan o se alteren. Además, el paciente, que posee la clave para acceder a estos registros digitales, tendrá el control de quién más puede acceder a esos datos.

Energía

También aquí se pueden eliminar a los intermediarios, que son en este caso las empresas energéticas, mediante el uso de blockchain que permitiría a los particulares comerciar la energía entre ellos.

En el sitio *RenewableEnergyWorld.com*, que habitualmente presenta estadísticas y comentarios sobre energía renovable, "este cambio de la distribución de energía entre iguales estimulará la realización de más proyectos de energía renovable en su conjunto, lo que en última instancia impulsará nuestra transición de la generación de electricidad que emite carbono. La tokenización de las energías renovables permite a los productores de energía eólica, solar e hidráulica conectarse sin problemas con los inversores, que están dispuestos a pagar por adelantado el derecho a consumir energía renovable. Como sistema distribuido, se elimina el intermediario".

El Internet de las Cosas

El Internet de las cosas, conocido por su sigla IoT, consiste básicamente en la circunstancia de lograr la máxima conectividad, de modo que la mayoría de las cosas y los bienes del usuario estén conectadas a Internet.

Actualmente un usuario controla casi todo en su casa, utilizando circuitos cerrados de control, desde las lámparas de la mesa de noche, el aire acondicionado, el microondas e incluso la luz sobre cuna del bebé. Ese mismo control puede replicarse a través de Internet. Esto permitiría un telecomando de diversos electrodomésticos para poder gobernarlos de forma remota, apagando la luz o el televisor a distancia, por medio del teléfono móvil sin necesidad de estar presente en el hogar.

Además de actuar como un control impresionante, el Internet de las Cosas ayuda al usuario a enviar y recibir datos dentro de la red de sus dispositivos físicos. Si se puede lograr la integración directa de su mundo físico por medio de sistemas informáticos, se podrá reducir el esfuerzo humano y mejorar su eficiencia. Según un artículo del boletín electrónico de la IEEE Internet Initiative, "se considera que las capacidades de IoT cambian las reglas del juego cuando se combinan con los conceptos de análisis de grandes datos y computación en la nube".

Estos temas, verdaderamente candentes en el mundo tecnológico junto a blockchain, pueden estar indicando el verdadero próximo paso hacia el futuro.

Según el mismo artículo, "las tecnologías blockchain pueden ayudar a mejorar la seguridad de las aplicaciones de IoT en la sanidad, las ciudades inteligentes, la agricultura, las redes de energía, la gestión del agua y el riego, la seguridad pública, la gestión de la cadena de suministro, la educación y otras áreas de aplicación similares". Básicamente, toda esta información futurista se puede consultar en el sitio:

https://internetinitiative.ieee.org/newsletter/noviembre-2017/integración-internet-de-cosas-y-cadenas-de-bloqueo-caso-de-uso

Capítulo 6

Intercambio de criptomonedas. Corredores

Cuando el usuario está familiarizado con los riesgos y las recompensas de las criptodivisas y ha tomado la decisión de invertir, está listo para ir a comprar sus criptomonedas. Como es de imaginarse, la mayoría de las compras, inversiones y operaciones con criptodivisas se realizan en línea; como corresponde a estos activos de naturaleza digital.

Hay posibilidades de pagar en efectivo para comprar monedas digitales, pero estas son transacciones poco comunes.

Por supuesto, si una persona quiere entregar dinero en efectivo a cambio de las criptodivisas, seguramente encontrará algún vendedor.

Sin embargo, la forma más popular de comprar criptodivisas es ir directamente a un sitio de intercambio en línea.

También, dependiendo de los objetivos de inversión en criptodivisas, puede ser necesario considerar métodos alternativos. Por ejemplo, si el usuario es un comerciante activo de criptomonedas, puede dirigirse a un intercambio de criptomonedas tradicional o recurrir a un corredor o un bróker más fácilmente.

Pero si un usuario sólo quiere comprar algunas criptomonedas y llevarlas a su cartera, puede hacerlo en una bolsa online o un local de confianza.

En el presente capítulo, se consideran los diferentes tipos de intercambios, corredores y otros proveedores de criptodivisas y se analiza cómo elegir las opciones más correctas para los objetivos de inversión.

La elección de un método para contar con estos activos digitales de moda puede ser un largo proceso. Sin embargo, con la cambiante postura regulatoria, la creciente adopción, aceptación y la confianza general del mercado financiero en las criptodivisas, este trabajo duro puede que bien valga la pena. Independientemente del método que se utilice para comprar criptodivisas, se debe tener una cartera preparada para almacenar sus activos digitales. En el capítulo 7 se tratan en detalle las carteras de criptomonedas.

Distinción de las bolsas de criptomonedas

Un intercambio de criptodivisas también se llama intercambio de moneda digital, o DCE por la sigla del inglés *Digital Coin Exchange.*

Este es un servicio web que puede ayudar a la gente a cambiar su dinero en efectivo por criptodivisas y viceversa. La mayoría de los sitios de intercambio se centran más en la prestación de servicios para ayudarle a un usuario a intercambiar una criptomoneda como Bitcoin en otras monedas digitales como Ethereum, Litecoin y otras.

La mayoría de los intercambios operan en línea. Sin embargo, hay también un porcentaje de negocios tradicionales que ofrecen a los clientes servicios de cambio de divisas y criptomonedas.

En general, estas opciones son similares a las cabinas de cambio en los aeropuertos internacionales, donde se puede cambiar el dinero del viajero por la moneda del país que está visitando.

Las formas más destacadas de intercambio de criptodivisas son las siguientes:

#Intercambios Centralizados de criptodivisas:

También llamados CEX, como abreviatura de la designación en inglés centralized cryptocurrency Exchange, que son similares a las bolsas de valores tradicionales.

#Bolsa de criptomonedas descentralizada:

También llamados DEX, que pretenden mantenerse fieles a la filosofía pura de la industria de las criptomonedas.

#Bolsa de criptodivisas híbrida:

Los intercambios híbridos son conocidos por ser el mercado de comercio de criptomonedas de la próxima generación. Combinan lo mejor de los CEX's y DEX's.

En las secciones que siguen, se brinda información sobre CEXs, DEXs, y los intercambios híbridos.

Por último, un comentario sobre cómo elegir una bolsa.

Bolsas centralizadas

Las bolsas centralizadas son como las bolsas de valores tradicionales. Los compradores y los vendedores se reúnen, y la bolsa desempeña el papel de intermediario. Estas bolsas suelen cobrar una comisión para facilitar las transacciones realizadas entre los compradores y vendedores. En el mundo de las criptomonedas, centralizar significa "confiar en algún otro para que maneje tu dinero".

Así es como suele funcionar una bolsa centralizada:

1.- El interesado entrega su dinero a la bolsa.

2. El sitio de intercambio lo guarda por él como un banco o un intermediario de confianza.

3. Se observan los precios de las criptodivisas disponibles en el intercambio.

4. Dependiendo de la bolsa, puede intercambiar su moneda fiduciaria o moneda tradicional como el dólar estadounidense por una criptodivisa como el Bitcoin. Sin embargo, con la mayoría de los sitios de intercambios, tendrá más suerte si negocia dos criptodivisas, cambiando una por otra. Es lo que se llama emparejamientos de criptodivisas.

5. El usuario hace su pedido.

6. La bolsa encuentra un vendedor que coincida con su orden de compra. Si, en cambio, está vendiendo, la bolsa le encuentra un comprador.

7. Finalmente, el interesado acaba de hacer una compra de criptomonedas en una bolsa.

La mayoría de las bolsas de criptomonedas centralizadas tienen emparejamientos de criptomonedas. Pero no todas ellas proporcionan intercambios entre fiducia y crypto.

Un emparejamiento cripto/cripto implica el intercambio de una criptodivisa como Bitcoin por otra criptodivisa como Ethereum o la que sea.

Un emparejamiento fiducia/cripto implica el intercambio de una moneda tradicional como el dólar por una criptodivisa como el Bitcoin.

En las secciones que siguen se analizan los intercambios que ofrecen estos emparejamientos.

Uno de los principales problemas de las bolsas de criptomonedas centralizadas es su vulnerabilidad a los hackers. Sin embargo, en algunos escándalos de hackeo en el pasado, el sitio de intercambio ha pagado a los clientes de su bolsillo, absorbiendo las pérdidas. Por eso resulta conveniente elegir un intercambio centralizado, sabiendo que tiene la capacidad financiera para combatir a los hackers y pagarles a los clientes en caso de que sea hackeado.

Por supuesto, con la popularidad de las criptodivisas, más sitios de intercambio centralizados de criptodivisas están obligados a aparecer en el mercado.

Algunos tendrán éxito y otros pueden fracasar. Por lo tanto, es necesario elegir la tienda de criptomonedas sabiamente.

Hay métodos para elegir el mejor sitio de intercambio que se revisarán más adelante.

Sitios que ofrecen emparejamientos fiducia/cripto

Empezar en una bolsa que ofrezca emparejamientos fiducia/cripto puede tener más sentido para un usuario que es nuevo en la inversión en criptografía.

Esa es precisamente la razón por la cual las bolsas que ofrecían este servicio se convirtieron en algunos de los sitios de venta más populares en 2017 y 2018.

Algunas de las bolsas centralizadas más populares que ofrecen emparejamientos fiducia/cripto son los siguientes:

#Coinbase:

Este sitio de intercambio, considerado el más popular del mundo, soporta Bitcoin, BTC; Bitcoin Cash, BCH; Litecoin, LTC y Ethereum, ETH.

En cuanto a la moneda fiduciaria, se puede utilizar el dólar estadounidense, USD; el euro, EUR y la libra esterlina, GBP; dependiendo de dónde se encuentre ubicado el interesado.

Hay usuarios que ofrecen enlaces de referencia donde ambos extremos, el interesado y el referente, reciben Bitcoin gratis como regalo estímulo.

#Bittrex:

Esta bolsa, con sede en Seattle, ha tenido un rápido crecimiento. Admite el dólar estadounidense, USD, Bitcoin, BTC; Ethereum, ETH; Tether, USDT; y una variedad de otros pares de divisas. Se puede consultar en el sitio: https://bittrex.com/

#Kraken:

Kraken tiene una variedad de emparejamientos de cripto/fiducia con otras divisa más y no sólo el dólar, USD y el euro, EUR; se puede ver la lista en el sitio web de la bolsa.

https://www.kraken.com/

#Gemini:

Gemini tiene su sede en Nueva York y presenta altos estándares de regulación en los Estados Unidos. Es compatible con Bitcoin, BTC; Ethereum, ETH; Zcash, ZEC; y el dólar estadounidense, USD. Se puede contactar en: https://gemini.com/

#Robinhood:

Es una app muy popular de servicios financieros y de trading que originalmente ofrecía acciones y servicios de fondos negociados en bolsa ETF. Robinhood ahora ofrece emparejamientos de fiducia a Bitcoin y Ethereum. También admite datos de mercado en tiempo real para más criptomonedas como Dash, DASH; Ripple, XRP; Stellar, XLM; y más.

#Bitfinex:

Bitfinex es para comerciantes activos de criptodivisas y requiere un mínimo de 10.000 dólares de capital para empezar a funcionar. Ofrece una variedad de monedas fiduciarias como como el dólar estadounidense, el yen japonés, JPY; el euro y la libra esterlina contra una lista creciente de criptodivisas. Una cosa que hay que tener en cuenta sobre Bitfinex es que cobra una "tasa de inactividad" como penalización si el usuario mantiene sus saldos fijos en cuenta y no participa activamente en los mercados.

Para saber más sobre Bitfinex se puede consultar en: www.bitfinex.com/

Hay que tener presentes otras características de una

bolsa más allá de sus emparejamientos fiducia/cripto antes de elegirla.

Bolsas centralizadas que ofrecen emparejamientos cripto/cripto

Existen bolsas centralizadas de criptomonedas que sólo ofrecen emparejamientos de cripto/cripto. Algunas de las más populares son las siguientes:

#Binance:

Binance es uno de los sitios de intercambio de mayor crecimiento en 2018 y ofrece la facilidad de una aplicación para operar desde el móvil. Se puede consultar en: www.binance.com/

#Huobi:

Este otro sitio xde intercambio admite Tether, USDT; Bitcoin, BTC; Ethereum, ETH; y Huobi Token, HT; contra una variedad de otras criptomonedas. A partir de 2018, Huobi no está disponible para los usuarios de Estados Unidos debido a las políticas gubernamentales. Consultar en: www.huobi.com/

#KuCoin:

Este es otro sitio de intercambio de rápido crecimiento que admite una variedad de criptomonedas que se encuentran en su sitio web: www.kucoin.com/ También ofrece la opción de una aplicación móvil.

Bolsas descentralizadas

Una bolsa de criptomonedas descentralizada DEX es aquella que no depende en un intermediario para mantener sus fondos.

Es un lugar de mercado en el que compradores y vendedores se reúnen y procesan las transacciones directamente entre ellos. En otras palabras, los DEX's facilitan las operaciones libres entre pares.

En una bolsa descentralizada, se pueden comprar y vender los criptoactivos directamente a otros participantes en el mercado. Se podrían hacer los tratos a través de instrumentos como contratos inteligentes e intercambios atómicos. Los contratos inteligentes, como se explica en Investopedia son "contratos autoejecutables donde los términos del acuerdo entre el comprador y el vendedor se escriben directamente en líneas de código".

Los intercambios atómicos son esencialmente operaciones entre pares o cara a cara, a través de diferentes blockchains siguiendo una técnica que permite el intercambio rápido de criptomonedas.

La tecnología subyacente para estos intercambios atómicos permite la operación sin usar intercambios centralizados.

Con el DEX, los contratos inteligentes y los atómicos, en lugar de que el interesado entregue sus criptodivisas al CEX, las entregará a un fideicomiso que está centralizado por la red que ejecuta el intercambio.

El fideicomiso o cuenta de retención sigue existiendo porque las transacciones tardan hasta cinco días en ser liquidadas. El usuario comprador tendrá su dinero en efectivo en su cuenta inmediatamente, aunque los fondos no se mueven a la cuenta del vendedor hasta que la transacción de criptomonedas se liquide.

Una bolsa descentralizada tiene más sentido para comprar y vender criptodivisas porque todo el mercado se considera descentralizado.

Las criptomonedas se hicieron populares porque le permiten al tenedor convertirse en su propio banco y estar a cargo de sus propios activos. Muchos simpatizantes de las bolsas descentralizadas DEX argumentan que si se utilizan intercambios centralizados, esencialmente se estaría contrariando la filosofía de la utilización de criptodivisas.

En los párrafos que siguen se da más información sobre algunos de los problemas que enfrentan los DEX, además de un resumen de algunas opciones DEX notables.

Posibles problemas

Aunque los DEXs pueden reemplazar completamente a los intercambios centralizados en el futuro, en este momento las bolsas descentralizadas tienen sus propios problemas.

Hay una situación con las bolsas descentralizadas que merece un llamado de atención. Ellas son más difíciles de hackear y, paradójicamente, eso vuelve al usuario más vulnerable a la posibilidad de quedarse sin su dinero. Esto ocurre porque si olvida su información de acceso, puede quedar con su cuenta bloqueada ya que al intentar acceder de cualquier modo, el sistema cree que es un hacker.

Otros problemas de los DEX son los bajos volúmenes operados y la escasa liquidez. Conceptualmente, la liquidez es la rapidez con la que se puede comprar o vender criptodivisas en el mercado, entrar o salir del mismo.

Debido a que los DEX son menos populares que los intercambios centralizados, al menos por ahora, se pueden encontrar más dificultades para ubicar a alguien que haga coincidir las órdenes de compra/venta en un DEX con el interesado.

Este problema es un círculo vicioso porque mientras las DEX sean menos populares su liquidez sigue siendo baja y mientras la liquidez sea baja, los DEX seguirán siendo menos populares. Por eso, al menos por ahora, las bolsas centralizadas tienen mayor popularidad que las DEX.

Además, la mayoría de los DEX no ofrecen servicios para depositar o retirar monedas fiduciarias y también pueden ser caros y lentos. Todo, desde cancelar órdenes o transferir criptografía, requiere el pago de una cuota y la espera de confirmaciones de bloques que pueden demorar al menos unos minutos y a veces horas.

Bolsas descentralizadas más populares

Independientemente de los posibles problemas de los DEX, algunos de los que poseen mayor celebridad son:

#IDEX:

Este es un sitio de intercambio descentralizado para el comercio de tokens de Ethereum, ETH, que entre los DEX más fáciles de usar y puede conectarse fácilmente a la cartera de criptomonedas. El sitio web es:

https://idex.market

#Waves DEX:

Esta bolsa le permite al inversor comerciar con Bitcoin, BTC; Ethereum, ETH; Litecoin, LTC; Monero, XMR; y una variedad de otras criptomonedas, incluyendo el propio token de la bolsa, WAVES. También puede operar con monedas fiduciarias como el dólar y el euro. Desde julio de 2018, Waves DEX ha operado un volumen diario de 5 millones de dólares. Se puede contactar en: https://wavesplatform.com/product/dex

#Stellar DEX:

Basado en StellarTerm.com, este sitio de intercambio es el DEX de la plataforma Stellar.

Es compatible con Bitcoin, BTC; Ethereum, ETH; Ripple, XRP y Litecoin, LTC; así como con algunas monedas fiduciarias como el dólar estadounidense, el yen japonés, el dólar de Hong Kong y el yuan chino.

Para empezar a operar en esta DEX, hay que depositar 20 Stellar Lumens, XLM. Se puede consultar más sobre el intercambio distribuido de Stellar aquí:

www.stellar.org/developers/guides/concepts/exchange.html

#Bisq DEX":

Este sitio Bisq DEX se basa en una infraestructura

que es una red puramente entre pares. Usuarios pueden intercambiar monedas fiduciarias, como dólares, euros o yenes, por Bitcoin y negociar una amplia gama de criptodivisas alternativas por Bitcoin. Contacto en: https://bisq.network/

Todos estos DEX's son la forma más pura de intercambios descentralizados. Son completamente onchain, lo que significa que todas las órdenes interactúan entre sí directamente a través del blockchain. Sin embargo, este tipo de bolsas, como ya se ha indicado, tienen sus propios problemas.

Muchos de esos inconvenientes no existen en las bolsas de criptomonedas centralizadas que se han descrito anteriormente.

Intercambios híbridos

El enfoque híbrido de los sitios de intercambios de criptodivisas tiene como objetivo fusionar los beneficios de los lugares centralizados y descentralizados para dar a los consumidores lo mejor de ambas opciones. Más concretamente, los híbridos tratan de proporcionar la funcionalidad y la liquidez de un CEX con la privacidad y seguridad de un DEX. Muchos creen que estos intercambios híbridos son el futuro real de la experiencia de comercio de criptodivisas.

En los intercambios híbridos se busca proporcionar servicios de comercio de criptodivisas con la velocidad, facilidad y liquidez a la que los usuarios institucionales están acostumbrados en las bolsas tradicionales.

Una bolsa híbrida conecta sus elementos centralizados con una red de elementos descentralizados. Este enfoque permite a los usuarios acceder a la plataforma de negociación como lo hacen en un CEX y luego participar en una actividad de negociación entre pares como lo hacen en un DEX.

El híbrido suministra entonces la confirmación y el registro de las transacciones en la cadena de bloques.

Los híbridos también se denominan bolsas semi-descentralizadas porque incorporan tanto componentes dentro de la cadena como fuera de ella. Una transacción fuera de la cadena mueve el valor de su criptodivisa hacia afuera de la cadena de bloques.

El primer intercambio híbrido de la historia fue Qurrex, que se lanzó en 2018. El equipo de Qurrex se había reunido en 2016, formado por expertos que tenían años de experiencia trabajando en los mercados forex de divisas, desarrolladores de terminales de comercio y fundadores de bolsas de valores futuros que operan con éxito.

Todos ellos vieron el importante potencial de aplicar las mejores prácticas de las bolsas tradicionales para crear una nueva generación de bolsas de criptomonedas, proporcionando una fusión armoniosa de elementos centralizados y descentralizados.

Se puede visualizar en: https://qurrex.com

Otra bolsa de criptodivisas híbrida que está llamando la atención es NEXT Exchange, visible en la web como https://next.exchange/

Si se posee su token nativo, NEXT, se puede comerciar entre pares de monedas fiduciarias y criptomonedas, como Bitcoin, BTC; frente al euro o Ethereum, ETH; frente al dólar estadounidense, USD.

¿Cómo elegir dónde cambiar?

De acuerdo con lo visto existen una gran cantidad de sitios de intercambios de criptodivisas en Internet y es de esperar que se desarrollen más variaciones de intercambios todavía en el mercado. ¿Cuál es el mejor tipo de intercambio para el usuario? ¿CEX, DEX o híbrido? Incluso, ¿cuál de las muchas bolsas de cada categoría se debería elegir?

Si bien no hay una única respuesta a estas preguntas, se pueden analizar algunas de las características más importantes de una bolsa para ayudar a tomar la mejor decisión. En las líneas siguientes se señalan algunos elementos que se deben tener en cuenta para elegir un sitio de intercambio de criptodivisas.

Es recomendable para los inversores que comercian por primera vez que hagan su investigación sobre las criptodivisas primero y luego elijan un sitio de intercambio. Pero una vez que adquieran más experiencia, pueden simplemente elegir las criptomonedas para comerciar basándose en las condiciones actuales del mercado.

Generalmente, la diversificación es una buena medida como en cualquier otra inversión financiera.

Dado que muchos de estos sitios de intercambio ofrecen diferentes conjuntos de ventajas y desventajas, se puede ser prudente diversificando las actividades de criptodivisas a través de una serie de sitios de intercambio distintos.

Seguridad

La seguridad es uno de los mayores problemas de la industria de las criptomonedas. Los sitios de intercambio están sometidos a un riesgo constante de hackeos, fraudes y esquemas de *pump and dump.*

Un esquema de “pump-and-dump”, o bombeo y descarga, es una forma fraudulenta de capitalizar acciones que consiste en lograr el aumento en el precio de una acción que fue comprada barata mediante la manipulación de información para venderla a un precio más alto. El plan es hacer declaraciones públicas falsas sobre una determinada acción para lograr el aumento artificial de su precio. Los involucrados son en general gente pagada para eso o miembros de las compañías que se benefician con ello.

Este esquema replicado para los criptoactivos se verifica cuando alguien anima a los inversores a comprar una criptomoneda para inflar artificialmente su valor y luego vende sus propios activos a un precio más elevado, tomando ganancias. Por eso, una de las tareas más importantes para realizar antes de elegir las tiendas de criptomonedas es investigar.

Para esto es importante la información boca a boca y las reseñas en línea en sitios como Reddit o en corporaciones de noticias económicas como Forbes, que son algunas de las formas de ayudar a elegir una plataforma legítima y segura.

Las características de seguridad que se deben comprobar en la bolsa a elegir son las siguientes:

#Autenticación de dos factores, 2FA:

La autenticación de dos factores es un método para confirmar la identidad declarada utilizando una combinación de dos elementos diferentes: algo que el sitio de intercambio conoce, como la contraseña y algo que elabora, como un número de seis dígitos que se envía al teléfono móvil del usuario o su dirección de correo para el segundo paso de la verificación.

#Almacenamiento en frío para la mayoría de los fondos:

Este término significa que la bolsa almacena sus fondos fuera de línea para que el riesgo de hackeo sea menor.

#Prueba de reserva:

Este elemento requiere que la bolsa sea auditada para verificar que el importe total de los fondos mantenidos por la bolsa coincide con el importe necesaria para cubrir un conjunto anónimo de saldos de clientes.

Monedas soportadas

Cuando el usuario decida cuál de las miles de criptodivisas disponibles es la adecuada para él, debe asegurarse de que su bolsa las tiene. Además, si está buscando comprar criptodivisas por primera vez, probablemente necesite un sitio de intercambio que le permita depositar la moneda fiduciaria de su país.

Como ya se ha comentado, algunas bolsas utilizan únicamente criptodivisas para las compras, y otras permiten utilizar monedas fiduciarias como el dólar estadounidense, el euro o la moneda que sea.

Liquidez

Si no hay suficiente liquidez, los precios y la velocidad de las transacciones pueden verse comprometidas.

Cuando el interesado decide qué criptodivisas quiere comprar se debe asegurar de que su bolsa ofrezca suficiente liquidez y volumen de operaciones para que las transacciones sean rápidas y sencillas.

La liquidez también garantiza que se pueda comprar y vender sin que el precio de la criptodivisa se vea significativamente afectado por los grandes movimientos del mercado. Si hay más compradores y vendedores, hay mayor liquidez.

La mejor manera de medir la liquidez de una bolsa es buscar su volumen de operaciones más reciente.

Coinmarketcap.com y bitcoincharts.com son dos de los muchos sitios web de información sobre criptomonedas que clasifican las bolsas en función de su volumen negociado y liquidez.

Tasas

Todas las bolsas cobran a sus clientes de diferentes maneras porque es precisamente la forma en la que ganan dinero para mantenerse en el negocio. El método más común de cobranza es tomar un pequeño porcentaje o comisión sobre la cantidad de dinero que se negocia. La mayoría de las bolsas cobran un porcentaje inferior al 1%. Incluso, para seguir siendo competitivas, algunas bolsas bajan hasta el 0,2%.

Frecuentemente se estipula una escala móvil, de manera que disminuye el porcentaje de la comisión a medida que aumenta el volumen de operaciones mensual del usuario.

Para el usuario medio siempre es atractivo tratar de pagar menos, pero debe priorizar la seguridad y la liquidez por sobre el costo de las comisiones.

La inversión naufragaría si logra ahorrar en las comisiones de las transacciones pero luego pierde todos sus fondos en un ataque de hackers.

Forma de uso

La facilidad de uso es especialmente importante para los novatos, si el interesado pretende que su bolsa le proporcione una interfaz de usuario fácil de usar, intuitiva y rápida.

Este factor también depende del tipo de dispositivo que desee utilizar el jugador cripto para sus actividades de inversión.

Si el usuario siempre está en movimiento, es posible que quiera elegir un sitio de intercambio con servicios de aplicación móvil.

Cuando el usuario desarrolla una buena experiencia, eso le ayuda a realizar acciones más eficientes en el intercambio al disponer de mejor información.

Con una mirada de futuro, otro beneficio que brindan las bolsas con una gran interfaz y soporte móvil es la probabilidad de que crezcan más rápidamente y por lo tanto proporcionen más volumen de negociación y liquidez en sus mercados.

Ubicación

Dependiendo de su lugar de residencia, el usuario puede encontrar una bolsa específica que funcione mejor para él en su país que otra, tal vez más popular a nivel internacional.

Algunas de los factores que hay que tener en cuenta son cuestiones operativas, como el tipo de divisas fiduciarias que aceptan y las comisiones que cobran a los inversores locales en comparación con los clientes internacionales.

Además, la ubicación del sitio de cambio determina las leyes que deben regir, algo que puede ser importante ante un evento de conflictividad.

Muchos países no tienen aún ninguna normativa específica sobre criptomonedas. Sin embargo, cuando empiecen a regular, cualquier restricción legal puede afectar significativamente a su capacidad para participar en el mercado a través de los intercambios en esos países.

Métodos de pago

Otra acción necesaria es investigar los métodos de pago que acepta el sitio de intercambio. Algunas bolsas exigen transferencia bancaria, otras utilizan PayPal y otras aceptan tarjetas de crédito y débito. Normalmente, cuanto más simple y fácil le resulte al usuario pagar, tendrá que afrontar comisiones más altas. Por ejemplo, pocos servicios permiten pagar con tarjeta de crédito o débito, y los que lo hacen "cobran" por la comodidad.

Un ejemplo de estos servicios es xCoins, que acepta tarjetas de crédito y PayPal para intercambiar Bitcoins. Lo llaman "préstamo", pero es un concepto similar al de compra y venta.

Asistencia al cliente

Otro factor importante que se debe considerar en el momento de elegir una bolsa es el soporte al cliente.

Siempre es más cómodo y seguro saber que el lugar donde se confían los fondos tiene un servicio de atención al cliente.

Se puede verificar este servicio pidiendo referencias o simplemente contactando con el departamento de atención al cliente y preguntando cualquier duda que no se haya podido resolver a través de la página de preguntas frecuentes de la bolsa. También se puede consultar en los foros de criptomonedas en línea como BitcoinTalk: https://bitcointalk.org/

Es posible que se encuentren quejas sobre los servicios de soporte en estos foros. Por supuesto, esto último puede ser algo relativo porque los sitios de intercambios de rápido crecimiento, suelen estar pendientes de estas quejas para mejorar sus servicios de atención al cliente, lo cual es siempre es algo positivo.

Otro punto sobre el cual se puede encontrar información en los foros es sobre las quejas que puede haber suscitado un sitio de intercambio por el bloqueo de las cuentas de los clientes. En este caso, conviene no acercarse y considerar otras opciones.

Opciones de negociación

Las opciones de negociación son especialmente importantes para los operadores activos y más avanzados. Por ejemplo, dependiendo de su tolerancia al riesgo y de sus objetivos financieros, un usuario puede pretender acceso a determinados tipos de órdenes o a la negociación de márgenes. En estas ocasiones, debe asegurarse de comprender los riesgos que conllevan estas actividades de negociación antes de meterse en problemas.

Límites de las transacciones

La mayoría de las bolsas tienen un límite de retirada/depósito diario. A menos que el interesado sea un operador institucional que quiera realizar millones de transacciones al día, estas restricciones pueden no significar un problema. Pero estos límites son algo que debe conocerse, en función del estilo de inversión y los objetivos perseguidos. Por lo general, se puede consultar los límites de las transacciones en los sitios web sin tener que crear una cuenta.

Considerar a los corredores

Si alguien está buscando comprar criptodivisas en línea e invertir en ellas como un inversor activo, entonces los sitios de intercambios de criptodivisas son el lugar para elegir. Sin embargo, si el usuario está pensando simplemente en especular con el precio de las criptodivisas, en un juego de entradas y salidas del mercado, entonces es posible que deba considerar a los corredores o agentes, aunque muchos en el mercado prefieren utilizar el término original sin traducir: *"bróker".*

A medida que las criptomonedas se hicieron más populares, algunos corredores de divisas tradicionales empezaron a ampliar sus servicios a las criptomonedas. En realidad, el concepto de "broker" no existe plenamente en la inversión pura en criptodivisas. No se puede comprar criptodivisas como el Bitcoin a través de los corredores de divisas tradicionales. Incluso, aunque los corredores pueden guiarlos, lo que realmente están proporcionando es la transmisión de un precio negociable en su plataforma. De esta manera, el usuario puede ser capaz de tomar ventaja de la volatilidad del mercado y ganar/perder dinero en base a sus órdenes especulativas.

Es interesante analizar cómo funcionan los corredores de divisas tradicionales y luego ocuparse de los pros y contras de utilizarlos en las actividades de comercio de criptomonedas.

Cómo funcionan los brokers

Los brokers tradicionales son intermediarios del mercado que ayudan a los operadores a ejecutar operaciones en sus plataformas. Son los intermediarios entre un inversor minorista individual y las redes de grandes bancos.

Los corredores de divisas suelen obtener el precio de uno o varios bancos para una determinada divisa. A continuación, le ofrecen a su cliente el mejor precio que han encontrado en esos bancos. Por lo tanto, el cliente puede operar con sus divisas favoritas basándose en los precios que se transmiten en la plataforma de su corredor.

Estos corredores operan en algo que se llama mercados extrabursátiles, OTC *(over the counter)*. Esto significa que las divisas se negocian a través de una red de intermediarios en lugar de hacerlo en una red centralizada.

Los corredores descargan su riesgo de negociación a terceros o almacenes internos llamados proveedores de liquidez.

Cuando se trata de servicios de criptodivisas en sus plataformas, estos proveedores de liquidez son a menudo las casas de cambio de criptodivisas que se mencionaron anteriormente en este capítulo.

Los corredores de divisas ganan dinero principalmente a través de comisiones transparentes, aunque a veces puede haber ocultas también. Algunos corredores, incluso, ganan dinero cuando sus clientes pierden dinero. Esa es una de las razones por las que el sector de las divisas en su conjunto empezó a tener mala reputación.

Algunos de estos corredores comenzaron a ser atrapados por los reguladores gubernamentales.

Ventajas y desventajas de utilizar un broker

Los brokers de Forex que ofrecen servicios de criptodivisas han empezado a hacer un marketing duro para publicitar el comercio especulativo de criptomonedas. Las siguientes son algunas de las ventajas y desventajas de negociar a través de un corredor en lugar de usar un sitio de intercambio de criptodivisas:

- Ventaja: Se obtiene una mayor liquidez. Como los

corredores obtienen sus cotizaciones de múltiples bolsas, pueden proporcionar una mayor liquidez a los clientes.

Esto significa que el usuario tiene más posibilidades de que sus órdenes de compra/venta se cumplan en el momento oportuno. También puede obtener un precio más cercano a su orden inicial de compra/venta porque el corredor tiene múltiples canales para encontrar un comprador y vendedor para cumplir con la orden.

- Ventaja: Puede empezar a operar inmediatamente. Cuando lo hace a través de una bolsa, a veces hay que esperar varios días antes de que se confirme la cuenta. Con la mayoría de los corredores, la confirmación de la cuenta puede ser mucho más rápida.

- Desventaja: El interesado no puede invertir en criptomonedas como un activo. Al operar a través de un corredor, simplemente estás especulando con la volatilidad de los precios del mercado. En realidad no está comprando o invirtiendo en el mercado de criptomonedas. Esta distinción significa que el usuario no es dueño de sus criptomonedas aunque las compre en la cuenta de corretaje.

- Desventaja: El cliente no tiene acceso a los monederos. Por la misma razón que en el punto anterior, no se dispone de una cartera o monedero real. Este hecho también significa que no puede realizar sus transferencias o adquisiciones de criptodivisas.

Además de los pros y contras anteriores, algunas otras condiciones pueden ser tanto ventajas como desventajas de operar en criptodivisas con un broker. Por supuesto, en los sitios web de los corredores se presentan estas características sólo como ventajas.

Sin embargo, se debe entender los riesgos que hay debajo de la superficie. A continuación se señalan un par de los más comunes.

- Ventaja o desventaja: Se puede sacar provecho de un mercado a la baja. Esta puede ser una ventaja engañosa y es una de las que muchos corredores anuncian. Como no está comprando realmente las divisas (fiduciarias o criptográficas), puede apostar a que los mercados bajen. Si los precios bajan como el usuario predijo, puede ganar dinero. Este proceso de se llama *venta en corto*. En realidad, la venta en corto también está disponible en las bolsas y en los mercados de valores tradicionales. Sin embargo, implica un gran riesgo porque el cliente tiene que pedir dinero prestado a su corredor, a la bolsa o a quien le preste sus servicios de negociación.

- Ventaja o desventaja: Puede operar con apalancamiento, lo que significa pedir dinero prestado a su corredor para operar. Con algunos corredores, se puede abrir una cuenta con 100 dólares y utilizar un apalancamiento de 50 veces o incluso más, lo que significa que el usuario termina controlando una cuenta de 5.000 dólares con sólo 100 dólares.

Pero, a menos que tenga un pronóstico infalible, utilizar el apalancamiento puede ser problemático porque éste aumenta los riesgos de ganancias y pérdidas en la misma proporción.

El efecto del apalancamiento puede hacer que la cuenta del usuario se convierta en un éxito o un fracaso: suponiendo que tiene una cuenta de 2.000 dólares. Coloca una orden de operación sin usar ningún apalancamiento, y termina ganando $100. Si hubiera utilizado un apalancamiento de 10 veces, habría ganado 1.000 dólares.

Pero, en el lado opuesto, si los mercados van en contra de su especulación, cuando está operando con ese apalancamiento, pierdes 1.000 dólares en lugar de 100, y se pierde la mitad de la cuenta. Muchos traders novatos, a menudo cargan sus cuentas por completo en los primeros días. Puede suceder, dependiendo de la política del corredor, que las pérdidas de los inversores lleguen incluso a superar el límite de sus depósitos iniciales, lo que significa que le deben dinero al broker.

Utilizar el apalancamiento puede ser una ventaja si el cliente sabe lo que está haciendo y tiene una tolerancia al riesgo lo suficientemente alta como para estar preparado si se produce el peor de los escenarios, lo que significa perder parte o la totalidad de su inversión inicial a través del broker.

Cómo elegir un corredor

Los pasos para elegir un corredor pueden ser muy similares a los de la elección de una bolsa, tratados anteriormente en este capítulo. Algunas reglas adicionales que se debe tener en cuenta a la hora de elegir un broker son las siguientes:

- Asegurarse de que está regulado. Cada país cuenta con estrictas autoridades reguladoras internacionales que auditan a los corredores de forma regular para garantizar la seguridad del cliente.

Su mejor opción suele ser asegurarse de que el corredor esté sometido a la regulación de dos o más organismos reguladores de su país. Se puede encontrar información sobre la regulación en los sitios web de los corredores.

- Contemplar la facilidad para depositar y retirar dinero. Los buenos corredores le permitirán depositar fondos y retirar sus ganancias sin problemas. Los corredores no tienen realmente ninguna razón para dificultar al cliente la retirada de sus ganancias. La única razón por la que mantenían retenidos sus fondos era para facilitar las operaciones.

- Cuidado con las promociones. Algunos corredores han descubierto que la gente ama las rebajas. Así que utilizan este tipo de promociones para atraer a los clientes. No hay nada malo en ello pero hay que tener cuidado porque a veces los corredores utilizan estas promociones para empujar a los nuevos operadores a realizar inversiones arriesgadas o a utilizar productos y señales poco confiables.

Por eso es necesario hacer la debida diligencia y conocer al corredor antes de aprovechar una promoción.

Uno de los principales corredores en este campo es eToro, http://partners.etoro.com/A75956_TClick.aspx También hay sitios en los que se puede consultar para la búsqueda de corredores como Forest Park FX, https://forestparkfx.com/?id=UU1UckhZSVN3OW1WNnNuNHIxaHl-qUT09. Estos sitios ayudan a encontrar un corredor adecuado para el usuario según su ubicación.

Otros métodos para comprar criptomonedas

A pesar de que se han indicado algunos de los métodos más populares para comprar o invertir en criptodivisas, estas opciones no son las únicas. Después se verá dónde almacenar las criptomonedas después de comprarlas en capítulos siguientes.

Fondos de Inversión Cripto

Hay personas que quieren entrar al mercado de criptomonedas pero no quieren invertir en una criptodivisa específica como Bitcoin o Ripple. Es posible que busquen el equivalente a un Fondo de Inversión o a un Fondo Negociado en Bolsa, ETF, que sigue una canasta de diferentes activos, como acciones e índices.

La ventaja de un Fondo Cripto es que está más diversificado. Esto se debe a que permite invertir en una serie de criptomonedas populares en conjunto, sin la molestia de tener que seleccionar sólo unas pocas. El inconveniente de la mayoría de los fondos son sus costos y restricciones.

Lo más parecido a un fondo de criptomonedas es el GDAX de Coinbase. Al proporcionar una exposición diversificada a una amplia gama de activos, los fondos de índice de Coinbase permiten

Que los inversores sigan el rendimiento de toda una clase de activos en lugar de tener que seleccionar activos individuales. Coinbase está trabajando en el lanzamiento de más fondos accesibles internacionalmente para cubrir una gama más amplia de activos digitales. Se puede encontrar más sobre Coinbase y GDAX en: www.coinbase.com/

Tarjeta de crédito

Los servicios financieros como Coinmama permiten a los usuarios comprar criptodivisas como Bitcoin, BTC; Ethereum ETH; Litecoin, LTC; Bitcoin Cash, BCH; Cardano, ADA; Qtum, QTUM; y Ethereum Classic, ETC; utilizando una tarjeta de crédito. Pero esta facilidad no está disponible en todos los países todavía.

Se puede consultar en: http://go.coinmama.com/visit/

PayPal

Ya se ha hecho antes mención a varios métodos de pago de pago de criptomonedas, incluyendo la transferencia de dinero desde la cuenta bancaria y utilizando la tarjeta de crédito/débito.

PayPal es otra forma de pago en línea que permite las transferencias de dinero y sirve de alternativa electrónica al dinero tradicional.

PayPal comenzó a trabajar en la integración con Bitcoin antes que muchos otros servicios financieros en 2014. Sin embargo, después demoró la implementación del servicio para poder enviar y recibir Bitcoins u otras formas de criptodivisas directamente a través de la cuenta de PayPal. Puede decirse a favor de su participación que algunos sitios de intercambios aceptan transferencias de dinero de PayPal, lo que significa que se puede utilizar PayPal para comprar indirectamente criptomonedas.

Para ello, se tiene que elegir a un tercero o a un intermediario como un sitio de intercambio o un corredor que acepte pagos de PayPal.

En su momento, incluso, se podía transferir dinero a la bolsa Coinbase ya mencionada anteriormente, utilizando PayPal.

Sin embargo, algunas de estas regulaciones son muy

dinámicas y van cambiando permanentemente, con avances y retrocesos para la comodidad de los usuarios. Uno de los únicos sitios de intercambios viables que aceptaba PayPal como una forma de transferencia de dinero es el llamado VirWox. Pero uno de los principales problemas de VirWox son sus elevadas comisiones.

Uno de los brokers famosos que acepta PayPal es *eToro*, antes citado.

Este tipo de información está constantemente sujeta a cambios debido al volátil estado actual de las criptomonedas. La mejor manera de estar al tanto de las noticias sobre criptodivisas es en consultar en los sitios web especializados, tales como: www.newsbtc.com/ www.coindesk.com/

Dinero en efectivo

La alternativa que no podía faltar para comprar criptodivisas como Bitcoin es la de utilizar dinero en efectivo. El proceso para pagar en efectivo incluye encontrar a alguien que posea criptodivisas y esté dispuesto a venderlas a cambio de dinero en efectivo:

#Un lugar en el que se pueden encontrar compradores y vendedores de criptodivisas para realizar las operaciones a cambio de efectivo es en: https://localbitcoins.com/?ch=w7ct

En este sitio web, el interesado puede registrarse gratuitamente, introducir la cantidad que desea comprar o vender, y elegir su método de pago preferido, aparte -claro está- del efectivo para encontrar una contraparte.

#Otros sitios conectan a compradores y vendedores de forma que el vendedor proporciona datos bancarios que le permiten al comprador hacer un depósito en efectivo en el banco. Debe conservar el recibo como prueba, y el vendedor puede enviarle los Bitcoins. Algunas opciones en este sentido se encuentran en: Athena Bitcoin con sede en Chicago, https://www.bitquick.co/ y Paxful, con sede en Delaware, https://paxful.com/

Si se busca en Internet cómo comprar criptomonedas con dinero en efectivo, es posible que te redirijan hacia una aplicación móvil llamada Square Cash, que es de hecho una aplicación que ayuda a comprar y vender Bitcoin a referidos y amigos.

Sin embargo, este no es el tipo de pago en efectivo del que se habla en esta sección.

Cajeros automáticos de criptodivisas

Los cajeros automáticos de criptodivisas son cada vez más populares. Muchos desarrolladores están incluso intentando crear sus propios cajeros automáticos para obtener ingresos pasivos. Los cajeros automáticos de Bitcoin y otras criptomonedas funcionan como cualquier otro cajero automático.

El primer paso en el proceso es encontrar uno cerca del usuario, algo que puede hacerse mediante una rápida búsqueda en línea o en https://coinatmradar.com/

Existen varias marcas de cajeros automáticos con diferentes métodos para verificar la identificación del usuario y su dirección de criptomoneda, que es un código en su cartera de criptomoneda. Naturalmente, se necesita investigar un poco para encontrar un cajero automático seguro y confiable con una buena reputación en línea. Un método de investigación sencillo es introducir el nombre del cajero automático en Google o Bing, y comprobar si tiene alguna prensa negativa.

El proceso de compra de criptomonedas en un cajero automático puede variar de una máquina a otra. Sin embargo, los siguientes son los pasos generales que requieren la mayoría de los cajeros automáticos:

1.- Verificar la identidad mediante un documento de identidad, por ejemplo.

2.- Seleccionar la criptomoneda que se desea comprar.

3.- Proporcionar una dirección de criptomoneda para el depósito.

4.- Seleccionar la cantidad de criptodivisa que se desea comprar.

5. Introducir el dinero en el cajero automático de criptodivisas.

6. Confirmar la operación.

Algunos cajeros automáticos de criptodivisas ofrecen incluso servicios de venta de monedas digitales, así como el de comprar. Hay que tener en cuenta que este tipo de cajeros de criptodivisas no son cajeros automáticos en el sentido tradicional del término, en el que ayudan a conectarse con su cuenta bancaria. En cambio, son máquinas que están conectadas a Internet y lo dirigen a un sitio de intercambio de criptodivisas para proporcionarle las suyas.

Capítulo 7

Carteras de criptomonedas, ¿cómo se usan?

Un monedero tradicional es el lugar donde se guardan los objetos personales de valor como dinero en efectivo, tarjetas de crédito y documentos de identidad. Pero ahora la gente va a necesitar un nuevo tipo de monedero para poder emplearlo con la forma de dinero más avanzada y futurista que son las criptomonedas. Un monedero de criptodivisas.

Con él, no sólo se puede almacenar el valor del dinero digital, sino también enviar y recibir divisas. Además, se puede controlar su saldo de la misma manera que se haría con una cuenta bancaria. En este capítulo, se tratará paso a paso para un usuario la comprensión y la elección de su primera cartera de criptodivisas.

Definición de las carteras de criptodivisas

En realidad, una cartera de criptodivisas es un programa de software que le ayuda al usuario a gestionar su dinero digital.

Aunque el usuario en cuestión quizás no lo haría con su dinero tradicional y preferiría llevarlo en el bolsillo, para esta otra versión de dinero sí debe tener una cartera digital. Una cartera de criptodivisas si quiere utilizar cualquier tipo de criptomoneda. No hay forma de evitarlo. Las criptodivisas no se almacenan en una reserva bancaria al igual que otros tipos de activos tradicionales como el oro y el efectivo. Sin una criptocartera, la idea de las criptodivisas muere. Y las criptodivisas son el oxígeno que mantiene vivo al sistema.

Aunque en teoría Bitcoin está descentralizado y nadie controla nada, en realidad se trata de una red controlada y mantenida por alguien, quienquiera que se esconda detrás del nombre Satoshi Nakamoto. En otras palabras, Bitcoin está distribuido y los mineros son algo anónimos, pero la cadena de bloques real está almacenada en su totalidad por la red. Su tamaño es tan grande que los mineros tienen tal vez 30 días de transacciones y bloques almacenados en sus dispositivos; pero la cadena de bloques completa se almacena de forma centralizada en la red.

Algunos términos importantes

Antes de empezar, se puede echar un vistazo a algunos términos geek que se encontrarán mientras se explora el mundo de las criptocarteras:

#Monedero caliente: Es un monedero conectado a Internet.

#Cartera fría: Un monedero que no está conectado a Internet.

#Dirección del monedero: Es un número que funciona como un número de cuenta bancaria tradicional.

#Clave pública: Es un código que le permitirá al usuario recibir criptomonedas en su cuenta o cartera. Está vinculada matemáticamente a la dirección de su cartera, pero no es idéntica.

#Clave privada: Es un código que se une a la clave pública para garantizar al usuario su seguridad.

Es algo así como la propia contraseña privada que utiliza el titular para entrar en su cuenta bancaria en el mundo real. En las siguientes líneas se explica cómo algunos de estos elementos funcionan juntos para que el usuario pueda completar las transacciones criptográficas.

Cómo funciona una cartera

Las carteras de criptomonedas no almacenan la criptomoneda en sí, sino que almacenan las claves públicas y privadas de la criptodivisa.

Estas claves son algo así como el código PIN que se usa para acceder a la cuenta bancaria.

No hay dos direcciones de cartera iguales. Son algo así como las huellas dactilares. Esta distinción significa que hay una probabilidad muy baja de que alguien pueda obtener sus fondos por error. Además, no hay límite en el número de direcciones de monedero que se pueden crear.

Ha habido casos en los que la identificación de un monedero fue interceptada y cambiada y los fondos fueron derivados al monedero equivocado. Por ejemplo, en una oportunidad un malware sustituyó los ID de los monederos en el portapapeles de un ordenador, de modo que cuando el usuario cortaba y pegaba los ID del destinatario, en realidad se pegaron las equivocadas, que eran las del autor del delito.

Para dar un ejemplo de cómo es la dirección de una criptomoneda, aquí está la dirección del monedero que se cree que pertenece al creador de Bitcoin, el famoso Satoshi Nakamoto.

1A1zP1eP5QGefi2DMPTfTL5SLmv7DivfNa

Como se puede ver, utiliza una combinación alfanumérica, tanto en caracteres en mayúsculas como en minúsculas. En la realidad, los usuarios no tienen que memorizar la dirección de su monedero criptográfico mientras tengan un monedero seguro.

Algunos guardan la dirección de su cartera y otras claves en documentos cerrados en un ordenador seguro. También se pueden imprimir las claves y guardarlas en algún lugar seguro al alcance sólo del usuario.

Una clave privada cumple la función de una contraseña individual única para su dirección individual de cripto dirección de la cartera.

Una clave pública añade una capa extra de seguridad y asegura que su cartera no pueda ser hackeada.

En un ejemplo rápido cualquiera de cómo son las claves podría tenerse:

Clave privada:

03bf350d2821375158a608b51e3e898e507fe47f-2d2e8c774de4a9a7edecf74eda

Clave pública:

99b1ebcfc11a13df5161aba8160460fe1601d541

Estas direcciones parecen completamente diferentes a simple vista, pero la tecnología del software sabe que ambas claves están específicamente vinculadas entre sí.

Eso demuestra que el usuario es el propietario de las monedas y le permite transferir fondos cuando quiera.

Cuando alguien envía a un usuario cualquier tipo de criptomoneda, está esencialmente endosando la propiedad de esas criptomonedas a la dirección de su cartera. Para poder gastar esas criptomonedas y desbloquear los fondos, la clave privada almacenada en la cartera del usuario debe coincidir con la dirección pública a la que está asignada la moneda.

Si las claves públicas y privadas coinciden, el saldo de su cartera aumenta, y el saldo del remitente disminuye en consecuencia. En última instancia no se produce ningún intercambio de monedas reales. La transacción se traduce simplemente en un registro de la transacción en la cadena de bloques y un cambio de saldo en el monedero de criptomonedas.

Los diferentes tipos de monederos

En primer lugar, se debe aclarar que existe una diferencia entre una cartera digital tradicional y un monedero de criptodivisas. Es posible que alguien ya esté utilizando carteras digitales, también conocidas como monederos electrónicos, a través de su teléfono móvil.

Esas aplicaciones de monedero permiten, por ejemplo, comprar pasajes, los tickets de estacionamiento y Apple Pay, que es un servicio de pago móvil y monedero digital de Apple Inc. que permite a los usuarios realizar pagos en persona, en aplicaciones de iOS.

Los monederos de criptomonedas son un ejemplar completamente diferente; además, vienen en varias especies diferentes que atienden a diferentes necesidades. En los siguientes párrafos se cubren los cinco tipos más populares de monederos de criptomonedas, por orden creciente de su nivel de seguridad.

En la Figura 7-1, se puede ver un resumen de las carteras de criptomonedas más comunes y sus ejemplos.

RESUMEN DE MONEDEROS DE CRIPTODIVISAS

	SOFTWARE	ON LINE	HARDWARE	PAPEL
VENTAJAS	Seguridad controlada por el usuario Para monedas POS, permite emisión	Alta conveniencia Accesible desde cualquier browser sin necesidad de descargar la cadena	Protege claves privadas de usuario, que almacena en el dispositivo Se puede recuperar con PIN y semilla	Extremadamente seguro. No se puede fraguar por medios digitales Grandioso para archivo de largo plazo
DESVENTAJAS	Debe descargar la cadena completa para cada tipo de moneda o token	Susceptible al hackeo de claves de acceso No puede participar monedas POS Nivel de seguridad desconocido	No soporta todas las monedas y token No puede participar en las monedas PoS	Inconveniente para usar en transacciones
EJEMPLOS	[illegible] ARMORY	BLOCKCHAIN MyEtherWallet	Ledger TREZOR	

FIGURA 7-1

Fuente: benzinga.com

Aclaración:

De acuerdo con Bitcoin Wiki, una *"frase semilla"*, *"frase de recuperación de semillas"* o *"frase semilla de respaldo"* es una lista de palabras que almacenan toda la información necesaria para recuperar un monedero de Bitcoin.

El software del monedero suele generar una frase semilla e indicar al usuario que la escriba en un papel seguro.

Si el ordenador del usuario se rompe o su disco duro se corrompe, puede descargar de nuevo el mismo software del monedero y utilizar la copia de seguridad en papel para recuperar sus bitcoins.

Las marcas específicas de monederos que se mencionan aquí en la Figura no son las únicas opciones disponibles, y su inclusión no debería considerarse como una recomendación.

Cada usuario debe hacer su propia investigación para encontrar las mejores opciones disponibles en su área y para sus necesidades según las criptomonedas elegidas.

Monedero online

Las billeteras en línea pueden ser menos seguras, pero tienen un montón de ventajas para pequeñas cantidades de criptodivisas. Un *monedero online* o también monedero web permite al usuario acceder a sus criptomonedas a través de Internet. Por lo tanto, siempre que él esté conectado a Internet, puede acceder y almacenar sus monedas y hacer pagos con criptomonedas.

El proveedor de la billetera online almacena la clave privada del monedero del usuario en su servidor. El proveedor puede enviarle el código criptográfico pero, en lugar de eso, almacena sus claves y le da la posibilidad de acceder a las mismas. Los diferentes servicios ofrecen diversas características, y algunos de ellos se vinculan a múltiples dispositivos, como el teléfono móvil, la tablet y el ordenador.

Algunas ventajas de los monederos online son las siguientes:

#Permiten realizar transacciones rápidas.

#Pueden gestionar múltiples criptodivisas.

#Son convenientes para usar en el camino y para el comercio activo.

Las desventajas son las siguientes:

#Ponen en riesgo su seguridad en línea debido a la potencial vulnerabilidad ante los fraudes de hackers y estafas.

#Ponen en riesgo la seguridad digital personal del usuario por la posible exposición a virus informáticos.

#El interesado no almacena sus criptomonedas, sino que lo hace un tercero.

Billetera móvil

Los monederos móviles están disponibles para el usuario en su teléfono móvil a través de una aplicación. Él puede utilizar los monederos móviles cuando compre en tiendas físicas, ya que las criptodivisas son cada vez más aceptadas.

Otros tipos de monederos, como los monederos en línea, también ofrecen versiones móviles. Pero algunos monederos son específicos y sólo se utilizan para los teléfonos móviles.

Los monederos móviles, que entran en la categoría de monederos de software, tienen sus ventajas:

#Pueden ser más seguros que los monederos online.

#Son cómodas para usarlos sobre la marcha.

#Ofrecen funciones adicionales, como el escaneo de códigos QR.

Algunas de las desventajas de los monederos móviles son las siguientes:

#El usuario corre el riesgo de perder sus criptoactivos si el teléfono se pierde o se daña.

#Se corre el riesgo de contraer virus y malware en el móvil.

Monedero de escritorio

Otra versión alternativa de monedero es el de escritorio, que se puede descargar e instalarlo en el ordenador del usuario.

Algunos sostienen que los monederos de escritorio son más seguros si el ordenador no está, o incluso mejor, nunca ha estado conectado a Internet. Si un ordenador de mesa nunca se ha conectado a Internet, se convierte esencialmente en un monedero frío. Por otro lado, un ordenador que nunca ha estado conectado a Internet puede quedar expuesto a un malware que proviniera automáticamente desde la unidad de monedero que se ha conectado al ordenador e infectar todo el escritorio ya que nunca ha sido parcheado con actualizaciones de software que requieren una conexión a Internet. Es una situación muy complicada.

Para configurar el monedero en un ordenador que nunca se ha conectado a Internet primero se debe descargar la última versión del monedero en un ordenador que sí esté conectado a Internet.

A continuación, se mueve el archivo a una unidad USB o algo similar para trasladarlo a su ordenador sin conexión.

Algunas ventajas de los monederos de escritorio, que entran en la categoría de monederos de software, son las siguientes:

#Son una opción conveniente si el usuario comercia con criptomonedas desde su ordenador.

#El interesado no almacenas sus claves privadas en un servidor de terceros.

#Si el ordenador del usuario nunca ha estado conectado a Internet, un monedero de escritorio puede ser más seguro que un monedero online.

Pero los monederos de escritorio también tienen algunas otras desventajas:

#Es más difícil utilizar los criptoactivos del usuario sobre la marcha.

#Si el usuario conecta el monedero a Internet, se convierte en un monedero caliente menos seguro.

#Si no se hace una copia de seguridad del ordenador y éste deja de funcionar, se pierden las criptomonedas.

Monedero de hardware

Otra variante de monedero es el de hardware, que puede ser uno de los tipos más seguros de monederos de criptomonedas que existen. Estos monederos almacenan tus claves privadas en un dispositivo de resguardo como un pendrive o una unidad USB.

Con ellos, el usuario podría hacer transacciones en línea, pero las billeteras están fuera de línea la mayor parte del tiempo, por esto se los considera monederos fríos.

Por razones de seguridad, un monedero de hardware es una necesidad absoluta y mínima para grandes cantidades de criptomonedas.

Mantener una enorme cantidad de activos en otros tipos de carteras menos seguras aumenta el riesgo del inversor, por ejemplo ante ataques irrecuperables de hackers. Más seguras, incluso, que las carteras de hardware son las carteras de papel, de las que se habla a continuación.

Algunas de las ventajas de los monederos de hardware son estas:

#Son una de las opciones más seguras de billeteras de criptomonedas.

#Son excelentes para almacenar grandes cantidades de criptodivisas, especialmente cuando no se necesita usarlas en el día a día.

Algunas desventajas de las billeteras de hardware son las siguientes:

#Son el tipo de monedero más caro.

#No son tan fáciles de usar como otros monederos, especialmente para los usuarios principiantes.

Monedero de papel

Otra alternativa es el monedero de papel, que es un monedero de criptomonedas súper frío. Para usarlo, se imprimen las claves privadas y públicas.

Se puede enviar fondos transfiriendo el dinero a la dirección pública del monedero, y se pueden retirar o enviar las divisas introduciendo las claves del usuario o escaneando el código QR del monedero de papel.

Algunas de las ventajas de los monederos de papel son las siguientes

#Son absolutamente a prueba de hackers.

#Las claves y las tenencias no se almacenan en un ordenador, teléfono móvil o servidor de terceros.

Sin embargo, los monederos de papel también tienen algunas desventajas:

#No son fáciles de usar para los que no son usuarios expertos.

#Son más difíciles de usar para las transacciones diarias o habituales que otros tipos de monederos.

#Pueden incendiarse, mojarse, perderse o traspapelarse.

Algunos generadores conocidos de monederos de papel son Bitaddress.org, WalletGenerator.net, Bitcoinpaperwallet.org, y Mycelium ubicable en: https://mycelium.com/myceliumentropy

Este último proveedor, Mycelium, ofrece una forma original y aún más segura de generar monederos de papel, con un dispositivo USB que se conecta directamente a la impresora. El dispositivo genera, a través de un programa ejecutable, un monedero de papel que se imprime automáticamente sin haber tocado su computadora.

Cómo elegir un monedero de criptomonedas

Eso depende de las necesidades y objetivos de criptodivisas del inversor, quien puede necesitar más de un tipo de cartera de criptodivisas. Algunos usan carteras frías para almacenar sus grandes reservas de cripto y carteras calientes para el comercio activo. En cualquier caso, el usuario puede elegir sus carteras de criptodivisas basándose en diferentes características, algunas de las cuales se tratan en esta sección.

Es conveniente reunir toda la información necesaria sobre una determinada cartera antes de comprometerse a obtener una.

Basado en la seguridad

Incluso si el usuario es un activo negociador cripto, se recomienda que tenga una cartera fría muy segura donde almacene sus mayores cantidades de cripto activos. Como se ha señalado anteriormente en este capítulo, las billeteras en línea no son la opción más segura, por más convenientes que puedan parecer. Siempre es posible transferir los activos a una cartera online si se necesita acceso inmediato a las criptodivisas para una oportunidad de inversión o compra.

Otro punto para tener en cuenta es que los monederos de hardware más seguros son normalmente los más caros. Así que se debe calcular si vale la pena gastar tanto dinero por un monedero en particular para la cantidad de cripto que se va a almacenar en él.

Algunas de las preguntas que debe hacerse un inversor antes de elegir el monedero más seguro son las siguientes:

¿Qué tipo de autenticación utiliza el monedero?

¿Es seguro el sitio web?

¿Qué dicen los comentarios en línea?

CoinCentral.com, 99Bitcoins.com y CryptoCompare.com son algunos de los sitios web que ofrecen una revisión anual de carteras de criptomonedas. Normalmente es recomendable comprobar dos o más sitios web antes de tomar una decisión.

En el momento de escribir este artículo, la cartera de hardware *Ledger Nano S*, con un precio de 99 dólares, es una de las carteras seguras más populares y mejor valoradas que existen.

Se pueden consultar en la página web: www.ledger.com

El monedero de hardware *Trezor Bitcoin*, creado por SatoshiLabs, es otro ejemplo. Lamentablemente, si la unidad USB se deteriora o extravía, todas las criptomonedas del usuario se van con ella. Por eso se recomienda siempre tener una copia de seguridad y guardar los códigos de seguridad en otro lugar para poder recuperar los activos en un evento inconveniente.

Basado en la propiedad de tus criptomonedas

No todas las carteras cripto pueden manejar los diferentes tipos de activos de criptodivisas. De hecho, algunas carteras están diseñadas específicamente para un solo tipo de criptodivisa.

También sucede que muchas criptodivisas tienen sus propios monederos oficiales, que sólo pueden manejar esa criptomoneda. Por ejemplo, los monederos específicos de Bitcoin incluyen Bitcoin Core Wallet https://bitcoin.org/en/choose-your-wallet; Mycelium https://wallet.mycelium.

com/ y Electrum https://electrum.org/#home

Para Ethereum, hay opciones como Ethereum Wallet www.ethereum.org/ y MyEtherWallet, que es una cartera de papel www.myetherwallet.com/

Si el usuario no tiene pensado diversificar entre otros tipos de criptodivisas, una única cartera oficial de criptodivisas puede ser la adecuada para él.

La mayoría de las veces, se puede encontrar el monedero oficial de una criptodivisa en el sitio web de la empresa.

Los monederos multidivisa son una opción para las personas que quieren tener más de una criptodivisa. La mayoría de los monederos en línea que se ofrecen en los intercambios brindan la oportunidad de almacenar y realizar transacciones entre múltiples criptomonedas. Sin embargo, si el usuario utiliza estos monederos para almacenar sus criptoactivos, debe saber que la seguridad de su cartera puede verse comprometida.

No es recomendable dejar las monedas en un monedero de intercambio online.

Un monedero móvil multidivisa muy popular es Coinomi www.coinomi.com/ que es compatible con más de 200 tokens digitales diferentes y un gran número de blockchains. Es una gran cartera de criptodivisas multiactiva, pero sólo está disponible para dispositivos móviles. Exodus https://www.exodus.io/ es otra cartera multidivisa, disponible sólo en la versión de escritorio. Sus claves privadas permanecen seguras en su dispositivo y nunca salen de él. Exodus puede incluso encriptar las claves privadas por el usuario.

Basado en las tarifas de las transacciones

Si el inversor está planeando hacer muchas compras de criptomonedas y usarlas sobre la marcha, es posible que deba tener en cuenta las tarifas de transacción que está pagando en el camino.

Este punto es especialmente cierto para los que son negociantes activos.

Si el usuario es un operador diario y paga más por las comisiones de transacción que lo que gana en el mercado, es una situación que derrota al propósito del comercio.

Basado en el anonimato

El anonimato es una capa extra de seguridad que se puede tener en cuenta al elegir una cartera de criptomonedas. Si se utiliza una cartera anónima, se puede separar la información personal de los fondos, por lo que es más difícil para cualquier persona rastrear las criptomonedas del usuario y potencialmente robarlas. Este factor puede ser algo muy personal. Algunos monederos ofrecen anonimato total, mientras que otros no.

Si el anonimato es algo realmente importante para el inversor, debe elegir la suya entre carteras con mayor privacidad.

Teniendo en cuenta que priorizar el anonimato puede afectar a las tasas de transacción y el precio del monedero.

Para encontrar las carteras anónimas más recientes y populares, el interesado puede simplemente buscar el término "monederos anónimos de criptomonedas" en el motor de búsqueda favorito. Los monederos anónimos vienen en forma de móvil, hardware, software y demás. Con eso, el usuario puede tener una o más carteras anónimas basadas en sus necesidades. Algunos de las carteras anónimas más populares son las siguientes:

#BitLox:

Esta billetera de hardware de Bitcoin garantiza tanto la seguridad como el anonimato. Es capaz de albergar más de 100 monederos con la capacidad de crear millones de direcciones para cada cartera. http://www.bitlox.com

#Electrum:

Este monedero Bitcoin de escritorio parece ser uno de los monederos de software más confiable de la comunidad de criptomonedas.

https://electrum.org/#home

#Samourai:

Este es un monedero móvil de Bitcoin. Según el sitio web de Samourai sus objetivos son: "mantener sus transacciones privadas, su identidad enmascarada y sus fondos seguros".

https://samouraiwallet.com/index.html

¿Cómo mantener la seguridad de la cartera?

Cuando el usuario ya ha seleccionado la cartera de criptomoneda que se ajusta a sus objetivos, su siguiente preocupación es la de mantener activamente su inversión segura.

No importa lo segura que sea una cartera, el usuario quiere garantizarse la seguridad en forma personal, de la misma manera que lo haría con su cartera tradicional.

Debido a que el interesado puede estar almacenando un valor muy alto en criptodivisas, mantenerlas seguras es demasiado importante.

Este esfuerzo por lograrlo es básicamente el precio que paga por querer gestionar su propio dinero, sin tener que depender de terceros como gobiernos y grandes bancos.

Algunos consejos útiles para mantener la cartera segura son los siguientes:

Haga una copia de seguridad de su cartera

Esta es una medida de seguridad elemental y básica. No tiene sentido arriesgarse a un extravío por falta de una copia de resguardo de la cartera de criptomonedas. Conviene hacer una copia de seguridad de las carteras de criptodivisas del mismo modo que se hace con las fotos, archivos de trabajo y datos del ordenador.

Una copia de seguridad de su cartera puede protegerlo contra fallas informáticas y muchos errores humanos. También puede permitirle recuperar su cartera si le roban su teléfono móvil o el ordenador. Por supuesto, se debe mantener la cartera de respaldo en un lugar seguro, lejos de su cartera original.

También hay que hacerse la costumbre de confeccionar una copia de seguridad con regularidad para asegurarse de que todas las direcciones criptográficas recientes están incluidas en su monedero original.

Además, también debería considerar guardar una copia de seguridad de los códigos PIN, nombres de usuario y contraseñas si su cartera ofrece estas características.

Esta medida es por si acaso haya pasado el tiempo suficiente como para olvidarse de estas cosas. Un buen consejo es guardar un archivo oculto con estos elementos en una nube local segura, para uso personal, que es casi imposible de hackear.

Tener varios monederos

Otra ventaja de la diversificación. Si le resulta difícil elegir entre los muchos monederos seguros, no se preocupe. Mantener sus activos en varios monederos es una buena práctica de todos modos. De esta manera, si alguna de sus carteras se ve comprometida, no se queda sin criptodivisas.

Una buena combinación es utilizar dos o más carteras de hardware para las cantidades más grandes de criptomonedas y el resto de las cantidades más pequeñas repartirlas en carteras móviles, de escritorio o en línea, dependiendo del uso diario de criptomonedas a realizar.

Por supuesto, todos ellos necesitan tener sus propias copias de seguridad específicas como se explicó antes.

Añadir más niveles de seguridad

El usuario puede aumentar el nivel de seguridad de sus monederos de varias maneras distintas. A continuación se indican algunas sugerencias:

#Utilizar la autentificación de dos factores (2FA).

Si su monedero lo permite, la autentificación de dos factores es una excelente manera de llevar la seguridad de su cartera a un nivel más alto.

Se trata simplemente de una doble autentificación de identidad, aunque se puede ejecutar de diferentes maneras. Una de ellas es utilizar la aplicación *Google Authenticator,* que proporciona un código de seis dígitos que cambia cada minuto y es único para el usuario.

#Encripte su cartera.

Encriptar su cartera o su smartphone le permite establecer una contraseña para detener a cualquiera que intente retirar fondos.

Este acto ayuda a proteger contra los ladrones, aunque no puede proteger contra el *keylogger*, que es un dispositivo de hardware o un software específico capaz de registrar las pulsaciones que se realizan sobre el teclado y memorizarlas en un fichero. Aunque es un instrumento más sofisticado, un hacker puede disponer de él.

También se debería considerar la posibilidad de encriptar las copias de seguridad.

Advertencia: Algunos métodos de encriptación pueden

requerir un poco más de conocimiento técnico. La mejor manera de encriptar su cartera es contactar con un proveedor para obtener más información.

#Utiliza una contraseña sólida.

Una contraseña fuerte debe ser alfanumérica, en lo posible debe contener letras, números y signos de puntuación y debe tener al menos 16 caracteres. Es mejor evitar contraseñas que contengan sólo letras, sólo números o sólo símbolos.

Las palabras reconocibles en su idioma tampoco son adecuadas porque son fáciles de descifrar.

Se puede construir una contraseña muy larga y potente memorizando un patrón en el teclado en lugar de seleccionar una palabra. Por supuesto, el patrón debe ser suficientemente arbitrario y no demasiado lineal. Además, el usuario debe asegurarse de poder recordarlo siempre.

En el caso de intentar conectarte a su programa desde un teléfono móvil, este método puede complicarse.

Actualizar el software

Si se utilizan monederos móviles o de escritorio, hay que asegurarse de estar utilizando la última versión del software del monedero. Las empresas más renombradas envían constantemente correcciones de estabilidad y seguridad. Si el interesado actualiza su software con regularidad, puede asegurarse de que está con las últimas funciones de seguridad que pueden evitar problemas, desde los más leves hasta los más graves.

El usuario debe tener presente que actualizar el software de su monedero no es lo mismo que hacer una copia de seguridad, aunque son acciones concurrentes.

Respecto de la copia es importante recordar dónde se esconde. Esta sugerencia puede parecer ociosa, pero hay mucha gente que ha intentado esconder algo valioso, y termina perdiéndolo para siempre. Esta esta recomendación es válida especialmente para las personas que esconden las cosas tan bien que luego no pueden recordar dónde están.

Capítulo 8

Tipos de criptomonedas

La más popular de las criptomonedas es bitcoin, pero no es la única criptodivisa famosa y digna de inversión que existe. Incluso, hay gente que piensa que actualmente, podría ser ser la peor criptodivisa para poseer o invertir. Hay muchas otras monedas digitales que han hecho mejoras masivas al modelo de Bitcoin para evitar sus desventajas.

En este capítulo, se revisan algunas de las criptomonedas más famosas a partir de 2018. Obviamente, como el mercado de criptomonedas está en constante cambio, es importante fijar pautas que permitan navegar a través de todas las criptomonedas prometedoras en los próximos años.

La celebridad de las criptodivisas según la capitalización de mercado

Una de las pautas para no perderse entre el conjunto de las criptodivisas más populares es comprobar su clasificación basada en la capitalización de mercado, o *market cap.*

Tradicionalmente, la capitalización de mercado es el valor al cual una empresa se negocia en el mercado de valores. Se puede calcularlo multiplicando el número total de acciones por el precio real actual de cada acción.

En el campo de las criptomonedas, la capitalización del mercado representa el valor de todas las unidades sumadas de una criptomoneda que están a la venta en ese momento. Para calcular la capitalización de mercado de una criptodivisa, basta con multiplicar el precio actual de la criptodivisa por su oferta en circulación.

La oferta circulante indica el mejor número aproximado de monedas que están circulando en el mercado y en las manos del público en general.

Capitalización de mercado = Precio × Oferta en circulación.

La posibilidad de conocer la capitalización de mercado de una criptomoneda y su clasificación frente a otras monedas es muy importante para un inversor, porque esa información puede mostrarle rápidamente cuán popular es la moneda y cuánto dinero se puede obtener de ella. Un interesado puede encontrar información sobre todas las criptomonedas visitando sitios web como

http://coinmarketcap.com,

www.cryptocompare.com/,

https://coincodex.com/ y

www.coingecko.com/

Así y todo, se debe contemplar que la capitalización de mercado puede no decirlo todo sobre el potencial de inversión de una criptomoneda.

Muchos otros factores son claves y pueden afectar al valor de una criptodivisa, como las bifurcaciones, la regulación, los rumores en el mercado y otras circunstancias.

Habría que enfocarse más sobre el análisis del rendimiento de una criptodivisa, algo que se trata en capítulos siguientes.

Una mayor capitalización de mercado no es necesariamente algo bueno. Los inversores que están en condiciones de asumir mayores riesgos pueden preferir las criptodivisas con una capitalización de mercado más baja, porque entonces tendrán mayor margen para que su capitalización aumente.

Sin embargo, los que prefieren ir a lo seguro y evitar la volatilidad o el riesgo de desvanecimiento, pueden preferir ir hacia las criptodivisas con una capitalización de mercado más alta.

Como quiera que sea, el conocimiento del papel que desempeña la capitalización de mercado de una moneda en la industria cripto, permite empezar a evaluar las criptodivisas basándose en esa métrica. En las siguientes secciones se explica sobre Bitcoin y otras criptomonedas principales.

Bitcoin

El número uno de la lista, Bitcoin, fue desarrollado en 2008. A partir de octubre de 2018, la capitalización de mercado de Bitcoin es de alrededor de 115 mil millones de dólares.

Algunos antecedentes de Bitcoin

Una entidad, persona o grupo de personas, llamada *Satoshi Nakamoto*, inventó Bitcoin. En principio, Satoshi afirmó ser un hombre que vivía en Japón, nacido el 5 de abril de 1975. En realidad estaba viviendo en Japón, completando sus estudios de Ingeniería Eléctrica en Tokio, cuando Bitcoin entró en escena. Se puede decir que Bitcoin no era realmente una gran cosa en Japón en ese momento. Por eso, tal vez, la mayoría de las especulaciones sobre la verdadera identidad de Satoshi afirman que se trata de un grupo de expertos en criptografía y expertos en informática, de ascendencia no japonesa, que viven en los Estados Unidos y varios países europeos. Puede ser real o parte de la leyenda urbana sobre Satoshi.

Pero el anonimato de Satoshi no es realmente un gran problema, porque Bitcoin y otras criptodivisas, se supone que son de código abierto y descentralizadas.

De hecho, según Bitcoin.org, ninguna persona o entidad "es dueña de la red Bitcoin como nadie es dueño de la tecnología que sustenta al correo electrónico".

Los usuarios de Bitcoin de todo el mundo controlan Bitcoin, junto con el desarrollador mejorando el software y los tenedores haciendo algunos cambios radicales. Sin embargo, la idea principal detrás de Bitcoin y el protocolo de Bitcoin no se pueden cambiar.

Casi diez años después de que Satoshi publicara el libro blanco de Bitcoin, la capitalización de mercado de Bitcoin subió hasta los 320.000 millones de dólares a finales de 2017. Si un interesado hubiera invertido 100 dólares para comprar Bitcoin en 2011, habría tenido 20.000 dólares en Bitcoin a finales de 2017.

Por supuesto, muchos inversores iniciales compraron más de un Bitcoin en ese momento, que es exactamente cómo se hicieron todos ellos millonarios de Bitcoin. Si hubiera comprado 100 Bitcoins en 2011, a finales de 2017 habrían valido 2 millones de dólares.

Pero después del momento en que todo el mundo empezó a hablar de Bitcoin, su valor se desplomó hasta alrededor de 120.000 millones de dólares y se mantuvo ahí durante la mayor parte de 2018. Mantuvo su ranking de número uno entre todas las demás criptodivisas, eso sí. La principal razón detrás de esta posición puede ser que la mayoría de la gente ha escuchado mucho hablar sobre Bitcoin pero no tanto sobre otras criptodivisas. Así es que aunque tengan cientos de otras altcoins para elegir, incluso algunas que pueden ser mejores alternativas a largo plazo a Bitcoin, la mayoría de los novatos que quieren involucrarse en el mercado comienzan con Bitcoin.

Otra razón de la enorme capitalización de mercado de Bitcoin es su accesibilidad. Se puede decir con bastante seguridad que todos los sitios de intercambios de criptodivisas tienen Bitcoin. Pero no todos los intercambios presentan todas las altcoins, al menos por ahora.

Características de Bitcoin

Estas son algunas de las principales características de Bitcoin:

#El símbolo comercial de Bitcoin es BTC.

#Bitcoin es minable.

#La creación de monedas se produce a través del procedimiento proof-of-work, PoW.

#El tiempo de transacción oscila entre 30 minutos y 24 horas.

#Las transacciones no son totalmente anónimas.

#Bitcoin está descentralizado.

#La minería de Bitcoin requiere mucha energía y también hay un alto desperdicio de energía.

Dado que el Bitcoin ha sido la superestrella de todas las criptodivisas, tiende a arrastrar tras de sí a todo el mercado.

En general, todo el sentimiento del mercado sigue la volatilidad de Bitcoin en los marcos de tiempo a largo plazo, con muchas excepciones en el pasado.

El interesado puede utilizar este dato en el análisis técnico para invertir. Puede encontrar más información sobre Bitcoin en su página web, https://bitcoin.org/

Ethereum

Clasificado como el número dos en base a la capitali-

A partir de octubre de 2018, su capitalización de mercado es de alrededor de U$D 23 mil millones.

Breves antecedentes de Ethereum

En comparación con Bitcoin, Ethereum es una moneda bastante joven; fue propuesta por el ruso-estadounidense Vitalik Buterin en 2013. Por lo tanto, es casi cinco años más joven que Bitcoin, algo que en el mundo de las criptomonedas sigue siendo una gran ventaja.

Buterin había nacido en 1994, por lo tanto tenía 19 años al momento de crear Ethereum.

Ethereum utiliza la sabiduría y la filosofía del viejo Bitcoin, pero tiene un propósito y una capacidad diferente. Según se declara en su página web, www.ethereum.org, "Ethereum es una plataforma descentralizada que ejecuta contratos inteligentes". Como ya se explicó, los contratos inteligentes permiten a la gente crear acuerdos sin necesidad de un intermediario. Ethereum crea estos contratos inteligentes empleando la misma tecnología de cadena de bloques que Bitcoin. Al igual que la cadena de bloques y la red de Bitcoin validan la propiedad de Bitcoin, el blockchain de Ethereum valida los contratos inteligentes, que las reglas codificadas ejecutan.

Comparación entre Ethereum y Bitcoin

La principal diferencia entre Ethereum y Bitcoin es que Ethereum pretende ser el lugar al que acuden los usuarios para ejecutar sus aplicaciones descentralizadas. De hecho, su objetivo es ser una especie de computador masivo y descentralizado que ejecuta contratos inteligentes. Esta es la razón por la que muchas otras criptomonedas pueden funcionar en la plataforma Ethereum. El blockchain de Ethereum forma una red descentralizada donde se pueden ejecutar estos programas.

Bitcoin es diferente en este sentido. Su plataforma consigue que los mineros compitan y resuelvan los complicados problemas matemáticos de la blockchain como ya se explicó. El primero que logra resolver el problema es el ganador y recibe una recompensa.

Pero los mineros pueden utilizar la plataforma de Ethereum como un espacio de cooperación para crear sus propios productos. Se les compensa por proporcionar la infraestructura para que los inventores puedan elaborar sus propios nuevos tipos de productos

De hecho, incluso los principales actores tecnológicos, como Intel y Microsoft, y los gigantes financieros como J.P. Morgan y Credit Suisse están utilizando también la plataforma Ethereum para crear sus propios productos. Hay otros grandes miembros fundadores, que junto con varias empresas emergentes de blockchain, grupos de investigación y compañías de la lista Fortune 500, han creado un grupo llamado *Enterprise Ethereum Alliance* (EEA). Para octubre de 2018, esta alianza contaba con más de 500 miembros, entre ellos Accenture, AMD, Credit Suisse, Dash, Pfizer, Samsung y Toyota, por nombrar algunos de los más renombrados. Se puede obtener más información sobre el grupo de la EEA en el sitio web https://entethalliance.org/

Perfil de Ethereum

Algunos de los principales atributos de Ethereum son los siguientes:

#El símbolo del token de Ethereum para los inversores es ETH.

#Ethereum es minable.

#La creación de monedas se produce a través del proceso PoW, proof-of-work.

#El tiempo de transacción puede ser de tan sólo 14 segundos, aunque también podría ser mayor en función de los requisitos de confirmación.

#Las transacciones no son totalmente anónimas.

#Ethereum está más descentralizado que Bitcoin.

#A partir de 2018, la minería de Ethereum requiere menos desperdicio de energía que la de Bitcoin.

Se puede conocer la rentabilidad de la minería de las diferentes criptodivisas en cualquier momento visitando el sitio web: www.cryptocompare.com/mining/calculator/

Ripple

Durante la mayor parte de 2018, Ripple fue la tercera criptodivisa en importancia por capitalización de mercado con alrededor de 19 mil millones de dólares. Sin embargo, a finales de 2017 y principios de enero de 2018, superó temporalmente el ranking de Ethereum durante diez días.

Algunos antecedentes de Ripple

La idea de Ripple en realidad se remonta a 2004. Eso significa que comenzó a nacer mucho antes de Satoshi y Bitcoin. En 2004, Ryan Fugger fundó una empresa llamada RipplePay.

Según el sitio web: https://blog.bitmex.com/the-ripple-story/

La idea detrás del protocolo era una "red de confianza entre pares involucrados en relaciones financieras que reemplazaría a los bancos". Algo muy similar a lo que plantea el blockchain como filosofía de funcionamiento.

En 2011, el público objetivo de Ripple comenzó a prestar atención a Bitcoin, que se estaba volviendo muy popular y estaba haciendo un mejor trabajo como red de pago entre pares que Ripple.

La arquitectura de Ripple empezó a cambiar cuando un pionero de Bitcoin, Jed McCaleb, se unió a la red Ripple en mayo de 2011. Otros se unieron al proyecto de Ripple con el paso del tiempo.

Finalmente, el XRP de Ripple, que es una criptomoneda que también actúa como una red de pago digital para las instituciones financieras, se lanzó en 2012, según su sitio web: https://ripple.com/xrp/

Como muchas otras criptodivisas, XRP se basa en una cadena pública de firmas criptográficas. Se puede afirmar que Ripple es muy diferente de las criptomonedas tradicionales como Bitcoin e incluso Ethereum.

También hay que decir que algunas personas no consideran a Ripple una verdadera criptodivisa. Asimismo, se puede destacar que Ripple como compañía y Ripple como criptomoneda son dos cosas diferentes, aunque están conectadas.

La moneda Ripple, que cotiza como XRP, es la criptomoneda utilizada con algunos de los sistemas de pago de la empresa. La empresa Ripple hace negocios como Ripple Labs, Inc. y proporciona soluciones de pago globales para grandes bancos y otras entidades utilizando la tecnología blockchain.

Comparación entre Ripple y Bitcoin

Estas son algunas de las principales diferencias entre estas dos criptodivisas:

#Propiedad y descentralización:

Como se ha explicado antes en este capítulo, Bitcoin como empresa no es propiedad de ninguna persona o entidad en particular, y Bitcoin como criptomoneda es prácticamente lo mismo que la plataforma de código abierto. Por eso Bitcoin es altamente descentralizado y de código abierto, propiedad de una comunidad de usuarios que se ponen de acuerdo sobre los cambios. Esta configuración puede hacer que las actualizaciones sean difíciles y es la razón por la que Bitcoin ha tenido un montón de bifurcaciones, duras y blandas; según ya se describió.

Por el contrario, Ripple es una empresa privada llamada Ripple Labs, con oficinas en todo el mundo.

El activo digital de Ripple o criptomoneda, se llama en realidad XRP y también es propiedad de Ripple Labs. La empresa busca constantemente complacer a todos, especialmente a sus socios, y llegar a un consenso, lo que puede permitir actualizaciones más rápidas. Cuenta con un sistema de enmiendas con el que los desarrolladores buscan el consenso antes de realizar cambios en la red.

En la mayoría de los casos, si una enmienda recibe el 80% de apoyo durante dos semanas, entra en vigor, y todos los libros de contabilidad futuros deben apoyarla. Básicamente, Ripple es una democracia que trata de evitar las bifurcaciones duras y las desagradables divisiones.

Se puede encontrar más información sobre Ripple y sus actualizaciones más recientes en el sitio web: https://ripple.com

#Velocidad de las transacciones y comisiones:

En esta área es donde Ripple realmente empieza a brillar. La demora en las transacciones de Bitcoin a veces puede llegar a una hora dependiendo de las tasas. Y las comisiones pueden llegar a los 40 dólares dependiendo de la demanda.

Las transacciones de Ripple, por el contrario, pueden liquidarse en tan sólo cuatro segundos.

En cuanto a las comisiones, incluso cuando la demanda era muy alta a finales de 2017, las de Ripple eran de 0,007 dólares en promedio, una fracción de las de Bitcoin.

Se pueden comparar las tasas de transacción históricas de diferentes criptodivisas en el sitio web:

https://bitinfocharts.com/comparison/transaction-fees-btcxrp.html

#Número de transacciones por segundo:

En cualquier momento, se pueden hacer alrededor de diez transacciones por segundo de Bitcoin. Entrando en Ripple, esa cifra se eleva a 1.500.

Aunque algunas bifurcaciones de Bitcoin pretenden resolver este problema, hasta ahora Ripple parece ir más adelante.

#Límites de cantidad de monedas:

Bitcoin y otras criptomonedas minables tienen un número finito de monedas, que entran en el mercado sólo a través de la minería.

Pero XRP está limitado ahora a los 100.000 millones de monedas en circulación, en gran medida para atraer a los mayores clientes de la empresa Ripple, que son grandes instituciones financieras.

Características de Ripple

La siguiente lista ofrece un resumen de las principales características de Ripple:

- El símbolo del token de Ripple para los inversores es XRP.

- El XRP de Ripple no es minable. No hay mineros en absoluto.

- La creación de monedas y el procesamiento de algoritmos se produce a través del consenso, no del procedimiento PoW.

- El tiempo de transacción puede ser de tan sólo cuatro segundos.

- Las transacciones pueden ser anónimas.

- Ripple no está totalmente descentralizado.

-El costo energético por transacción es menor.

Debido a que estas características únicas son tan diferentes de las de Bitcoin, algunas personas juzgan que XRP de Ripple no es realmente una criptomoneda. Ripple es en realidad un extraño híbrido de una moneda fiduciaria, o forma tradicional de moneda respaldada por un gobierno local, como el dólar estadounidense y una criptodivisa tradicional. Esta desviación se debe a que Ripple busca principalmente servir a instituciones financieras como American Express en lugar de centrarse en la difusión del XRP de Ripple entre los usuarios habituales, al menos a partir de octubre de 2018. Es muy posible que esto cambie en el futuro.

Litecoin

Litecoin ha estado rondando entre las diez mayores criptomonedas por capitalización de mercado desde su creación en 2011.

Su clasificación ha subido hasta el número dos y luego bajó hasta el número siete, por lo que su capitalización de mercado ha sido una de las más volátiles y fluctuantes entre las criptomonedas famosas.

A partir de octubre de 2018, su capitalización de mercado es de alrededor de 3 mil millones de dólares, lo que la convierte en la séptima criptomoneda más grande después de Bitcoin, Ethereum, Ripple, Bitcoin Cash, EOS y Stellar.

¿Cuál es la historia de Litecoin?

Litecoin es el resultado de una bifurcación dura de Bitcoin que ocurrió en 2011. En párrafos anteriores de brindaron detalles sobre las bifurcaciones de criptomonedas. Litecoin quería convertirse en la versión más ligera y rápida de Bitcoin.

Litecoin fue lanzada por Charlie Lee, un empleado de Google y graduado del MIT. Alcanzó una capitalización de mercado de 1.000 millones de dólares en noviembre de 2013. Para conocer más sobre el proyecto Litecoin se puede consultar en el sitio web: https://litecoin.org/.

Si un usuario hubiera invertido en Bitcoin a finales de 2016, habría crecido un 2.204% a finales de 2017. Pero si hubiera invertido en Litecoin, entonces habría crecido más del 9.892 %. Una notable diferencia nada desdeñable.

Comparación entre Litecoin y Bitcoin

La tecnología de Litecoin no es tan diferente de la de Bitcoin. Charlie Lee ni siquiera pretendía que compitiera con Bitcoin; quería que complementara a Bitcoin, como la plata complementaba al oro en los viejos tiempos. Como si fuera el oro de las criptomonedas, Bitcoin es genial para comprar cosas caras como casas y coches. Eso es porque Bitcoin puede presumir de ser más seguro que Litecoin, aunque muchos entusiastas de las criptomonedas insisten en que ninguna de las dos es realmente segura. Litecoin, por otro lado, se puede utilizar para comprar cosas más baratas y del día a día en las que la seguridad no es una gran preocupación y la velocidad de las transacciones es más importante. Estas son algunas de las diferencias entre las dos criptos:

#Dificultad de minado:

La verdadera diferencia entre Litecoin y Bitcoin puede ser la dificultad de la minería. La minería de Bitcoin es cada vez más difícil y costosa con el tiempo. Para ganar dinero minando Bitcoin, se necesita un ordenador muy potente. En cambio, se puede minar Litecoin con ordenadores normales.

La minería de Bitcoin utiliza un algoritmo llamado SHA-256. Litecoin utiliza un nuevo algoritmo conocido como Scrypt.

El algoritmo SHA-256 se considera generalmente como más complejo que Scrypt, pero que al mismo tiempo permite un mayor grado de procesamiento paralelo. A diferencia de él, Scrypt es más rápido. Se explicará más sobre esto en próximos capítulos.

#Número total de monedas:

Bitcoin tiene un número finito de 21 millones de monedas. Litecoin puede albergar cuatro veces esa cantidad, hasta 84 millones de monedas.

#Velocidad de las transacciones y comisiones:

En la red de Bitcoin, el tiempo de confirmación de las transacciones es de unos diez minutos en promedio y a veces puede tardar hasta una hora.

En el caso de Litecoin, la velocidad es de aproximadamente 2,5 minutos, según datos de BitInfoCharts.com. La tasa de transacción de Litecoin también es considerablemente menor que la de Bitcoin, con una media de menos de 0,08 dólares. Su punto más alto hacia octubre de 2018 fue de alrededor de 1,40 dólares, cuando la demanda de criptomonedas era muy alta en diciembre de 2017.

Acerca de Litecoin

Los principales rasgos de Litecoin son los siguientes:

- El símbolo token de Litecoin para los inversores es LTC.

- Litecoin es minable.

- La creación de monedas y el procesamiento de algoritmos se produce a través del proceso de prueba de trabajo PoW.

- El tiempo de transacción es de unos 2,5 minutos.

- Las transacciones pueden ser anónimas.

- Litecoin está descentralizado.

- El costo energético de Litecoin por transacción es menor que el de Bitcoin.

Aunque el equipo de Bitcoin y el de Litecoin argumentan que sus respectivas criptodivisas son las mejores, al momento ninguna es una clara ganadora.

La mejor manera de desplegar la estrategia de inversión puede ser diversificar los activos no sólo entre estas opciones sino también entre las otras categorías de criptodivisas que se describen en este capítulo.

Otras criptomonedas importantes

En las líneas anteriores se han presentado algunas de las criptodivisas más conocidas, que también tienen algunas de las mayores capitalizaciones de mercado en promedio. Pero ser famosas y populares no significa que sean necesariamente mejores. De hecho, muchos analistas e inversores creen que algunas de estas criptodivisas famosas pueden desaparecer en unos diez años. Además, tener una mayor capitalización de mercado no significa necesariamente tener un futuro más brillante. Su popularidad actual puede ser sólo una moda pasajera y, de algún modo, pueden tener una menor oportunidad de crecimiento en comparación con las que son menos conocidas.

Lo más probable es que si algo le ocurre a una criptodivisa principal, una bifurcación dura, hard fork, puede llegar a salvarla. Como se ha explicado antes, si ya se ha invertido en una criptodivisa cuando se bifurca, se obtiene la misma cantidad de monedas nuevas de todos modos.

Por eso es recomendable comenzar una cartera de criptodivisas diversificando primero entre las diez más grandes por capitalización de mercado y luego entrar en otras categorías diferentes.

Se puede recurrir a distintos consultores del mercado para estar al día de las diversas estrategias de inversión en criptodivisas.

El resto de las criptodivisas que se encuentran entre las diez más importantes siguen entrando y saliendo de la lista. En la Tabla 8-1 se muestran algunas de las que estuvieron incluidas en forma más consistente durante 2017 y 2018.

TABLA 8-1

Algunas de las diez principales criptomonedas a partir de 2018

TABLA 8-1		
CRIPTOMONEDA	SÍMBOLO	DESCRIPCIÓN
Bitcoin Cash (www.bitcoincash.org)	BCH	Una bifurcación de bitcoin que ofrece transacciones más baratas y un proceso de desarrollo más abierto
Cardano (www.cardano.org/es/home)	ADA	Creada por un cofundador de Ethereum, plataforma de contratos inteligentes
DASH (www.dash.org)	DASH	Dinero digital, transacciones privadas a través de *masternodes*. Carteras informáticas que albergan la copia completa del libro mayor de la moneda; tiempos de confirmación rápidos y bajas comisiones
EOS (https://eos.io/)	EOS	Plataforma de contratos inteligentes similar a Ethereum pero con ventajas de rendimiento y escalabilidad
IOTA (www.iota.org/)	MIOTA	No tiene blockchain; en su lugar utiliza un instrumento llamado Tangle; no hay minería; sin tasas de transacción
STELLAR (www.stellar.org)	XLM	Stellar de Lumens. Similar a Ripple; una plataforma abierta para crear productos financieros que conecten a las personas en todo el mundo

Ampliando el Ranking

Si se quisiera ampliar el ranking, por ejemplo consultando las 100 principales criptomonedas, el inversor se puede sumergir en el top 100 de las principales criptodivisas y aun así no encontrar aquella con la que preferiría tener una relación de largo plazo.

En este punto, la selección de criptodivisas que coincidan con su preferencia de cartera se convierte realmente en un encuentro online a ciegas.

Tiene que tomar algunas decisiones basadas en las primeras impresiones e informaciones preliminares y luego ir al encuentro de las preseleccionadas, empezando por hacer pequeñas inversiones y continuando las investigaciones aún más para descubrir si una moneda merece figurar en la parte mayor de su cartera de criptomonedas. Un procedimiento de prueba y error aconsejable.

La Tabla 8-2 siguiente enumera algunas opciones en orden alfabético.

TABLA 8-2		
CRIPTOMONEDA	LOGO	DESCRIPCIÓN
Golem (www.golem.network/)	GNT	Red mundial de superordenadores; pretende convertirse en el Airbnb de la informática, aprendizaje automático e inteligencia artificial
Monero www.getmonero.org	XMR	Famosa por sus transacciones anónimas, privadas e imposibles de rastrear
NEM https://nem.io/	XEM	La primera cadena de bloques de "activos inteligentes" del mundo, construida con negocios en mente
NEO www.neo.org	NEO	Es el Ethereum de China, pretende convertirse en una plataforma de economía inteligente
Omise Go www.omisego.network	OMG	Plataforma de contratos inteligentes, que utiliza PoS basada en la plataforma Ethereum. Quiere sacar de los bancos a los bancarizados
Populous www.populous.com	PPT	Ofrece a las pequeñas y medianas empresas una plataforma de descuentos de facturas en la cadena de bloques de Ethereum
Sia Coin https://siacoin.tech	SC	Plataforma descentralizada de almacenamiento en la nube, que utiliza una cadena de bloques para facilitar los pagos
TRON https://tron.network	TRX	Plataforma descentralizada de entretenimiento y de intercambio de contenidos que utiliza blockchain
VeChain www.vechain.org	VET	Plataforma basada en la cadena de bloques, que ofrece a los minoristas y a los consumidores la posibilidad de determinar la calidad y autenticidad de los productos que compran
Verge www.vergecurrency.com	XVG	Al igual que bitcoin, pero con transacciones más rápidas. Pretende llevar las transacciones de blockchain habituales a través de su código abierto

Categorías de Criptodivisas

También se pueden diferenciar las criptomonedas por categorías y no sólo por capitalización de mercado. Esto daría lugar a una selección alternativa a la de los rankings de criptodivisas por su posición en el mercado. Una mejor manera de diversificar la cartera, tanto para fines de valor como de crecimiento, puede ser seleccionar criptodivisas por categoría.

Para ello el usuario debe revisar las categorías y seleccionar las finalistas entre las que mejor se ajusten a su tolerancia al riesgo. También podría pasar a utilizar las técnicas avanzadas que se tratan en los capítulos 9 y 10.

Se señalan a continuación algunas de las categorías de criptos más populares y las criptomonedas líderes en cada espacio, aunque se describen sólo algunos ejemplos de muchas categorías más que existen en el apasionante mundo de las criptodivisas.

Vale aclarar que algunos especialistas pueden categorizar estas criptomonedas de manera diferente.

En principio, algunas de las categorías más populares de criptos incluyen a las siguientes:

- Pagos y ahorro
- Juegos de azar/entretenimiento
- Cadena de suministro
- Transporte
- Medicina
- Internet de las cosas (IoT)

Asimismo, corresponde aclarar que la popularidad de algunas categorías es muy variable en el tiempo, conforme se modifican los hábitos y costumbres de los consumidores, por lo que esta clasificación es válida en un momento y puede variar luego.

También hay que saber que algunas criptomonedas son híbridos de múltiples categorías y son difíciles de encajar en una sola de ellas.

Se pueden encontrar diferentes categorías de criptomonedas en internet, consultando sitios web como:

www.upfolio.com/collections#Go

www.investitin.com/altcoin-list/

Criptos para pagos

Las criptomonedas de pago son, con mucha diferencia, la categoría más grande en términos de capitalización total del mercado. En este grupo se encuentran las criptodivisas que principalmente pretenden ser utilizadas como depósito de valor y para pagos y transacciones, al igual que ocurre con las monedas fiduciarias como el dólar estadounidense. Algunos ejemplos de criptodivisas que entran en esta categoría son:

- Bitcoin (BTC)
- Litecoin (LTC)
- Bitcoin Cash (BCH)
- OmiseGo (OMG)
- Dash (DASH)
- Ripple (XRP)
- Tether (USDT; https://tether.to/)

Con Bitcoin como pionero, no es de extrañar que esta categoría empezara siendo tan popular. Pero como se afirma a lo largo de este libro, la tecnología blockchain puede aplicarse a mucho más usos que los sistemas de pago, así que hay que estar atentos a la próxima posibilidad cosa dentro de otras categorías calientes.

Criptomonedas de privacidad

En las criptomonedas de privacidad sus características se centran mucho más en la seguridad de las transacciones y el anonimato, que lo que acontece con las categorías de pago.

De hecho, la idea de que Bitcoin y otras criptomonedas de la categoría de pago son totalmente anónimas e imposibles de rastrear es un error común.

Muchas cadenas de bloques sólo ocultan la identidad de los usuarios pero dejan un registro público de todas las transacciones que han tenido lugar en la cadena de bloques. Los datos del libro mayor suelen incluir cuántos tokens ha recibido o enviado un usuario en transacciones históricas, así como el saldo de cualquier criptodivisa en la cartera del usuario.

Las criptomonedas de privacidad pueden ser un poco más controvertidas porque las autoridades pueden presumir que se utilicen como una herramienta para realizar actividades ilegales, como el blanqueo de dinero.

No obstante, algunas de ellas han ganado popularidad. Algunos ejemplos son:

#Monero (XMR):

Monero es la criptografía de privacidad más famosa a partir de 2018.

#Zcash (ZEC):

Zcash es similar a Monero pero tiene un protocolo diferente entre sus reglas. S puede consultar en: https://z.

cash/

#CloakCoin (CLOAK):

Esta criptografía de privacidad menos conocida, CloakCoin, tiene un número de capas de seguridad añadidas. Se puede ver en: www.cloakcoin.com/

#Dash (DASH):

También mencionada en la categoría de pagos, Dash es de alguna manera un híbrido. Además de las características principales de Bitcoin, Dash también incluye la opción de transacciones instantáneas y privadas.

Criptos de plataforma

Las criptos de plataforma también se conocen como criptos de protocolo de aplicación descentralizada, criptos de contrato inteligente, o un híbrido de los tres. En esta categoría se pueden encontrar criptomonedas que se construyen sobre una plataforma de cadena de bloques centralizada; los desarrolladores las utilizan para construir aplicaciones descentralizadas.

En otras palabras, estas criptomonedas actúan como plataformas donde la gente construye sobre aplicaciones de blockchain y por lo tanto admite otras criptomonedas.

De hecho, algunos analistas sugieren que es mejor olvidarse de las criptodivisas de pago e invertir en cambio en plataformas de criptomonedas. Generalmente se consideran buenas inversiones a largo plazo porque aumentan su valor a medida que se crean más aplicaciones en su blockchain. A medida que la tecnología blockchain se generaliza, el número de aplicaciones y su uso aumentarán, junto con el precio de dichas monedas. El ejemplo más famoso en esta categoría es Ethereum (ETH). Otras criptos y plataformas incluyen las siguientes:

#NEO (NEO):

Un ecosistema de contratos inteligentes similar a Ethereum, NEO quiere ser una plataforma para una nueva economía inteligente. NEO es la mayor criptomoneda de China.

#Lisk (LSK):

Lisk es una plataforma de contratos inteligentes similar a Ethereum pero basada en JavaScript. Se puede ver en https://lisk.io/

#EOS (EOS):

Otra plataforma más de contratos inteligentes similar a Ethereum, EOS tiene buen rendimiento y escalabilidad.

#Icon (ICX):

Icon quiere "hiperconectar el mundo" construyendo una de las mayores redes globales descentralizadas. Información en el sitio https://m.icon.foundation/?lang=en

#Qtum (QTUM):

Qtum es un híbrido de Ethereum y Bitcoin con sede en Singapur.

Visible en https://qtum.org/

#VeChain (VEN):

VeChain es una plataforma basada en blockchain que ofrece a los minoristas y a los consumidores la capacidad de determinar la calidad y la autenticidad de los productos que compran.

#Ark (ARK):

Ark quiere ofrecer una solución de blockchain todo en uno para desarrolladores y empresas de nueva creación.

https://ark.io/

#Substratum (SUB):

Substratum pretende crear una nueva generación de Internet.

https://substratum.net/

Estas son sólo algunas de los cientos de criptomonedas que están surgiendo en esta categoría.

Criptomonedas específicas para el intercambio

Las criptomonedas específicas de los sitios de intercambios son las criptomonedas que ellos principalmente introducen y utilizan. Se puede pensar en estas criptomonedas como incentivos que atraen a la gente a las plataformas de las bolsas. Para seleccionar la mejor criptodivisa específica de los intercambios, se puede considerar seguir los pasos para elegir los mejores sitios de intercambio de criptodivisas.

Algunos ejemplos de estas monedas son:

#Binance Coin (BNB):

Emitida por el intercambio Binance, la cripto Binance Coin se ejecuta en la plataforma Ethereum y tiene un límite máximo estricto de 200 millones de tokens BNB.

www.binance.com/

#KuCoin Shares (KCS):

KuCoin Shares es igual que Binance Coin pero es exclusiva para el intercambio de KuCoin.

www.kucoin.com/

#Bibox Token (BIX):

Bibox Token es una de las bolsas más pequeñas que ha lanzado con éxito su propio token.

www.bibox.com/

#COSS Coin (COSS):

COSS Coin es un intercambio mucho más pequeño que KuCoin, pero está buscando introducir nuevas características a partir de 2018. Véase https://coss.io/

Criptos financieras/fintech

Se pueden agrupar las criptomonedas financieras puras con las criptomonedas de tecnología financiera fintech.

Estas criptomonedas facilitan la creación de un sistema financiero para el blockchain y para las personas usuarias de todo el mundo:

#Ripple (XRP):

Ripple es un sistema de pago en blockchain para bancos, proveedores de pagos, intercambios de activos digitales y otras empresas. Está diseñado para mover grandes cantidades de dinero de forma rápida y fiable.

#Stellar Lumens (XLM):

Stellar Lumens tiene como objetivo desarrollar el nuevo sistema financiero del mundo. Está construyendo un sistema abierto en el que personas de todos los niveles de ingresos puedan acceder a los servicios financieros.

#Populous (PPT):

Populous es una plataforma global de comercio de facturas para ayudar a las empresas. Los contratos inteligentes realizan automáticamente la financiación y liberan el pago sin necesidad de un tercero que sea banco o entidad.

#OmiseGo (OMG):

OmiseGo está diseñada para permitir servicios financieros a personas sin cuentas bancarias. Funciona en todo el mundo y tanto con dinero tradicional, moneda fiduciaria, como con criptos.

#Quoine (QASH):

Quoine quiere resolver el problema de la liquidez en el mercado de las criptodivisas a través de su plataforma LIQUID.

https://quoine.com/

#Bancor (BNT):

Bancor le permite al usuario convertir entre dos criptodivisas de su elección sin necesidad de otra parte.

www.bancor.network/

#Crypto.com (antes Monaco, MCO):

Esta es una tarjeta de débito Visa financiada con criptodivisas que le permite al usuario gastar sus monedas en las compras diarias. https://crypto.com/

Criptomonedas legales y patrimoniales

Cada vez están surgiendo más criptomonedas en las dos categorías de criptos legales y de propiedad. Pero como están relacionadas, se han agrupado aquí por ahora.

Un par de ejemplos:

#Polymath (POLY):

Polymath ayuda a proporcionar asesoramiento legal a los inversores de tokens y a los desarrolladores de contratos inteligentes.

https://polymath.network/

#Propy (PRO):

Propy resuelve los problemas de la compra de propiedades a través de las fronteras cuando se utilizan monedas fiduciarias o criptodivisas. Es la primera empresa en vender una propiedad en la cadena de bloques y utilizando Bitcoin.

https://propy.com/

Otras criptodivisas inmobiliarias prometedoras son REAL y REX, pero están más abajo en la lista de la capitalización del mercado de criptodivisas.

Capítulo 9

Diversificación en criptomonedas

Si bien se ha vertido mucha información sobre la diversificación a lo largo de este tratado, se va a desarrollar con más profundidad en este capítulo. El objetivo es entender bien lo que significa la diversificación para la cartera de criptomonedas de un inversor, por qué es importante y cómo puede gestionar el riesgo de su monedero, diversificando adecuadamente sus activos.

Aspectos básicos de la diversificación

Se pueden desglosare algunos aspectos básicos sobre la diversificación. Muchos pequeños inversores escuchan hablar regularmente sobre el tema de la diversificación para su cartera de valores, pero no llegan a dimensionar su real importancia. Una de las primeras cosas que le dice un experto financiero al interesado cuando quiere empezar a invertir es "no se olvide de diversificar". La expresión habitual es *no hay que poner todos los huevos en una sola canasta,* independientemente de que el contenido de esa canasta sea de acciones o criptomonedas.

En las siguientes líneas se profundiza sobre lo que esto significa en realidad, especialmente para la inversión en criptomonedas.

Diversificación tradicional

Cuando se construye una cartera personal de valores, la diversificación suele significar la tenencia de más de uno o dos valores. El método de diversificación más convencional en una cartera de valores personal es tener entre 15 y 20 valores repartidos en diferentes sectores.

Cuando se diversifica entre sectores, activos o instrumentos de inversión que no están correlacionados, es menos probable que se produzcan caídas importantes en la cartera si una de las categorías va mal.

Sin embargo, la diversificación no garantiza que no haya riesgo de pérdidas, sólo lo reduce si se hace correctamente. Algunos sitios web de consultores de inversión como Benzinga pueden ayudar a estar al tanto de los desarrollos más recientes en los diferentes sectores para que se posibilite tomar las mejores decisiones de diversificación.

https://pro.benzinga.com

¿Se puede reducir el riesgo?

En principio, en una cartera de valores puede haber dos tipos de riesgo: el no sistemático y el sistemático.

El riesgo no sistemático es el tipo de riesgo que se puede mitigar combinando varios sectores en una cartera. El riesgo no sistemático incluye lo siguiente:

- Riesgo empresarial:

Este riesgo está asociado a los beneficios de una empresa y a su capacidad de cumplir con sus obligaciones financieras. Es un riesgo que también está vinculado al rubro en que se desempeña la empresa, ya que a veces todos los negocios de una categoría están expuestos a un grado de incertidumbre similar.

- Riesgo país:

Es el riesgo de inestabilidad política y económica en el país donde la empresa desarrolla su actividad.

- Riesgo de falta de pago:

Es el riesgo de que una empresa no sea capaz de pagar su deuda y por tanto, esté sujeta a default o deuda impaga.

- Riesgo ejecutivo:

Este riesgo está asociado al carácter moral de los ejecutivos que dirigen la empresa.

Si son capaces de meterse en problemas legales o éticos, las acciones de la empresa pueden sufrir bajas, tanto al corto como al largo plazo.

- Riesgo financiero:

Este riesgo se asocia con la cantidad de apalancamiento, en cierto modo una medida de la cantidad de deuda, que una empresa utiliza en su estructura financiera. Cuanta más deuda tenga la empresa, más apalancamiento utilizará y, por tanto, mayor será el riesgo.

- Riesgo de regulación:

También se lo puede denominar riesgo de gobierno o de reglas del juego. Es el riesgo de que un país apruebe una nueva ley o regulación que afecte negativamente al sector en el que se encuentra una empresa.

Se trata de un riesgo sistemático del que no se puede prescindir simplemente diversificando en varios sectores.

Esta categoría de riesgo incluye, a su vez, algunas subcategorías:

- Riesgo de mercado:

Es el riesgo de que el mercado se mueva en contra de la posición del inversor debido a razones políticas, sociales o un cambio general en el sentimiento del mercado.

- Riesgo de tipo de cambio:

El riesgo de que el tipo de cambio suba o que sus movimientos afecten negativamente a las inversiones.

- Riesgo de tipo de interés:

Es la posibilidad de que las variaciones de los tipos de interés afecten negativamente al valor del activo.

- Riesgo de inestabilidad política:

El riesgo de que las incertidumbres o los cambios políticos de un país afecten negativamente al mercado.

- Riesgo de reinversión:

Es la posibilidad de que el interesado no pueda reinvertir sus fondos a una tasa de rendimiento favorable.

- Riesgo de evento:

Es la posibilidad real de que algo imprevisible suceda, como una quiebra o los ataques de piratas informáticos a la empresa, bolsa, corredor, o cartera que mantienen su activo, contribuyendo así a una fluctuación negativa del mercado.

La diversificación tradicional en una cartera de valores ayuda a reducir el riesgo no sistemático.

En principio, no se puede diversificar el riesgo sistemático dentro de una cartera de acciones, pero sí se puede diversificar en otros mercados.

A medida que la situación del mercado de valores se acerca a una próxima e inevitable caída, añadir instrumentos de inversión no convencionales a la cartera, como las criptomonedas, es una buena idea.

He aquí el motivo: En principio, el mercado de criptomonedas no podría ser más diferente de los mercados tradicionales.

Es nuevo. No está regulado y, por lo tanto, los riesgos sistemáticos tradicionales, como la inestabilidad política o los riesgos de los tipos de interés no se le aplican realmente. De hecho, los inversores pueden ver a las criptomonedas como una red de seguridad para cuando las cosas vayan mal en otros mercados durante una crisis económica importante.

Diversificación de largo plazo

También se puede considerar la opción de las criptomonedas para una diversificación de largo plazo.

A la hora de añadir criptomonedas a la cartera, el inversor debe tener en cuenta los siguientes dos tipos de diversificación a largo plazo:

- Diversificar con criptodivisas

- Diversificación entre criptodivisas

Para obtener más información sobre estos tópicos se puede consultar ambos tipos de diversificación de cripto y de los mercados tradicionales como las acciones, los bonos y las divisas en cursos, seminarios y libros de asesores de inversiones.

Diversificación con monedas no criptográficas

Hay muchos instrumentos financieros para elegir cuando el interesado consideras diversificar su cartera en todos los ámbitos. Acciones, divisas, metales preciosos y bonos son sólo algunos ejemplos. Como se explica en el Capítulo 2, cada uno de estos activos tiene sus características únicas. Los riesgos heredados de algunos activos pueden compensar los riesgos de los otros a través de las subas y bajas del mercado a largo plazo. Las siguientes líneas ofrecen orientación sobre cómo utilizar conjuntamente criptomonedas y no criptomonedas en el largo plazo.

Ninguna regla de oro de la diversificación sirve para todos los inversores. Diversificación, porcentajes de diversificación y la combinación general dependen en gran medida del inversor individual y de su tolerancia al riesgo, tal y como se ha explicado en el Capítulo 3.

Cuanto más riesgo esté dispuesto a asumir el inversor, mayores serán las posibilidades de obtener un mejor rendimiento de la inversión, y viceversa.

Si está empezando y tiene una menor tolerancia al riesgo, el inversor puede considerar la posibilidad de asignar una mayor parte de su cartera a los bonos y luego añadir sistemáticamente acciones, metales preciosos y criptodivisas. Para obtener consejos sobre la forma de calcular su tolerancia al riesgo, se puede consultar el Capítulo 3.

Antecedentes sobre el comercio de divisas fiduciarias

Las monedas fiduciarias son el dinero tradicional que las autoridades de los distintos países declaran legales. Por ejemplo, el dólar estadounidense es la moneda oficial de los Estados Unidos.

El euro es la moneda oficial de la Unión Europea y sus territorios, como el yen japonés está respaldado por Japón.

El mercado de divisas, o forex, es un enorme mercado en el que los operadores negocian estas monedas fiduciarias entre sí, especulando con ligeras variaciones en sus respectivas cotizaciones. Tener un poco de experiencia en el mercado de divisas puede ayudar a entender mejor el mercado de las criptomonedas y cómo se puede operar con sus diferentes tipos entre sí. La técnica en este mercado consiste en comparar valores entre parejas de monedas o divisas diferentes.

En el mercado de divisas, estas parejas internacionales comienzan a evolucionar con variaciones recíprocas y movimientos de cotización no están correlacionados.

Estas incompatibilidades permiten que los operadores de divisas comiencen a apostar sobre cuál cambio de valor dentro de las parejas va a prevalecer a continuación.

La cuestión es que cuando se negocian divisas, ya sean fiduciarias o criptográficas, sólo se puede negociar de a pares. Por ejemplo, se puede operar con el dólar estadounidense frente al yen japonés que es el par USD/JPY. Se puede operar con el dólar australiano frente al dólar canadiense; que es el par AUD/CAD; y sacar ventaja si se acierta en la variación, suba o baja, esperada.

Moneda cotizada frente a la moneda base

Cuando se negocian pares de divisas, la divisa base aparece en primer lugar, y la divisa cotizada aparece en segundo término. La divisa de un par determinado que es divisa base y la que es la moneda cotizada suelen ser fijas en todos los mercados.

Por ejemplo, cuando se habla de negociar el dólar estadounidense frente al yen japonés, la moneda de Estados Unidos siempre va en primer lugar, seguida de la moneda de Japón. En el par EUR/USD, el euro siempre va primero, seguido del dólar estadounidense.

Estos patrones de juego no tienen nada que ver con el poderío de un país o de una determinada moneda o si una divisa de un par es más popular que la otra.

Es simplemente la forma en que la gente que comercia ha establecido las cosas. El sistema no cambia, lo que significa que todo el mundo está en la misma sintonía y la navegación a través de los pares es más fácil.

Cuando la base y la cotización se juntan, el par de divisas muestra la cantidad de la divisa cotizada para comprar una unidad de la divisa base. Por ejemplo, cuando el par USD/JPY cotiza a 100, significa que 1 dólar estadounidense se valora en 100 yenes japoneses.

En otras palabras, se necesitan 100 yenes japoneses,

que es la divisa cotizada, para comprar 1 dólar estadounidense, que es la moneda base.

Cotizaciones USD/JPY

Bolsa	**Último**
Forex en tiempo real	108,86
TAIFEX	108,88
Moscú	109,67
Moscú	108,86

El mismo concepto se aplica a los pares de criptodivisas. Muchas bolsas de criptomonedas ofrecen un número selecto de monedas cotizadas, principalmente las más populares, como el Bitcoin y Ethereum entre las criptomonedas de intercambio.

Luego ofrecen oportunidades de negociación frente a todos los cientos de otras criptodivisas que pueden transar frente a estas monedas de cotización.

Operación de criptomonedas frente a monedas fiduciarias

Al igual que en el mercado de divisas, se puede operar con criptomonedas frente a otras monedas fiduciarias.

El enfoque más común, por ahora, es negociarlas frente a una moneda fiduciaria, normalmente la que está respaldada por el país en el que vive el inversor. Por ejemplo, en Estados Unidos, la mayoría de la gente negocia con Bitcoin frente al USD. Realmente no piensan en el comercio de estas monedas en pares porque se acostumbran a verlas como acciones.

Pero el hecho es que cuando el inversor compra Bitcoin usando el dólar estadounidense con la esperanza de obtener ganancia de capital, esencialmente está apostando a que el valor de Bitcoin se moverá más alto frente al dólar estadounidense en el futuro.

Por eso, si el dólar estadounidense disminuye su valor, no sólo frente a Bitcoin sino también frente a otras monedas, al mismo tiempo que Bitcoin aumenta su valor, es probable que obtenga más beneficios de su inversión.

Aquí es donde la diversificación puede ayudarle a reducir el riesgo de sus operaciones. Como se explica en una sección posterior, "Diversificación entre criptomonedas", la mayoría de las criptomonedas están correlacionadas con el Bitcoin en plazos más cortos. Por eso se puede diversificar la cartera con las monedas fiduciarias con las que negocia. Por ejemplo, si cree que en el momento de operar, el dólar estadounidense y el yen japonés no están correlacionados, se puede abrir dos operaciones con Bitcoin: una contra el dólar estadounidense y otra contra el yen japonés.

Por supuesto, para hacerlo, el inversor debe asegurarse de que su bolsa o corredor tiene estas diferentes monedas fiduciarias y ofrece estas oportunidades de negociación.

Especular en los mercados y operar a corto plazo conlleva mucho riesgo. Puede que no sea adecuado para todos los inversores y que alguno acabe perdiendo toda su inversión. Antes de decidir operar con este tipo de activos, se debe considerar cuidadosamente los objetivos de inversión, el nivel de experiencia, la tolerancia al riesgo y el apetito por la adrenalina del mismo. Además, no se debe invertir dinero que el interesado no se pueda permitir perder.

Diversificar entre criptodivisas

La mayoría de las bolsas de criptomonedas ofrecen una mayor selección de pares de criptomonedas entre sí, que los pares fiducia/criptomonedas. De hecho, algunas bolsas cripto ni siquiera aceptan ningún tipo de monedas fiduciarias. Por ello, muchos operadores no tienen más remedio que negociar una criptodivisa contra otra. Bitcoin contra Ethereum conforma el par BTC/ETH, por ejemplo.

Como se puede uno imaginar, los miles de criptodivisas diferentes disponibles para el comercio significan que las mezclas y combinaciones pueden ser interminables.

Muchas bolsas de criptomonedas han categorizado estas mezclas creando diferentes "salas" en las que se puede negociar la mayoría de las criptomonedas que tienen disponibles frente a una serie de criptomonedas más populares.

Por ejemplo, como se puede ver en la Figura 9-1, la bolsa Binance ha creado cuatro salas o categorías para las principales criptomonedas: Bitcoin (BTC), Ethereum (ETH), Binance Coin (BNB), y Tether (USDT).

FIGURA 9-1

Pair	Price	Change
ADA/BTC	0.00001490	-5.10%
ADX/BTC	0.00002809	-1.89%
AE/BTC	0.0001597	-6.99%
AGI/BTC	0.00000659	-9.23%
AION/BTC	0.0000731	-9.98%
AMB/BTC	0.00001947	-8.07%
APPC/BTC	0.00001257	-6.26%
ARDR/BTC	0.00001675	-4.07%
ARK/BTC	0.0001045	-2.06%
ARN/BTC	0.00004063	-5.31%
AST/BTC	0.00001255	-3.83%
BAT/BTC	0.00003133	-7.09%
BCC/BTC	0.082501	-6.40%

Al hacer clic en cada una de estas categorías se puede negociar otras criptomonedas frente a la moneda de cotización seleccionada de la que se habló anteriormente en este capítulo.

Cuando se negocian pares de divisas, fiduciarias o criptográficas, la mejor apuesta es siempre emparejar una moneda base fuerte frente a una moneda cotizada débil y viceversa. De esta manera, el usuario maximiza las posibilidades de que ese par se mueva fuertemente en la dirección que él busca.

Como ya se ha dicho antes en este capítulo, la razón por la que el usuario diversifica su cartera es para reducir su exposición al riesgo mediante la inclusión de activos que no están totalmente correlacionados.

El gran problema de la diversificación dentro de su cartera de criptomonedas es que, al menos en el momento de escribir este artículo, la mayoría de las criptodivisas están fuertemente correlacionadas con el Bitcoin. La mayoría de los días en los que Bitcoin tuvo una mala jornada en 2017 y 2018, la mayor parte de las otras criptodivisas también la tuvieron. La Figura 9-2, por ejemplo, muestra una instantánea de las doce (12) principales criptodivisas el 18 de agosto de 2018. Todas están en rojo. De hecho, 94 de las 100 principales criptodivisas por capitalización de mercado se desplomaron ese día. Recordando que la capitalización de mercado muestra el valor de todas las unidades de una criptomoneda que están a la venta en ese momento.

En el mercado de criptomonedas, este tipo de correlación de mercado a corto plazo se ha convertido en la norma.

FIGURA 9-2

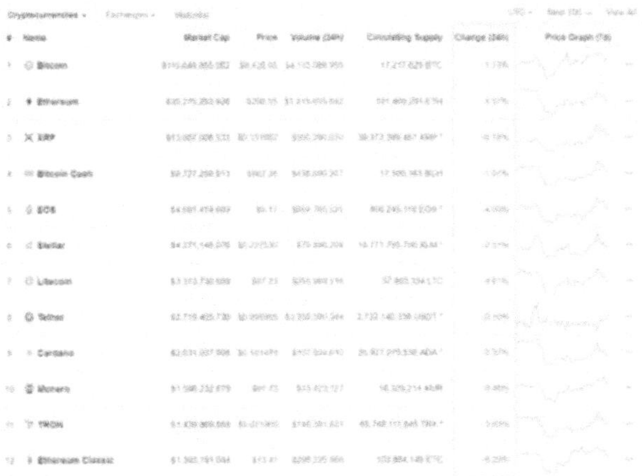

El 19 de agosto, al día siguiente, Bitcoin se puso en verde, al igual que la mayoría de las criptomonedas del top 100, como se puede ver en la Figura 9-3. En esa instantánea de las 17 principales criptomonedas, todos los tokens, además de Tether (USDT), subieron más o menos lo mismo que Bitcoin, alrededor del 1,72%.

Por otro lado, si se observa el panorama general, por ejemplo, el cambio de precios de siete días, se observa que la correlación del mercado con el Bitcoin es más variada, como se muestra en la Figura 9-4. Por ejemplo, mientras que Bitcoin ganó un 1,25% en los siete días antes del 18 de agosto, XRP de Ripple ganó un 8,51%, y Dash perdió un 9,79 %.

FIGURA 9-3

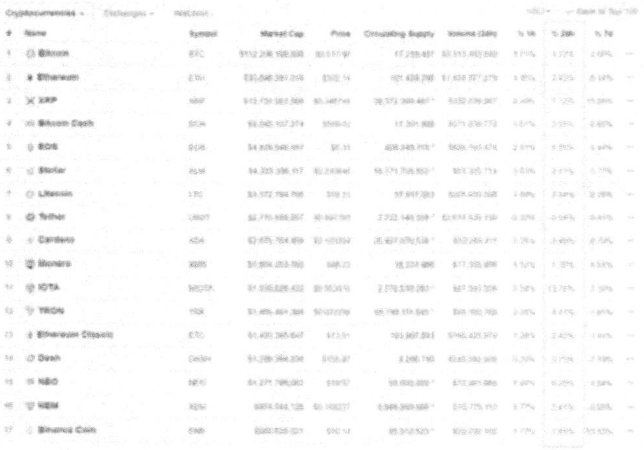

FIGURA 9-4

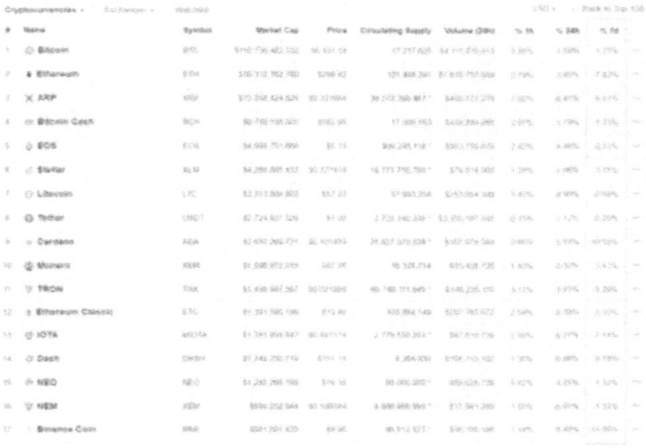

Esta correlación es una razón clave por la cual el comercio de criptomonedas a corto plazo es más arriesgado que muchos otros instrumentos financieros. Considerar las inversiones a largo plazo cuando el usuario añade criptodivisas a su cartera puede ser lo mejor. De esta manera, se puede reducir el riesgo de su inversión mediante la diversificación dentro de las diferentes categorías de criptomonedas.

El lado positivo es que, a medida que el mercado de las criptomonedas siga desarrollándose, los métodos de diversificación también pueden mejorar, y todo el mercado puede llegar a estar menos correlacionado con el Bitcoin.

¿Diversificar en operaciones de corto plazo?

Si el potencial inversor ha calculado su tolerancia al riesgo basándose en la información del Capítulo 3 y los resultados son bastante agresivos, puede considerar la posibilidad de operar con criptodivisas en plazos más cortos.

A continuación hay algunas sugerencias a tener en cuenta.

- Tenga cuidado con las comisiones. Los intercambios de criptodivisas generalmente requieren comisiones y tasas de transacción más bajas que los corredores que ofrecen divisas o acciones. Pero no debería ignorarse por completo el costo de las comisiones para la cartera del interesado.

Al operar en el día, el usuario puede terminar pagando más en comisión que lo que realmente está ganando, sobre todo si opera con demasiada frecuencia, entrando y saliendo de las operaciones demasiado rápido sin ponderar sus ganancias.

Además, como expresó en capítulos anteriores, lo más barato no siempre es la mejor opción cuando se elige un sitio de intercambio. Siempre se obtiene lo que se paga.

- Siga ampliando su cartera. Algunas personas invierten una suma global en sus carteras de inversión y luego se deshacen de ella en peligrosas operaciones diarias o se quedan atascados en una estrategia que funciona pero que no maximiza sus rendimientos. Una cartera sana requiere ser alimentada. Considere la posibilidad de dejar un fondo de su nómina para ampliar su cartera y hacer que su dinero trabaje para usted.

- Observe la regla de tres. Tiene un montón de opciones a la hora de invertir en divisas. Puede mezclar y combinar pares cripto/cripto y fiducia/cripto como si no hubiera un mañana, si el tamaño de su cuenta se lo permite. Sin embargo, la clave para tener una cartera bien diversificada es evitar la doble inmersión en la misma moneda de cotización en sus operaciones. Intente limitar a tres sus posiciones abiertas a corto plazo contra cada divisa cotizada. Por ejemplo, opere una criptografía contra Bitcoin, otra frente a Ethereum, y una tercera frente a la criptodivisa de su bolsa. Este enfoque también le ayudará a mantener su cartera en un tamaño razonable para que no sea demasiado grande y difícil de supervisar.

Capítulo 10

¿Cuáles tienen mejor rendimiento?

Ya se examinaron en el Capítulo 8 la gran cantidad de diferentes categorías de criptomonedas que existen. Lo importante es comprender que toda esta industria no es sólo Bitcoin o alguna otra criptomoneda famosa sino demasiadas opciones más, lo que puede llegar a ser complicado. La buena noticia es que entre tantas alternativas, el inversor puede encontrar varias criptodivisas adecuadas para él.

El usuario siempre estará pendiente de la siguiente mejor opción, pero pasar por tantas criptodivisas puede convertirse en un desafío, especialmente si el usuario no sabe exactamente lo que está buscando.

En este capítulo se trata de formular una guía para encontrar sus mejores criptodivisas utilizando algún método analítico.

Uno de esos métodos es el Análisis del Diamante de la Inversora Diva Inversora, IDDA según la sigla en inglés.

Presentación del Análisis IDDA

La mayoría de los operadores individuales tratan de aprender uno o dos métodos para analizar los mercados antes de ejecutar realmente una estrategia de inversión. Por ejemplo, la mayoría de los inversores novatos confían en cosas como el análisis técnico y sus comentarios tomados de las noticias económicas de la televisión. Desgraciadamente, depender de un solo tipo de análisis puede ser increíblemente riesgoso.

El IDDA sugiere analizar los mercados desde cinco puntos de vista diferentes, como se puede ver en la Figura 10-1:

1. Análisis fundamental

2. El análisis sentimental, respecto del sentimiento del mercado

3. Análisis técnico

4. Análisis del capital o gestión del riesgo personal

5. Análisis global

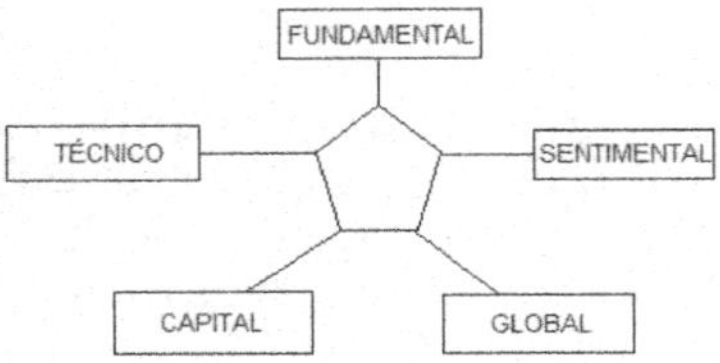

FIGURA 10-1

En el Capítulo 3 se puede releer sobre la gestión del riesgo que es parte del análisis del capital. Para el análisis global y las últimas estrategias en el mercado, se puede visitar el sitio:

https://learn.investdiva.com/services

En el resto de este capítulo, se habla del análisis de los fundamentos y del sentimiento del mercado y se introduce el análisis técnico para ayudar al usuario a elegir las criptodivisas adecuadas para su cartera. Un breve resumen de estos conceptos es:

#Análisis fundamental:

El analista que observa los fundamentos, debe examinar los datos desde los hechos hasta los rumores para decidir si vale la pena comprar esa moneda.

#Análisis del sentimiento:

El sentimiento del mercado mide las emociones y actitudes de los operadores en el mercado sobre un valor concreto.

Mediante el análisis sentimental, incluso los no amantes de los animales en el mundo de la inversión, comparan las expectativas del mercado con toros y osos, como llaman en la jerga especializada de la Bolsa de Valores a los inversores optimistas o alcistas, por un lado, y los pesimistas o bajistas, por otro.

Si los operadores esperan un movimiento de precios al alza de un valor específico, el sentimiento se dice que es alcista. Por el contrario, si el sentimiento del mercado es bajista, es porque la mayoría de los operadores esperan un movimiento de precios a la baja.

#Análisis técnico:

El analista técnico observa cómo se ha comportado el precio de una criptodivisa y luego toma una decisión de inversión que sea adecuada para su cliente. Más específicamente, el operador examina la actuación del precio de su criptodivisa favorita, para ver cuál es el mejor momento para entrar en una relación y un buen momento para dejarla. Se puede ver el historial de la evolución de los precios de las criptomonedas en los gráficos que están disponibles en su bolsa de criptomonedas.

Utilizar el análisis fundamental para elegir criptomonedas

El análisis fundamental es el arte de utilizar todas las

noticias, chismes, historias y hechos sobre una criptodivisa, su situación financiera y los próximos eventos de riesgo que pueden mover el mercado. Exagerando un poco, encontrar la mejor categoría de cripto es casi como elegir su tipo de pareja. La gran diferencia es que en este caso, el usuario debe pensar ciertamente con su cerebro. Y tal vez un poco con su instinto o presentimientos, pero nada más, nada de afectos.

Estos son algunos métodos que se pueden utilizar para elegir las mejores criptomonedas para un inversor.

Seguir lo que sabe

Seguir lo que se conoce es un método sencillo y dorado que también se utiliza en el mercado de valores.

Si ya se ha probado con ciertos tipos de criptodivisas o, mejor aún, ya se las ha utilizado en la vida real y ha gustado su rendimiento, considere añadirlos a su cartera. En el mercado de valores, por ejemplo, muchos inversores novatos hacen varias inversiones rentables simplemente observando sus hábitos de compra. Si prefieren comprar en servicios de comida rápida más saludables como Chipotle (CMG en la Bolsa de Nueva York) en lugar de McDonald's (MCD en la misma Bolsa), pueden considerar añadir CMG a su cartera.

Del mismo modo, si el usuario se da cuenta de que su tienda online favorita ya ha añadido una opción de pago en criptomoneda a su página de cobranza y él hace un pedido con ella sin problemas, ese éxito puede ser un indicio de que el volumen de operaciones de esa criptodivisa aumentará en el futuro, y la criptodivisa podrá convertirse en algo valioso para su cartera.

Elija las categorías adecuadas

En el Capítulo 8 se habló mucho sobre las categorías de cripto y dónde se puede encontrarlas.

Ciertas categorías se desempeñan mejor en determinados momentos en el mercado; en general, no sólo en el mercado de criptomonedas. Así es que, por ejemplo, si el usuario nota que el sector de la tecnología financiera, Fintech, está subiendo en la renta variable y que todo el mundo está hablando de inteligencia artificial, es posible que entonces desee considerar la navegación a través de la categoría de IA y buscar criptomonedas que estén relacionadas con ella.

Otra forma de elegir las mejores categorías para las inversiones a mediano plazo es escoger entre las categorías que ya están superando el rendimiento del mercado en general. No tanto en referencia a una categoría que se haya desempeñado bien un día, sino más bien que haya estado haciéndolo correctamente durante unos meses o incluso años, o que esté mostrando signos de recuperación.

El inversor puede elegir la categoría más popular como la más importante y luego añadir la segunda y la tercera para diversificar.

Se consideró este tema de la diversificación en el Capítulo 9.

Para obtener más información actualizada sobre las categorías de criptomonedas más populares, se sugiere unirse a algún grupo de inversión.

Las categorías de criptodivisas no siempre siguen al resto del mercado. Debido a que la criptodivisa es una industria muy nueva para empezar, el inversor puede encontrar oportunidades que no necesariamente se encuentran en el mercado de valores más tradicional.

Algunos consideran que la industria de la criptomoneda puede convertirse en una red de seguridad si el mercado de valores se desploma.

Los fondos negociados en Bolsa, ETF's, normalmente consisten en una canasta de una serie de activos de la misma categoría. Son muy populares en el mercado de renta variable porque facilitan el proceso de elección.

También son más baratos de comprar que sus equivalentes en fondos de cobertura, los fondos de inversión. En el momento de escribir este artículo los ETFs de criptomonedas todavía no existen. Después de que los ETF de criptomonedas se conviertan en populares, se podrá ver y comparar sus gráficos para identificar las categorías de criptografía con mejor rendimiento.

Se puede obtener más información sobre los ETF en

https://www.investdiva.com/investing-guide/category/etf-trading/

Consulte los sitios web de las criptomonedas

Tanto si el inversor tiene una serie de criptodivisas en mente basada en su propia experiencia o si ha elegido una categoría y ahora quiere seleccionar la mejor cripto dentro de ese sector, ahora deberá comenzar un análisis más detallado sobre sus finalistas.

En el mundo de las criptomonedas, el sitio web de la empresa es el equivalente a la tarjeta de presentación.

Algunas ideas que se deben tener en cuenta a la hora de elegir a los criptos preferidos y que no impliquen sufrir una decepción, son las siguientes:

Ojear sus libros blancos

Un libro blanco es algo así como una propuesta de negocio para las nuevas criptodivisas. Incluye todo lo que los inversores potenciales necesitan saber sobre la criptografía, como tecnología, propósito, detalles financieros y demás. Las criptodivisas más establecidas ya tienen una página que desglosa toda esta información crítica en vídeos fáciles de fácil de entender, con infografías en pestañas tituladas “Acerca de” o “Cómo funciona”.

Para otros, es posible que sólo tengan que encontrar el libro blanco en el sitio web y tratar de digerir la información leyendo. La buena noticia es que los libros blancos suelen estar escritos en un lenguaje que la gente que no es experta en este campo puede entender.

Identifique a sus equipos

Nadie sabe realmente quién creó Bitcoin, pero el resto de las criptodivisas que existen normalmente tienen un equipo detrás que guía a la empresa y su tecnología blockchain.

El equipo que hay detrás de la criptomoneda es importante incluso si su plataforma es completamente de código abierto, lo que significa que cualquiera puede acceder a ella y modificarla.

Cuando se invierte en cualquier cosa, ya sea en acciones, en una nueva empresa emergente o en una cita ardiente, puede jugar un papel muy importante entender los antecedentes y cómo surgió la ocasión. Algunos de los datos que hay que buscar en la gestión son:

- Biografías
- Currículos
- Experiencia en el sector

Además de la dirección principal, también se debe comprobar los antecedentes de los miembros del consejo de administración, si la empresa lo tiene. Normalmente se puede encontrar información en el sitio web de la empresa, en pestañas como “Sobre nosotros”, “Quiénes somos?” o “Nuestro equipo”.

Cuando se invierte en una criptomoneda, se está invirtiendo esencialmente en una empresa emergente y también en un empresario. A veces estos empresarios son jóvenes sin currículum, como alguna vez fue Mark Zuckerberg de Facebook o el fundador de Ethereum, Vitalik Buterin. Es entonces cuando la personalidad del creador puede convertirse en un factor influyente en la toma de decisiones del inversor. Como dijo Mark Cuban, inversor de Shark Tank y propietario de los Dallas Mavericks, a la CNBC:

"Cuando inviertes en un emprendedor, te quedas con la personalidad. Y si eso no es apropiado o no crees que sea correcto, compra otra acción".

Examina sus sociedades

Si el inversor no está dispuesto a correr mucho riesgo, es conveniente ver quién en la industria ha puesto su confianza en las manos de la criptodivisa que está considerando comprar.

Las criptodivisas más consolidadas han podido asociarse con algunos gigantes tradicionales como IBM y Microsoft, o bancos como Goldman Sachs. Estas empresas tienen equipos analíticos expertos que realizan la debida diligencia antes de realizar nuevas inversiones y asociaciones. Contar con socios de renombre puede ser una señal de que la empresa es sólida y va por el buen camino para adelantarse a la competencia.

Otra cosa buena de tener socios en el mundo tradicional es que la criptomoneda puede tener más posibilidades de ser aceptada masivamente.

Si una criptodivisa ha establecido asociaciones con otras empresas, normalmente éstas aparecen en una pestaña llamada "Nuestros socios" o "Sobre nosotros".

Conviene familiarizarse con su tecnología

Muchas criptodivisas son tokens de empresas de blockchain con múltiples productos. Los sitios web bien desarrollados guían al usuario a través de su tecnología y sus productos de una manera no tan intimidante. Cuanto más se conozca sobre los productos y la tecnología que hay detrás de la criptodivisa, más fácil será tomar una decisión sobre los finalistas de la lista de criptodivisas.

Comprobar su contribución a la sociedad

¿Qué problemas intentan resolver las criptodivisas de su lista? ¿Importa al inversor? ¿Están aquí sólo para hacerse ricos rápidamente, o tienen un plan a largo plazo para mejorar a la sociedad?

Encontrar una respuesta a estas preguntas también puede ayudar al inversor a reducir la lista de finalistas.

Compañías como Ripple describen su estrategia social como sus contribuciones sociales en una subpestaña llamada “Ripple for Good”.

Otras empresas suelen utilizar un formato similar o simplemente ponen sus principales contribuciones sociales en primer lugar en su página de inicio.

Analizar sus hojas de ruta

Muchas empresas que están detrás de las criptomonedas tienen secciones en sus sitios web dedicadas a sus hojas de ruta: de dónde vienen, lo que han logrado y lo que planean lograr en el futuro. Si están disponibles, las hojas de ruta constituyen una gran manera de descubrir una tonelada de información fundamental sobre la criptomoneda en unos pocos minutos.

Involucrarse

Esta es la carta ganadora. A la mayoría de las plataformas de criptomonedas les encanta aumentar sus seguidores y animar a la gente a involucrarse allí mismo en sus sitios web.

Dependiendo de la criptomoneda, involucrarse puede significar cualquier cosa, desde la minería hasta unirse a sus foros sociales o incluso iniciar un nuevo proyecto de criptomoneda en su plataforma de cadena de bloques, como hace Ethereum.

Por supuesto, involucrarse también significa invertir

más tiempo, por lo que hay que encontrar un equilibrio.

El análisis sentimental para la elección

Después de haber hecho la comprobación esencial de los antecedentes de sus posibles criptodivisas, el inversor puede pasar al segundo punto de IDDA, el análisis sentimental. El análisis sentimental es el estudio de la relación amor-odio entre las criptodivisas y los negociantes.

Elementos sentimentales claves

Sin que sea demasiado literal, algunos elementos esenciales que hay que comprobar antes de que el inversor elija sus criptodivisas favoritas.

La comunidad de criptomonedas

La empresa que está detrás de la criptodivisa puede desempeñar un papel en la dirección que tome la moneda pero la red que participa en la tecnología blockchain de la moneda, véase el capítulo 5, es una clave importante para su éxito.

Muchas criptomonedas dependen directamente de la participación de sus comunidades, como mineros y desarrolladores.

La mayoría de las comunidades de criptomonedas tienen sus propios foros en sitios como los siguientes:

- Reddit

www.reddit.com/

- Bitcointalk

https://bitcointalk.org/

- Steemit

https://steemit.com/

Estos foros son geniales no sólo porque le dan al inversor una idea de qué tipo de gente está involucrada en la criptodivisa, sino también porque se puede encontrar más sobre la propia criptodivisa.

Cada vez más criptomonedas utilizan su canal de Telegram como una forma de comunicarse con su base de usuarios. Para unirse, se debe descargar la aplicación de Telegram en el teléfono móvil, ver https://telegram.org/ para más información.

Intercambios que disponen de las criptomonedas

Como ya se ha discutido en capítulos anteriores, los sitios de intercambios de criptodivisas son una gran parte de todo el ecosistema. El inversor quiere asegurarse de que su bolsa de criptodivisas tenga las criptomonedas de su elección, pero también es buena idea elegir criptomonedas que coticen en muchas bolsas diferentes.

Los intercambios eligen cuidadosamente las cripto que transan.

Encontrar a sus finalistas en muchos intercambios diferentes puede ser una señal de que muchas bolsas han considerado esa criptomoneda lo suficientemente valiosa como para tenerla.

Por lo tanto, la demanda de la misma puede ser mayor, y el inversor puede ser capaz de hacer más con su inversión.

Se puede descubrir qué bolsas tienen su cripto preferido en sitios web como www.coinmarketcap.com

Por ejemplo, si el inversor quiere saber qué casas de intercambios disponen de XRP de Ripple. Después de buscar XRP en coinmarketcap.com, deben ir a la pestaña "Mercados", como se muestra en la Figura 9-2; es posible que tenga que desplazarse un poco hacia abajo en la página web para encontrarla.

Allí se puede ver la lista completa de intercambios que transan XRP.

Volumen

El volumen significa la cantidad de criptodivisas negociadas en un periodo de tiempo específico. Es importante porque le indica al inversor la facilidad con la que puede comprar o vender esa criptodivisa.

Cuanto más alto sea el volumen, más fácilmente podrá comerciar con ella. Puede comprobar y comparar el volumen de las criptomonedas en sitios web como www.cryptocompare.com y www.coinmarketcap.com, donde se muestra el número de monedas que han sido negociadas en las últimas 24 horas. También se puede examinar qué intercambios tuvieron qué volumen.

Por lo general, las monedas más grandes y populares son las que más se negocian.

Pero si se está tratando de elegir una criptomoneda dentro de una categoría específica y no simplemente que sea de las criptomonedas famosas, el volumen de operaciones puede ser un indicador muy importante para tomar su decisión.

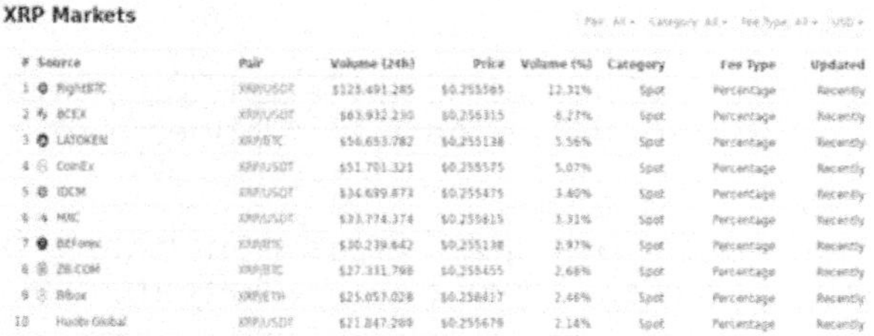

FIGURA 10-2

Capitalización del mercado de monedas

Como ya se ha expresado, una de las formas más rápidas de navegar por las criptodivisas es comprobar su clasificación basada en su capitalización de mercado, o market cap. Una mayor capitalización de mercado muestra un valor superior de todas las unidades de una criptodivisa específica que están a la venta en este momento.

Esta métrica puede volver a ser útil cuando se trata de seleccionar "la única" dentro de una categoría específica de criptomonedas.

Oferta en circulación

La oferta circulante, CS, es el número de monedas o tokens que la gente ha minado o que las empresas han generado. La clave es que el número de oferta circulante muestra cuántas de estas monedas están actualmente en el mercado y a las que el público en general tiene acceso.

Se puede ver la importancia de la CS de un par de maneras diferentes:

Algunos inversores en criptomonedas creen que menos es más en términos de CS. Esto es, si se lo ve como un problema de exceso de oferta. Cualquier mercado se mueve generalmente en base a un principio de oferta y demanda.

Por ejemplo, cuando las tiendas tienen mucha existencia de un determinado producto y no hay suficiente gente para comprarlo, bajan los precios de ese producto, porque las tiendas quieren deshacerse de sus existencias antes de que se estropeen. La misma teoría puede aplicarse a las criptomonedas. Aunque la mayoría de las monedas no tienen una fecha de caducidad, a no ser que la empresa quiebre, claro, un CS más pequeño puede ser más atractivo si se busca invertir a corto o mediano plazo.

Un menor número de monedas disponibles y una mayor demanda puede estar indicando que los precios van a subir en el futuro.

Por otro lado, un número de CS más bajo puede indicar una falta de popularidad.

Menos personas se han esforzado por minar la moneda, lo que puede afectar a la previsión a largo plazo de la criptomoneda.

En algunos casos, el CS puede incluso no importar. Por ejemplo, XRP de Ripples tiene una oferta de circulación de casi 40 mil millones, mientras que Dash tiene un CS de sólo 8 millones.

Mientras tanto, ambos ganaron alrededor del 3.000 por ciento en 2017.

Puedes conocer la oferta circulante de las criptodivisas en sitios web como coinmarketcap.com

Oferta total

Cuando se suman las criptodivisas recién minadas a la oferta en circulación se obtiene la cifra de la oferta total. En otras palabras, la oferta total es el número de toda la existencia de monedas presentes actualmente en el mercado, no sólo las que están en circulación.

Por distintas razones, algunas monedas están reservadas o se encuentran bloqueadas y no se venden en el mercado público. La oferta total no influye realmente en el precio de una moneda y no es más importante que la oferta en circulación. Sólo se menciona con fines estadísticos y es conveniente saber de qué se trata.

Aprender a escudriñar las noticias

Las noticias tienen el poder de hacer que alguien o algo sea increíblemente popular. También ocurre lo mismo con las criptomonedas. Los medios de comunicación estuvieron detrás de todo el barullo de las criptodivisas y el sentimiento alcista del mercado en 2017. Es conveniente para el inversor realizar una pequeña investigación sobre sus posibles monedas finalistas, atendiendo a los aspectos que se mencionarán.

Cobertura reciente

¿Su moneda finalista ha aparecido mucho en las noticias últimamente? ¿Es un tema candente? Si la respuesta es afirmativa, averigüe si la cobertura informativa es orgánica o pagada.

<u>Nota:</u> El término *orgánico* aquí se refiere a las publicaciones que son espontáneas y no inducidas.

Por supuesto, las empresas son conscientes del impacto de los medios de comunicación, por lo que aportan mucho dinero a los motores de búsqueda más populares para aparecer en la parte superior de los resultados de búsqueda. Algunos proveedores de noticias sobre criptomonedas de confianza son:

NewsBTC

www.newsbtc.com

Nasdaq

https://www.nasdaq.com/topic/cryptocurrency

CoinDesk

www.coindesk.com

Otra forma de abordar esta tarea es simplemente ir a la pestaña "Noticias" en su motor de búsqueda. Cuando se busca un tema en Google, por ejemplo, automáticamente se cliquea la pestaña "Todo", que incluye todas las referencias, desde anuncios hasta noticias e información general. En cambio, la pestaña "Noticias" suministra la cobertura de las noticias más relevantes, que tienen menos probabilidades de ser anuncios pagados.

Calendario de eventos

Se pueden buscar los próximos eventos en las primeras etapas de la búsqueda de su deseado objeto criptográfico o justo al final.

Para el primer método, se puede consultar sitios web como https://coinmarketcal.com/ www.newsbtc.com/crypto-calendar/ y ver qué criptomonedas tienen una línea ocupada de anuncios y eventos que puedan impactar la criptografía de manera positiva. Luego, el usuario puede revisar los otros enfoques de los que se ha hablado anteriormente en este capítulo para ver si esa cripto es adecuada para su cartera.

Para el segundo método, conviene que el inversor recopile la lista de sus finalistas, y luego puede consultar el sitio web de la criptomoneda para ver si tiene un blog donde comparte sus próximos eventos o consultar los calendarios de criptomonedas de terceros para obtener información adicional.

Por supuesto, el interesado también puede combinar ambos enfoques.

Cuando las noticias son negativas

Hay una circunstancia conocida en el ambiente de la prensa y es que la gente tiende a disfrutar más de la lectura de cosas negativas. Muchos se apasionan por las malas noticias y es más probable que recuerden a una entidad asociada a la mala prensa en el futuro, pero no necesariamente de mala manera. Esa es ciertamente la mentalidad de algunas celebridades, que creen que cualquier cobertura sobre ellos, buena o mala, les traerá resultados positivos a largo plazo por el aumento de su fama.

Esto también podría ser cierto en la inversión de criptodivisas. Durante el periodo en que la prensa negativa es un tema candente, es probable que los precios caigan en picada. Sin embargo, al contrario de lo que se puede pensar, ese período exacto puede ser un muy buen momento para comprar porque es probable que todo el mundo se deshaga del activo.

Atrape los activos cuando estén abajo y vaya a la cima con ellos. Podría ser un lema para los mercados de valores.

Comprar durante un periodo de prensa negativa sólo funciona si todos los demás puntos de análisis del diagnóstico indican que la criptomoneda vale la pena a largo plazo. Si la prensa negativa consiste en algo tan perjudicial que es improbable que la criptografía se recupere, entonces mejor seguir adelante y pasar de largo.

¿Qué tal funciona el análisis técnico para seleccionar criptomonedas?

Cuando un inversor ha puesto su preferencia y su voluntad en algunas criptodivisas para agregar a su cartera, está listo para decidir el mejor momento para comprarlas. La regla de oro para cualquier tipo de inversión se reduce a cuatro palabras importantes:

"Comprar bajo, vender alto".

Pero, ¿cómo puede saber cuándo el precio está en su punto más bajo para decidir la compra? Ahí es donde el análisis técnico del diagnóstico entra en juego. El análisis técnico es el arte de utilizar la historia para predecir el futuro. En las siguientes líneas se brinda una breve introducción a la acción de los precios y a los mejores métodos de análisis de precios. En la última parte es donde se profundiza en el análisis técnico.

<u>- Fundamentos del análisis técnico:</u>

Muchas herramientas y diseños técnicos pueden ayudar al inversor a entender los movimientos y patrones históricos del precio de una criptodivisa.

Al descubrir cómo funciona cada patrón e indicador, el interesado puede tener una mayor precisión en la predicción de las acciones futuras de los precios.

El análisis de algunos de esos patrones gráficos e indicadores más importantes pueden ayudarle a desarrollar su estrategia de inversión ganadora para su criptodivisa favorita.

- Acción reciente del precio:

Aunque el precio actual de una moneda no es un muy buen indicador de su valor general, el análisis de la acción del precio es muy importante cuando se trata de averiguar cuándo comprar y vender.

Se puede comprobar la acción del precio más reciente de su criptodivisa seleccionada en sitios web como *coinmarketcap.com* para ver cuánto ha bajado o subido el precio en el último día, semana o incluso meses. Analizar la acción del precio reciente es más importante para los operadores a corto plazo que buscan entrar y salir del mercado más rápidamente, por ejemplo en un día o una semana, en una tarea más especulativa.

- Panorama general:

Si usted es un inversor a largo plazo, puede que le resulte más útil el panorama general en su análisis técnico. Muchas criptomonedas son demasiado jóvenes como para tener un historial de precios bien desarrollado, pero aun así se pueden utilizar técnicas similares comparando criptodivisas más antiguas de la misma categoría y aplicando el análisis del panorama general a las nuevas.

Capítulo 11

Invertir en ICO

ICO es la abreviatura de oferta inicial de monedas, por su sigla en inglés “Initial coin offer”. Siendo que todavía no están sujetas a demasiadas regulaciones, algunos pueden considerarlas como el camino más directo y fácil hacia las estafas. Aunque pueden existir muchos fraudes con ICO’s, el inversor que hace bien sus deberes puede encontrar jugosos premios también.

En este capítulo se desarrollan los fundamentos de las ICO y se muestra cómo se puede participar en ellas.

Fundamentos de las ICO

Las ofertas iniciales de monedas son algo así como la recaudación de fondos para una nueva empresa, excepto que esta nueva idea gira en torno a una nueva criptomoneda, en lugar de hacerlo alrededor de una idea de negocio o producto.

El usuario está tratando de recaudar “dinero” en forma de otras criptomonedas ya establecidas, como Bitcoin y Ethereum. En otras palabras, una ICO es como un *crowdfunding*, utilizando otras criptodivisas, para adquirir o promover una nueva criptodivisa.

Aclaración: El *crowdfunding*, llamado micromecenazgo en castellano, es una red de financiación colectiva que sirve para sostener un determinado proyecto a cambio de recompensas. Es una manera de recaudar fondos, generalmente en línea, a partir de un gran número de personas aportantes. En las líneas siguientes se proporcionan los fundamentos de las ICO's.

Cómo funciona una ICO

Se puede analizar cómo funciona una ICO y, especialmente, cómo iniciarla. En pocas palabras, una ICO funciona exactamente igual que la recaudación de fondos para una empresa emergente. El interesado tiene alguna idea genial para una criptodivisa. La criptomoneda puede utilizarse para un producto existente, o tal vez para un producto que puede funcionar bien con una nueva criptomoneda.

Por ejemplo, un sitio web que cuenta con miles de visitantes interesados en sus productos o servicios, podría cambiar su estrategia de negocio haciendo que su plataforma esté disponible para que la gente compre en su aplicación utilizando la propia moneda digital del sitio. El titular del negocio debería estar convencido de las posibilidades de éxito, lo que es a veces difícil porque implica un cambio muy grande para gente apegada a los métodos tradicionales de la comercialización.

Para empezar, el propietario del negocio debería estar convencido de la posibilidad de contar con su propia moneda digital. Pero aun así, a menos que sea un millonario dispuesto a gastar todo su dinero en esta idea, necesita recaudar fondos para hacer de esta nueva criptomoneda una realidad. Él podría ir a un socio capitalista de riesgo, un banco, o a grupos de inversores ángeles y pedir el dinero. El problema con este enfoque tradicional es que lo más probable es que deba renunciar a parte de la propiedad de su empresa. Así que, en su lugar, puede optar por una ICO.

Estos son los pasos generales que hay que dar para iniciar una ICO:

1.- Crear un libro blanco.

Como ya se ha mencionado, un libro blanco es un documento detallado que explica un modelo de negocio y la razón por la cual una moneda en particular puede realmente despegar.

Cuantos más clientes o adherentes confluyan en el negocio de nuestro empresario y él consiga volcar en su libro blanco, podrá mostrar mejor que realmente su moneda llegará a convertirse en una cripto popular y de gran volumen.

2. Añadir una pestaña al sitio web dedicada a la financiación de ICO's.

En este ejemplo, el titular debe poner una pestaña en su sitio de dedicada a la financiación de su moneda mediante la ICO.

3. Correr la voz entre sus contactos y pedir financiación.

4. Vender una cantidad de su moneda patrocinada en forma de tokens, que significa activos digitales.

Como si fuera una especie de emisión de acciones, pero con las reglas de cripto.

Normalmente las ICOs piden Bitcoin o Ethereum a cambio de los tokens. Pero también puede aceptar monedas fiduciarias tradicionales respaldadas por el gobierno.

5. Enviar a los inversores los tokens de la moneda.

En este ejemplo, el propietario debe enviar a sus inversores tokens de su moneda.

Si esta moneda realmente tiene éxito, comenzará a ser muy utilizada y se cotizará grandemente en cripto, de manera que los primeros inversores pueden ver un retorno significativo de sus inversiones.

La gente que invierte en ICO's normalmente no tiene ninguna garantía de que la nueva criptomoneda aumentará su valor en el futuro. Algunas inversiones en ICO's han sido increíblemente rentables en el pasado, pero las futuras ICO's pueden no serlo. A menos que realmente el colaborador confíe en la gestión, en la dedicación de la empresa al éxito y en su conocimiento del modelo de negocio y la industria, invertir en una ICO es muy comparable a los juegos de azar.

Comparación entre ICO's e IPO's

Mucha gente experimenta un poco de confusión sobre la diferencia entre las ofertas iniciales de ICO's y las ofertas públicas iniciales de IPO's, que es la designación de la primera vez que una empresa vende sus acciones al público.

Estos conceptos suenan similares, y en muchos aspectos parecen similares. Pero aquí hay algunas de las principales diferencias:

- En teoría, cualquiera puede hacer una ICO. Por el momento las ICO's no están reguladas en muchos países. Esto significa que, literalmente, cualquiera puede lanzar una ICO. Todo lo que se necesita es un libro blanco, un sitio web bonito, y una gran cantidad de conexiones pudientes que estén dispuestas a dar dinero. Por el contrario, sólo a las empresas privadas establecidas que han estado operando durante un tiempo se les permite llevar a cabo IPO's. Véase el apéndice cercano "¡Cuidado con las ICO's en los Estados Unidos!" para más información.

- Ni siquiera es necesario tener un producto para lanzar una ICO. La mayoría de las empresas que están haciendo ICO's no tienen nada concreto que presentar al público; algunas tienen una prueba de concepto, que demuestra que la idea es viable, y otras tienen una prueba de participación. Iniciar una ICO es incluso más fácil que iniciar un crowdfunding para una start-up propiamente dicha. Para que las start-ups consigan financiación normalmente necesitan algo llamado producto mínimo viable (MVP), que es un producto con suficientes características para satisfacer a los primeros inversores y generar confianza para futuros desarrollos. En el proceso de la ICO, se puede reducir el MVP a documentos como libros blancos, asociaciones y relaciones con los medios.

- Las ICO's son más fáciles para invertir, lo único que se necesita para empezar a invertir en ICO's es tener acceso a Internet. No se necesita corredores para llevar a cabo la inversión. En el momento de escribir estas líneas, se puede comprar cualquier token de cualquier empresa en la mayoría de los países. Sin embargo, la lista de países que comenzaron a añadir regulaciones o prohibir por completo las ICO's comenzó a aumentar hacia 2018.

En Estados Unidos, es aún más complicado porque las reglas de las ICO's varían de un estado a otro.

Muchas ICO's bloquean las inversiones desde su país de residencia porque los organismos reguladores consideran que los tokens de las ICO's son valores. Estas estrictas regulaciones restringen la participación en las ICO's sólo a los inversores acreditados y limitan severamente el grupo de inversores, lo que dificulta la participación en las ICO's. Dicho esto, se han encontrado personas que utilizan una red privada virtual, VPN, para eludir el bloqueo geográfico, haciendo parecer que vienen de un país autorizado para poder invertir de todos modos y creando un montón de problemas legales.

Se pueden ver las regulaciones de las ICO's por país en www.bitcoinmarketjournal.com/ico-regulations/

- Las ICOs no le otorgan al inversor colaborador la propiedad del proyecto. Cuando se invierte en una IPO, en cambio, técnicamente el inversor se convierte en un propietario parcial de esa empresa. Por eso se les llama a los inversores accionistas. En esta designación no se tiene en cuenta realmente si es alguien que todo lo que busca es vender las acciones a medida que su valor aumenta. Los inversores de la ICO pueden beneficiarse de muchas formas en el futuro, pero no tienen nada que ver con la empresa en sí.

Todo lo que obtienen son un montón de monedas digitales o tokens que pueden o no subir de valor en el futuro.

¡Cuidado con las ICO en Estados Unidos!

La Comisión del Mercado de Valores (SEC) está vigilando muy de cerca el espacio de las ICO's en Estados Unidos y cierra a la mayoría de las ICO's que considera que suponen un gran riesgo para el público que invierte. La opción de preventa de la ICO sólo puede estar abierta a inversores acreditados, por lo tanto, no lo está para el público en general.

La ICO para el público puede ser problemática si el token es considerado un valor por la SEC en lugar de un token de plataforma, aunque es absolutamente necesario para el funcionamiento de la plataforma.

La mayoría de las ICO's que lanzan nuevas criptomonedas de Ethereum, por ejemplo, no pueden argumentar a favor de un token de plataforma, ya que no hay una nueva plataforma que requiera su propio token, por lo que entran en la categoría de valores.

Además, para las empresas con sede en EEUU que lanzan ICO's, hay un período de bloqueo para los inversores que compran en las etapas de preventa, normalmente de 12 meses, en los que no pueden comerciar con la nueva criptografía en la que invirtieron. Esto se hace para evitar una operación de bombeo y descarga, y es lo que la SEC vigila muy de cerca.

Las empresas que lanzan ICO's también tienen que cumplir con la normativa federal estadounidense KYC y AML de Estados Unidos, que incluyen no aceptar o enviar criptomonedas a una gran lista de direcciones de monederos de monederos que están en la lista de bloqueados de la Red de Ejecución de Crímenes Financieros como operadores de lavado de dinero o de financiación del terrorismo.

¿Cómo es invertir en una ICO?

Invertir en una ICO implica mucho riesgo. No se debe invertir en una ICO un dinero que el interesado no se pueda permitir perder. Si su tolerancia al riesgo es baja, puede considerar muchas otras alternativas en activos de inversión alternativos, como se resumió en el Capítulo 3.

También se debe tener en cuenta que algunas ICO's ni siquiera están destinadas a ser inversiones. Son una herramienta que puede utilizarse para un producto específico. En el sector inmobiliario, se puede utilizar el token Propy para comprar propiedades a nivel internacional. El director general de Unikrn, Rahul Sood, señaló en 2017 que "comprar un token es comprar un producto que estamos vendiendo y que se puede utilizar en la plataforma de Unikrn. La gente no debería ver esto como una inversión. Si lo ven como una inversión, están cometiendo un error. Los tokens no son inversiones".

Pero este es un capítulo de inversión en un libro de inversión, y tal vez un interesado ha decidido intentarlo. Aquí tiene entonces algunos consejos sobre cómo puedes hacerlo.

Encontrar listados de ICO's

Es posible que el interesado se entere de las próximas ICO's a través del boca a boca, en un evento financiero o a través de un anuncio en línea. Si no tiene ninguna ICO específica en mente y simplemente quiere buscar una desde cero, puede obtener ayuda de los sitios web de listas de ICO.

Pero encontrar el sitio web de listado de ICO's adecuado también puede ser un desafío porque ya existen más de 100 de ellos y cada día aparecen más.

He aquí algunos consejos que hay que tener en cuenta a la hora de buscar un sitio web de listas de ICO:

- Empiece comparando dos o tres sitios web de listas de ICO a la vez. ¿Presentan todos ellos a las mismas ICO's en la cima? Esta estrategia puede ayudarle a averiguar qué sitio web le está dando el listado de ICOs verificado.

- Asegúrese de que un sitio tiene características tales

como un calendario de ICO, la calificación de ICO, y la descripción de la ICO.

- Ofrecer estadísticas de mercado sobre la ICO, filtros y funciones de advertencia de estafas es una ventaja apreciable.

Al final del día, el uso de su motor de búsqueda de todos los días puede ser su mejor apuesta para encontrar un sitio web de listas de ICO. Puede considerar criterios de búsqueda tales como "listados de ICO", "top ICO's 2021", o "mejores sitios web de listados de ICO". Aquí hay algunos para empezar:

- Calendario de monedas:

www.coinschedule.com

- Datos del mercado de las ICO:

www.icomarketdata.com/

- ICObench:

https://icobench.com/

- ICOindex:

https://icoindex.com/

¿Cómo analizar un listado de ICO's?

Después de elegir el sitio web con la lista de ICO, ahora el inversor está listo para evaluar y elegir las próximas ICO's en las que esté interesado en invertir. Con cientos de ICO's apareciendo cada mes, este paso puede ser largo, pero es un proceso crucial.

Los pasos que hay que dar al investigar una ICO pueden ser similares a los que se trataron antes para la selección de criptomonedas. Las siguientes líneas le ofrecen al interesado algunos puntos de investigación a tener en cuenta.

¿Quién está detrás de la ICO?

El equipo de desarrolladores y la gestión que respaldan a la ICO es lo más importante que hay que averiguar. ¿Quiénes son? ¿Cuáles son sus credenciales? El sitio web de la ICO debe proporcionar información sobre el equipo; de lo contrario, vaya al siguiente lugar en la lista del ICO que proporcione esa información crucial fácilmente en su sitio web. Intente encontrar a los miembros del equipo en LinkedIn para verificar sus antecedentes o incluso su existencia real. Además, intente encontrar las juntas de asesores y patrocinadores financieros de las ICO's.

¿Son personas en las que se puede confiar el dinero? ¿Están dedicados a llevar su idea al siguiente paso?

Muchas veces los que efectúan el lanzamiento de una ICO invocan participaciones fabulosas de aportantes millonarios no verificables. En estos casos, normalmente conviene huir y no mirar atrás.

¿Para qué sirve la criptomoneda?

Es conveniente que el inversor se interiorice de la idea que hay detrás de la criptomoneda en la medida de lo posible.

Por supuesto, cualquiera puede crear una criptodivisa y anunciar una ICO.

La cuestión es analizar por qué esas personas han decidido hacerlo. ¿Qué valor específico tiene su token que no ofrezcan otras criptodivisas ya existentes? ¿Quién es su competencia? ¿Cómo demuestran ser mejores que la competencia?

¿Qué tipo de tecnología están utilizando? ¿Quién es su mercado objetivo y qué tamaño tiene?

La idea que hay detrás de la criptomoneda es muy importante, pero se debe tener cuidado con las promesas poco realistas.

Los proyectos de estafa suelen hacer afirmaciones audaces sobre sus productos, pero no tienen nada nuevo o disruptivo en su tecnología. Si alguien afirma que una nueva criptodivisa reemplazará al Bitcoin, acabará con la pobreza mundial en un año, arreglará el calentamiento global o aumentará su valor en un 10.000%, se puede añadir ese proyecto tranquilamente a la lista de estafas.

¿Tiene el equipo un prototipo?

Como se mencionó en la sección anterior comparando ICO's con IPO's, no necesariamente se necesita tener un prototipo para lanzar una ICO. Pero los que tienen un producto mínimo viable pueden demostrar que el equipo se toma en serio la idea y es capaz de alcanzar hitos futuros.

Si un proyecto no tiene ningún tipo de código de trabajo antes de lanzar una ICO, eso es una bandera roja importante.

¿Tiene el equipo una cadena de bloques?

La mayoría de las ICO no tienen una cadena de bloques y los fundadores se limitan a lanzar la idea por la utilidad que sus tokens les pueden proporcionar. Para eso, es preferible buscar entre las que se basan en tecnología blockchain sólida que resuelve un problema consistentemente en lugar de los que son aplicaciones que pueden construirse sin crear una nueva criptomoneda.

¿Hay un plan para elevar las cotizaciones después de la ICO?

La principal razón por la que se invierte en una ICO es especular con la posibilidad de que su precio suba en el futuro. Por eso, el equipo que está detrás de la ICO debería proporcionarle al inversor una hoja de ruta sobre cómo planea hacerlo.

Esta parte del análisis puede ser similar a la de cualquier criptodivisa que ya esté cotizando. Estas son algunas características clave a tener en cuenta:

- El cripto tiene un volumen de red suficientemente alto.

- La cripto es mejor que la competencia.

- La ICO da a los inversores un incentivo para conservar los tokens en lugar de gastarlos rápidamente.

- Los nuevos tokens tendrán suficiente liquidez.

- El equipo es proactivo a la hora de conseguir que el token cotice en múltiples bolsas.

Muchos equipos intentan crear sus propias bolsas para generar la liquidez y el volumen necesarios para despegar. Pero no debería verse eso como una prueba suficiente para el éxito futuro del token. Cotizar en varias bolsas puede ser difícil, por lo que es un indicador importante del éxito del token en el futuro.

¿Cuenta el equipo con una amplia comunidad de apoyo?

Sin que eso sea una garantía absoluta, contar con una amplia comunidad detrás de la ICO puede dar una idea alentadora sobre las posibilidades del token. ¿Cuántos seguidores tiene una determinada ICO en fuentes como Reddit, Twitter y Facebook? ¿Los seguidores parecen ser robots o son personas reales y entusiastas de las criptomonedas? Hay que tener cuidado con los "miembros de la comunidad" pagados, cuyo trabajo es decir cosas positivas sobre la ICO en las redes sociales.

Se debe buscar también una cobertura adecuada de los medios de comunicación, gacetillas de prensa y presencia del equipo en las redes sociales.

Descripción del proceso de inversión de la ICO

Cuando el interesado ha encontrado su ICO adecuada, normalmente necesita tener una criptomoneda legítima para invertir en ella, aunque a veces las ICO's aceptan también monedas fiduciarias. Lo más importante es que también se necesita tener una cartera de criptodivisas.

La mayoría de las ICO's están construidas sobre la cadena de bloques de Ethereum. Por esa razón, en muchos casos el usuario necesita específicamente la criptomoneda Ethereum y un monedero Ethereum para invertir en una ICO.

No todas las ICO's se crean igual. Por lo tanto, no puede mostrarse un itinerario de pasos exactos a seguir a la hora de comprar en una ICO. Sin embargo, aquí hay algunas pautas generales:

1.- Asegurarse de comprobar la página oficial de la ICO.

2.- Si la ICO requiere que se pague con otra criptomoneda, como Ethereum o Bitcoin, se debe adquirir primero esas monedas en un intercambio y almacenarlas en su criptobilletera.

3.- Después de completar su debida diligencia sobre la naturaleza de la ICO, hay que registrarse en la ICO siguiendo las instrucciones de su sitio web.

4.- Esperar a la fecha de lanzamiento y seguir las instrucciones. Este paso normalmente consiste en transferir sus activos de criptodivisas desde su cartera a la dirección pública de la ICO.

Este paso también puede costar una tasa de transacción.

5.- Tras el lanzamiento de la ICO, el equipo envía los nuevos tokens a su cartera de criptomonedas.

Debido a la naturaleza arriesgada de las ICO's y a la dificultad de seleccionar las mejores, se puede considerar saltar la ICO y esperar hasta que el token/criptodivisa sea más sólido antes de comprar. Aunque muchas ICOs ven un aumento inmediato y rápido justo después del lanzamiento, la mayoría de las veces se desploman poco después. La caída no significa necesariamente que el token no merezca la pena.

Históricamente, este tipo de cambios de precios ocurren en la industria de la tecnología con bastante frecuencia, proporcionando una excelente oportunidad de compra tras el lanzamiento. Cuando las cosas se estabilizan y más gente ha analizado el nuevo token, su precio puede volver a subir lentamente, dándole la oportunidad de invertir a su propio ritmo. Una ICO rara vez es demasiado buena como para no dejarla pasar, aunque también puede ocurrir.

Mantener sus tokens después de su compra

El método que elija el inversor para controlar su compra de ICO depende en gran medida de las razones que lo llevaron a comprar en primer lugar. Aunque no todas las ICO's son vehículos de inversión, la mayoría de los equipos profesionales detrás de las ICO's prefieren que el interesado no compre y se deshaga de sus tokens apenas después de la ICO, por lo que hacen lo que sea necesario para convencerlo de que conserve los tokens. Y hacerlo puede resultar rentable a largo plazo.

Si el usuario invirtió en la ICO sólo con fines de ganancia de capital, prepárese para mantener su inversión durante un tiempo.

Al principio, su inversión puede volverse negativa con una pérdida, o puede consolidarse al mismo precio sin rendimientos reales durante un tiempo.

A menudo, estos periodos de pérdidas y consolidación van seguidos de una subida masiva, que puede darle la oportunidad de tomar ganancias. Tener en cuenta que a veces las grandes subas de una tendencia alcista o de más ganancias en el mercado, van paulatinas, por lo que si vende demasiado rápido puede perderse la posibilidad de haber logrado más beneficios. Otras veces, la subida puede ser un simple escenario de manipulación fraudulenta. Por lo tanto, hay que vigilar continuamente y realizar el Análisis de Inversión para crear la mejor estrategia de salida.

Si el interesado gana dinero con su inversión en la ICO, tiene que declararlo como ganancias de capital.

Consulte el Capítulo 21 para saber más sobre los impuestos.

Si quiere iniciar una ICO: haga su propia ICO

En 2017, todo el mundo parecía estar lanzando una ICO. Pero después de una serie de estafas, ICO's fallidas, y un zumbido general en el mundo de la criptomoneda, el bombo alrededor de las ICO's se enfrió un poco. En febrero de 2018, el 46 % de las ICO's de 2017 habían fracasado, a pesar de que habían recaudado más de 104 millones de dólares. La gente advirtió que para ser tomada en serio y tener éxito a largo plazo, deben darlo todo. Al final del día, la integridad gana.

Surge un debate clave al analizar si las ICO's sustituirán al proceso tradicional de recaudación de fondos para financiación de las start-ups. Después de todo, más del 50% de las start-ups también suelen fracasar en los primeros cinco años, así que las estadísticas no están tan lejos cuando se comparan las ICO con el capital riesgo.

En las siguientes líneas se ofrecen algunos datos que se deben tener en cuenta antes de decidirse por la ruta de las ICO's.

¿Cómo abordar los desafíos?

Tal como se ha explicado, cualquiera puede poner en marcha una ICO, pero el lanzamiento de una ICO con éxito es una historia diferente. Algunos consejos que pueden ayudar desde el principio son:

- Disponer de un mínimo de 60.000 dólares para lanzar una campaña inicial

- Dedicar entre seis meses y un año a la fase de compromiso previo con el público

- Un "dream team" profesional que se una al proyecto

- Un producto que utilice el token propuesto

- Una razón significativa para integrar el token digital con el producto

Algunos pasos previos al lanzamiento

Si el inversor está de acuerdo con aceptar los retos del párrafo anterior y quiere convertir la suya en la próxima historia exitosa de la ICO, aquí hay algunos pasos que debe dar para empezar, de manera muy simplificada.

<u>Crear un producto que necesite una ICO</u>

Lo único que puede aumentar la demanda de su token es tener una utilidad real.

Si un token descentralizado no tiene un impacto real en el valor de su producto, entonces es mejor olvidarse de él.

La gente se está volviendo cada vez más inteligente con respecto a las inversiones en ICO. Para lograr convertirse en una de las historias de éxito en este campo, es necesario que el emprendedor tenga un profundo conocimiento de su mercado y de su público objetivo. Lo más importante es que debe saber por qué y para qué está dispuesta la gente a darle su dinero. Se puede realizar una encuesta en un sitio como SurveyMonkey o en el foro BitcoinTalk (https://bitcointalk.org/) para ver la reacción del mercado a la idea. También debe asegurarse de averiguar sobre su competencia en el sector.

Obtener asesoramiento legal

El emprendedor debe averiguar algunas cosas: ¿Son legales las ICO en su país? ¿Está legalmente cubierto si las cosas van mal?

Las ICO's están cada vez más reguladas en todas partes. Por eso debe hacer su debida diligencia para cumplir con todas las leyes y regulaciones relevantes en este campo. Puede encontrar abogados con experiencia en ICOs utilizando su motor de búsqueda o LinkedIn; buscando términos como "abogados de ICO cerca de mí" o "abogados de ICO en mi país".

Crear un token

Este paso es en realidad el más fácil del proceso, especialmente si no se está planeando crear una cadena de bloques desde cero. Se puede utilizar simplemente plataformas como Ethereum y Waves. Siguiendo sus instrucciones, se puede tardar literalmente menos de 20 minutos para emitir el propio token en Ethereum.

La creación de un token está fuera del ámbito de este tratado, pero se puede ver una hoja de ruta detallada en https://medium.com/bitfwd/how-to-issue-your-own-token-on-ethereum-in- less-than-20-minutes-ac1f8f022793

Escribir un libro blanco

Como se comentó antes, los libros blancos son esenciales para analizar una ICO o una criptomoneda. Así que el interesado se puede imaginar que sus inversores probablemente exigirán disponer de uno completo y claro antes de dar su dinero. Se pueden buscar plantillas de libros blancos en línea y asegurarse de estar al día con todo lo que los inversores están buscando.

Crear una atmósfera de lanzamiento

Este paso también es muy similar al lanzamiento de

cualquier nuevo producto o empresa emergente. Cualquier propietario de una startup tiene que haber estudiado las técnicas de lanzamiento a lo largo de su carrera como emprendedor y todavía puede seguir aprendiendo. El lanzamiento de una ICO tiene otros requisitos de marketing adicionales propios de su naturaleza, entre los que se encuentran los siguientes:

- Aparecer en los sitios web de listas de ICO's más importantes

- Tener llegada a los periodistas y blogueros de las ICO's

- Crear sus propias páginas en Reddit, Twitter, Facebook y LinkedIn

- Considerar la posibilidad de hacer un lanzamiento aéreo, lo que significa distribuir su token de forma gratuita a en forma masiva para llamar la atención y hacer muchos ruido en los medios de comunicación.

- Considerar la posibilidad de hacer un road show global y participar en eventos/conferencias de blockchain con buena asistencia o asociarse con otros eventos/conferencias de blockchain o con una persona influyente.

La creación de una campaña de marketing exitosa en torno a su ICO va mucho más allá de lo que se puede decir en este libro. Así que si no el interesado no es un vendedor natural, debe asegurarse de contratar al equipo de marketing adecuado para que le ayude en el camino.

La contratación de un gran equipo de marketing es otro reto que va más allá de este tratado, pero se puede empezar por buscar en el motor de búsqueda favorito, en LinkedIn o en eventos locales de networking que se pueden consultar en www.eventbrite.com

Consiga que su ficha aparezca en las bolsas

La creación de su propia bolsa puede ayudar a aumentar la liquidez y el volumen de su ficha.

Pero debe ser proactivo para conseguir que su token

aparezca en el mayor número en el mayor número posible de bolsas. Los sitios de intercambios se convertirán potencialmente en el principal lugar donde la gente comprará y venderá su token, por lo que es fundamental que lo acepten en las más fuertes y establecidas. Esto es algo crítico y requiere un montón de trabajo y demostrar que su moneda vale la pena.

Si quiere crear su propia bolsa, empresas como Shift Markets, www.shiftmarkets.com/, pueden ayudar con este tipo de cosas.

Capítulo 12

Minería en criptomonedas

La designación del concepto parece errónea porque evoca a un sufrido trabajador con un casco y una linterna, ensuciándose dentro de una montaña. Sin embargo, hay una analogía bastante feliz en lo metodológico de la forma de obtención de criptomonedas. La primera aclaración pertinente es que un minero cripto no necesita tener ninguna de esas herramientas sino un buen acceso a Internet de alta velocidad y un ordenador de alta gama.

En las siguientes líneas se exploran los fundamentos de la minería de criptomonedas.

Para comenzar, no todas las criptodivisas requieren de minería.

Bitcoin, que es la más anciana de todas las monedas, inició la moda de la minería en 2009, estableciendo el concepto de la tecnología blockchain.

Sin embargo, muchas de las nuevas monedas que existen no pueden ser minadas y utilizan métodos alternativos para generar valor.

Cómo funciona la minería, en resumen

Bitcoin y otras criptomonedas *minables* dependen de los mineros para poder mantener su red. Se debería usar el término correcto "extraíbles", pero valga el neologismo minables en homenaje a la claridad.

Por medio de la resolución de problemas matemáticos, como se explicó en el Capítulo 5, y proporcionando consentimiento sobre la validez de las transacciones, los mineros apoyan a la red blockchain que, de lo contrario, colapsaría. Por su servicio a la red, los mineros son recompensados con criptomonedas de nueva creación, como los Bitcoins y tarifas o comisiones de transacción.

Para entender realmente la minería, primero hay que explorar el mundo de la tecnología blockchain desarrollado en el Capítulo 5. En un rápido resumen: Si se quiere ayudar a actualizar el registro de transacciones de una criptomoneda minable como Bitcoin, todo lo que se necesita hacer es adivinar un número aleatorio que resuelva una ecuación matemática. Por supuesto, el usuario no querrá adivinar estos números por sí solo. Para eso están los ordenadores.

Cuanto más potente sea su ordenador, más rápido podrá resolver estos problemas matemáticos y vencer a la multitud de mineros. Cuanto más gane en el juego de adivinanzas, más criptomonedas se recibirán como recompensa. Si todos los mineros utilizan un tipo de potencia informática de cálculo relativamente similar, las leyes de la probabilidad dictan que el ganador no será siempre el mismo minero.

Pero si la mitad de los mineros tienen computadoras comerciales normales mientras que la otra mitad utiliza supercomputadoras, entonces la participación se vuelve injusta a favor de los ordenadores más potentes. Algunos argumentan que los que tienen superordenadores ganarán la mayoría de las veces, si no todas.

Las redes de criptomonedas como Bitcoin cambian en forma automática la dificultad de los problemas matemáticos en función de la rapidez con la que los mineros los resuelven. Este proceso también se conoce como ajuste de la dificultad de la prueba de trabajo, PoW, de la cual se habló en capítulos anteriores.

En los primeros días de Bitcoin, cuando los mineros

eran sólo un pequeño grupo de adictos a los ordenadores, la prueba de trabajo era muy fácil de conseguir. De hecho, cuando Satoshi Nakamoto lanzó Bitcoin, él pretendía que fuera minado en CPUs de ordenador.

Satoshi pretendía que esta red distribuida fuera minada por personas distribuidas por todo el mundo usando sus portátiles y ordenadores personales en un juego muy democrático. En un comienzo, cualquiera era capaz de resolver juegos de adivinanzas bastante fáciles con un simple procesador en su ordenador.

A medida que el grupo de mineros fue creciendo, también lo hizo la competencia. Después de que un grupo de jugadores empedernidos se uniera a la red, descubrieron que las tarjetas gráficas de sus ordenadores para juegos eran mucho más adecuadas para la minería.

Los friki de los videojuegos, con ordenadores de gama alta para su sala de juegos, contaban entonces con ventajas para empezar a minar. Algunos se unieron al juego de la minería bastante tarde, cuando la minería de Bitcoin ya no resultaba tan rentable y se dedicaron a minar otras criptomonedas.

La minería no es un esquema para hacerse rico rápidamente. Para minar eficazmente, se necesita tener acceso a un equipo bastante sofisticado.

En primer lugar, se tienen que hacer los cálculos para ver si la inversión inicial requerida para establecer los activos de minería va a valer la pena en función de las criptomonedas que se obtienen a cambio.

Pero incluso si se elige minar criptomonedas en lugar de comprarlas, es porque se sigue apostando a que su valor aumentará en el futuro.

A medida que Bitcoin se fue haciendo más popular, también lo hizo su minería y, por lo tanto, más difícil. Para aumentar el desafío, algunas empresas que vieron el potencial de valor de Bitcoin iniciaron la instalación de centros de datos masivos, llamados granjas de minería, con rangos de ordenadores de alta gama cuyo trabajo era únicamente minar Bitcoins.

La Figura 12-1 muestra un ejemplo de configuración de una granja minera.

FIGURA 12-1

Así que un buen consejo para un interesado en convertirse en un minero de Bitcoin, es que lo piense bien y tenga en cuenta a quién se va a enfrentar.

Aun así, no debería desilusionarse porque tiene una forma de aumentar sus posibilidades de minar, que son los pools de minería, de los que se hablará más adelante en este capítulo.

¿Qué se necesita para minar?

Es algo que hay que descubrir antes de empezar a minar, para lo cual el interesado debería hacerse de unos cuantos instrumentos mineros. Cuando los tenga a todos en marcha, la minería será bastante fácil porque todo sucede automáticamente. Lo único que queda por hacer es pagar las facturas de la luz a final de cada mes.

Lo primero es considerar una breve lista de tareas para comenzar:

- Conseguir un monedero de criptomonedas

- Asegurarse de tener una buena conexión a Internet.

- Instalar el ordenador de gama alta en un lugar fresco.

- Seleccionar el hardware a utilizar en función de la criptomoneda que se quiera minar. Se explica más en detalle en las siguientes secciones.

- Si se quiere minar en solitario, algo que no se recomienda, se debe descargar toda la cadena de bloques de la criptomoneda. Hay que prepararse para las criptomonedas maduras, donde descargar la cadena de bloques completa puede llevar varios días.

- Conseguir un paquete de software de minería

- Unirse a un grupo de minería. Más adelante se explica mejor esto.

- Asegurarse de que los gastos no superan a las recompensas. Algo básico.

Rentabilidad de la minería de diferentes criptomonedas

Algo que se debería consultar antes de empezar es sobre los rendimientos.

Hay algunos adictos a la tecnología que minan sólo por el gusto de hacerlo, pero la mayoría de la gente mina criptomonedas con la intención de obtener beneficios. Pero incluso si el interesado se encuentra en el primer grupo, también puede obtener una recompensa por sus esfuerzos. La rentabilidad de la minería puede cambiar drásticamente según el valor de la criptomoneda, la dificultad de la minería, las facturas de la electricidad y los precios del hardware en el momento en que se configure el sistema de minería.

Se puede consultar en sitios web como www.coinwarz.com para ver qué criptomonedas son mejores para minar en un momento determinado. A partir de septiembre de 2018, por ejemplo, ese sitio comenzó a indicar que la criptomoneda más rentable para minar era Verge (XVG), mientras que Bitcoin ocupaba el puesto número siete. Todo esto se puede ver en Tablas como la de la Figura 12-2.

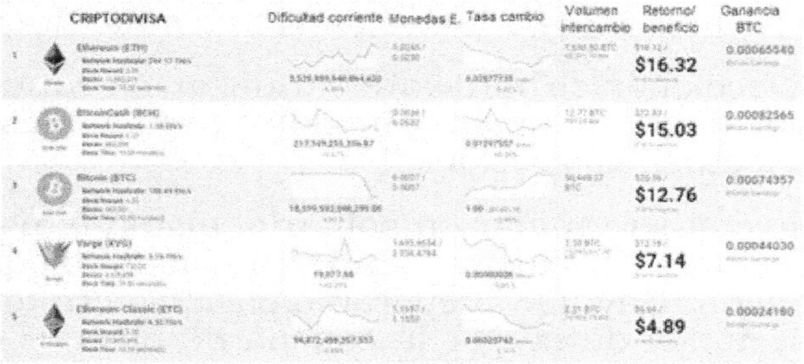

FIGURA 12-2

Aunque la minería no sea rentable en este momento, sus criptomonedas pueden valer mucho en el futuro si el valor de la moneda aumenta. Al minar criptomonedas que tienen poca rentabilidad en momentánea, se está asumiendo un riesgo de inversión.

¿Qué hay del Hardware de minería?

Diferentes tipos de criptomonedas pueden requerir diferentes tipos de hardware para mejores resultados de minería. Por ejemplo, el hardware como los ASIC, que significa de circuitos integrados de aplicación específica, se ha personalizado para optimizar criptomonedas como Bitcoin y Bitcoin Cash. Pero para las criptomonedas sin hardware dedicado, como Ethereum, Zcash y BitcoinGold, las unidades de procesamiento gráfico que aceleran el funcionamiento de la computadora, llamadas GPU, son suficientes para procesar las transacciones.

Por supuesto, las GPU todavía son lentas para la minería en comparación con las granjas mineras supe requipadas. Si el interesado se decide a minar Bitcoin con una

GPU, por ejemplo, puede llegar a esperar años antes de poder ganar un Bitcoin. Se puede encontrar GPU's en cualquier tienda que venda equipamiento informático.

Cuando la minería se hizo más difícil, los codificadores astutos comenzaron a explotar el empleo de las tarjetas gráficas porque éstas proporcionan más potencia de hashing, que es la velocidad a la que se mina.

Escribieron un software de minería, en otras palabras, desarrollaron algoritmos de minería optimizados para el poder de procesamiento de las GPU's para minar mucho más rápido que las unidades centrales de procesamiento convencionales CPU. Este tipo de tarjetas gráficas son más rápidas, pero siguen utilizando más electricidad y generan mucho calor.

Es entonces cuando los mineros decidieron cambiar hacia un circuito integrado de menor consumo y disipación, ASIC, por sus sigla en inglés *Application specific integrated circuit* o Circuito Integrado de Aplicación Específica. La tecnología ASIC ha hecho que la minería de Bitcoin trabaje mucho más rápidamente y con menos energía.

Durante la explosión de las criptomonedas, los equipos de minería como los ASIC se volvieron increíblemente caros.

A principios de 2018, por ejemplo, tenían un precio de más de 9.000 dólares debido a la alta demanda.

Por eso se debe considerar con cuidado el retorno de la inversión antes de involucrarse en la minería; a veces simplemente comprar las criptodivisas tiene más sentido que minarlas.

Excepto que, como algunos dicen en broma, se utilice la minería de criptodivisas como el sistema de calefacción de su casa durante el invierno, aprovechando el calor generado por los ordenadores.

Software de minería

El software de minería se encarga del proceso de la minería propiamente dicho. Si el interesado es un minero en solitario, el software conecta su máquina a la cadena de bloques para convertirse en un nodo de minería o un minero. Si el interesado coopera minando con un pool, el software lo conecta al pool de minería. El trabajo principal del software es entregar la ejecución del hardware de minería a la red y recibir el trabajo completado de los otros mineros de la red.

También muestra estadísticas como la velocidad de su minado y el funcionamiento del ventilador, su tasa de hash, y la temperatura.

De nuevo, se debe buscar el mejor software en el momento en que se esté listo para empezar.

Estos son algunos de los más populares en el momento de escribir este artículo:

#CGminer:

CGminer es uno de los ejemplos más antiguos y populares de software de minería de Bitcoin. Se puede usar para pools como Cryptominers, para minar diferentes altcoins. Soporta ASIC's y GPU's.

#Ethminer Ethminer:

Es el software más popular para minar Ethereum. Soporta hardware de GPU como Nvidia y AMD.

#XMR Stak:

XMR Stak puede minar criptomonedas como Monero y Aeon. Es apto para soportar hardware de CPU y GPU.

Estas opciones son sólo ejemplos y no recomendaciones. El interesado puede ir a seleccionar el mejor software leyendo los comentarios en línea sobre sus características, reputación y la facilidad de uso. Este mercado está evolucionando, y se debe navegar hasta encontrar las mejores opciones, algo que puede llevar tiempo. Lo mejor es confiar en los motores de búsqueda para encontrar una serie de recursos y luego comparar los resultados para elegir el que mejor se adapte.

Grupos de minería

Los pools de minería definitivamente unen a los mineros y permiten que aquellos de tamaño regular, que no tienen acceso a las gigantescas granjas mineras, se reúnan y compartan sus recursos.

Cuando el interesado se une a un pool de minería, es capaz de encontrar soluciones para los problemas matemáticos más rápido que si lo hace en solitario. Se le recompensa en proporción a la cantidad de trabajo que aporta.

Los pools de minería son geniales porque suavizan las recompensas y las hacen más predecibles. Sin un pool de minería, el usuario sólo recibiría un pago por minería si encuentra un bloque por su cuenta.

Por eso no se recomienda, en general, la minería en solitario; la tasa de hash del hardware del lobo solitario es muy poco probable que sea suficiente para encontrar un bloque por sí mismo.

La forma de encontrar un pool de minería adecuado para el interesado es hacer una búsqueda online en el momento en que esté listo para entrar.

Eso es porque este mercado cambia rápidamente y también lo hacen la infraestructura y los participantes. Estas son algunas de las características que debe comparar el potencial minero a la hora de seleccionar el mejor pool de minería para él:

#Criptomoneda minable:

Asegurarse de que el pool mina la criptomoneda que ha seleccionado.

#Ubicación:

Algunos pools no tienen servidores en todos los países. Hay que asegurarse de que el que elija esté disponible en su país.

#Reputación:

Este factor es muy importante. No conviene meterse en un pool con gente desagradable.

#Tarifas:

Algunos pools tienen tarifas más altas que otros. Es conveniente no priorizar la cuota por encima de la reputación. Lo barato sale caro.

#Participación en los beneficios:

Los distintos fondos tienen diferentes reglas para el reparto de beneficios. Una cosa que hay que tener en cuenta en es la cantidad de moneda que se necesita minar antes de que el pool le pague.

#Facilidad de uso:

Si el interesado no es un experto en tecnología, esta característica puede ser importante para tener en cuenta.

Ejemplo de configuración para minería

La figura 12-3 muestra un ejemplo cualquiera de equipamiento para minería de criptomonedas.

FIGURA 12-3

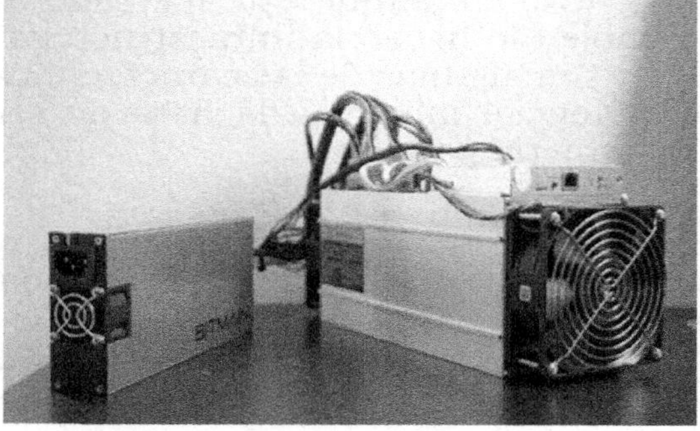

Asegurarse de que la minería vale la pena

Una vez reunidas todas las herramientas, hay que instalarse y empezar a minar.

Esto puede encerrar un desafío, y la dinámica de la comunidad minera cambia regularmente, por lo que el interesado debe asegurarse de que está al día con los cambios recientes y de que ha adquirido las últimas herramientas necesarias y aptas para la minería.

Puede hacerlo, siempre investigando los elementos clave que se han mencionado en los párrafos anteriores en su motor de búsqueda.

Si está buscando minar Bitcoin, el interesado debe tener en cuenta que su rentabilidad depende de muchos factores, como su potencia de cálculo, los costos de electricidad, las comisiones del pool y el valor corriente del Bitcoin en el momento de la minería. Evaluando todos los factores es muy probable que su participación no sea rentable en absoluto. Para comprobar si la minería de Bitcoin va a ser rentable se puede utilizar una calculadora de minería de Bitcoin.

Por ejemplo en el ya mencionado sitio www.coinwarz.com o en www.cryptorival.com

Las calculadoras de minería tienen en cuenta todos los costos relevantes que puede estar pagando para minar y le muestran si la minería de una determinada criptomoneda es rentable para su situación. Las calculadoras de minería simples le preguntan al usuario sobre su tasa de hash, las tarifas del pool, y su uso de energía, entre otras.

La Figura 12-4 muestra un ejemplo de calculadora de minería. Una vez que se pulsa el botón "Calcular", le muestra su ganancia bruta por año, mes y día.

Al hacer el cálculo de la minería con antelación, puede darse cuenta de que la minería de otras criptomonedas puede tener más sentido.

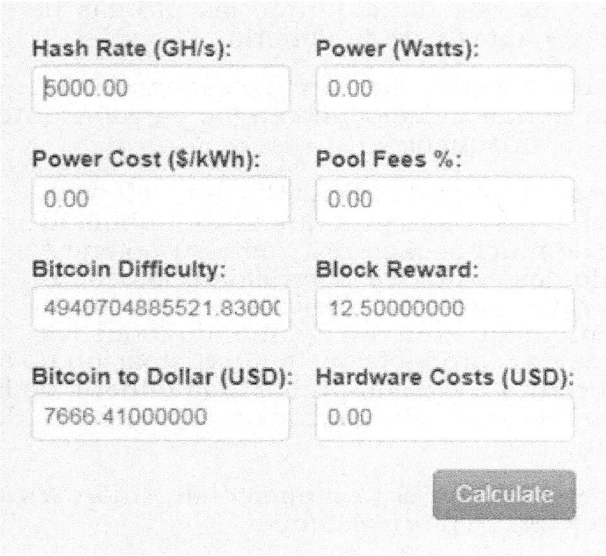

FIGURA 12-4

Capítulo 13

Cotización en Bolsa

Incluso si el interesado es un fanático probado de la inversión en criptodivisas, obtener una exposición indirecta a la industria en lugar de sumergirse directamente en el sector, es siempre una buena idea. En este capítulo, se resumen algunos métodos para encontrar acciones y fondos cotizados en Bolsa, ETF's, que pueden darle el grado justo de exposición al mercado de las criptomonedas mientras diversificas su cartera en otros campos.

Las acciones, los ETF y todos los demás activos de inversión conllevan siempre un cierto riesgo. Para que el usuario pueda crear una cartera de inversiones que sea única para su situación financiera y sus objetivos, debe asegurarse de calcular su tolerancia al riesgo consultando el Capítulo 3.

Si el interesado busca consultas personalizadas, puede recurrir a especialistas como el consultor Paul Mladjenovic. Se pueden consultar sus servicios en: www.ravingcapitalist.com/

Para comprar acciones y ETFs, es probable que tenga que abrir una cuenta con un broker en su zona, lo que es algo diferente de su bolsa de criptomonedas y corredor.

Aunque algunos corredores como *Robinhood* ofrecen criptodivisas así como acciones y ETFs, en el momento de escribir este artículo el número de estos corredores es limitado en los Estados Unidos.

Se puede contactar en el sitio web:

http://share.robinhood.com/

En el Capítulo 6 se puede encontrar más información sobre corredores y bolsas.

Acciones con exposición a las criptomonedas

Cuando el interesado quiere iniciar el proceso de desarrollo de estrategias para cualquier activo, se debe asegurar de haber comprobado todos los puntos del Análisis de Inversión del Diamante, como se explica en el capítulo 9.

Eso incluye analizar los mercados desde el punto de vista fundamental, sentimental y técnico y luego añadir la consideración de la propia tolerancia al riesgo y la diversidad de la cartera de riesgo para lograr una estrategia perfecta y personalizada que funcione para él.

Lo mismo ocurre con la selección de valores. Pero si está buscando específicamente acciones con exposición a la industria de la criptomoneda/blockchain, tiene que hacer el análisis en ambos extremos: la acción en sí y su lado criptográfico. Las siguientes líneas cubren la manera cómo puede realizar el análisis por su cuenta.

Fundamentos

Blockchain y las criptomonedas están relacionadas, pero no todas las empresas que invierten en tecnología blockchain tienen una exposición directa al mercado de criptomonedas.

Y aunque el mercado de criptodivisas recibió un golpe en 2018, por ejemplo, las principales empresas con cotización pública continuaron sus rápidas inversiones en tecnología blockchain.

De hecho, cuando PricewaterhouseCoopers, PwC, encuestó a 600 ejecutivos de 15 territorios en agosto de 2018, el 84% de ellos indicó que sus empresas estaban "activamente involucradas" con la tecnología blockchain.

Como se analiza en el Capítulo 5, blockchain es la tecnología subyacente de las criptodivisas como Bitcoin y Ethereum.

En 2018, las empresas que estaban reorganizando su estructura para incorporar blockchain incluían a IBM, Accenture, Deloitte, J.P. Morgan y HSBC, por nombrar algunas. Probablemente en el futuro se incluyan más de estos grandes nombres adheridos a blockchain.

Por otro lado, las investigaciones del Banco de Inversión Cowen sugieren que blockchain no experimentará una adopción generalizada antes de 2022.

Por lo tanto, es crucial realizar una investigación cuando se realiza un análisis fundamental sobre este tema. Pero, dejando de lado las empresas que invierten en blockchain. ¿Qué hay de las criptodivisas? ¿Cómo se puede obtener una exposición indirecta a este subproducto de la tecnología blockchain?

Hay que pensar bajo un nuevo paradigma. Los siguientes párrafos brindan algunos puntos para buscar mejor antes de seleccionar acciones con exposición a las criptomonedas. Para más información sobre el análisis fundamental se puede ver capítulos anteriores.

Las empresas pueden participar en el mercado de las criptomonedas de muchas maneras. Para estar al tanto de las noticias se puede consultar en sitios web como

https://cryptobriefing.com/

https://pro.benzinga.com/

Exposición a la minería de criptomonedas

Algunas de las principales criptodivisas se pueden minar. Y para poder minar se necesitan equipos de alta gama con un hardware sofisticado, como se explica en el Capítulo 12. Cuando la minería de criptomonedas está en su apogeo, el valor de las acciones de esas empresas proveedoras del equipamiento también se dispara.

Un ejemplo de esta tendencia fueron las acciones de Advanced Micro Devices, AMD, en 2017 y 2018. Algunos miembros de Grupos de Inversión vieron más de 1.000 % de retorno durante el período de dos años que mantuvieron sus acciones de AMD.

Hubo quienes empezaron a comprar acciones de AMD cuando estaba a 1,84 dólares por acción a principios de 2016 y vendieron a lo largo de 2018 cuando alcanzó los 25 dólares y más.

Por supuesto, la minería de criptomonedas fue sólo uno de los impulsores detrás de la subida de precios de AMD.

Pero sin duda, a medida que más gente se metió en la minería de criptomonedas, la demanda de unidades de procesamiento gráfico, GPU de AMD aumentó, y también lo hizo el valor de las acciones de AMD.

Muchas otras empresas se están centrando ahora en este ámbito y podrían lograr un mejor rendimiento que AMD en el futuro.

Sitios web de medios de comunicación como www.hardocp.com/ www.guru3d.com/ www.anandtech.com/ suelen seguir las últimas noticias tecnológicas, por lo que consultarlos puede darle una ventaja para saber qué empresas pueden darle más exposición a la cripto minería.

Exposición al cripto pago

Otra forma de obtener una exposición indirecta al mercado de criptodivisas a través de empresas que cotizan públicamente es ir tras las que aceptan altcoins como medio de pago por sus servicios. Algunos pioneros en esta área incluyen a Overstock.com, cuyo símbolo bursátil es OSTK y Microsoft, símbolo bursátil: MSFT, en 2017 y 2018. Se puede saber qué empresas aceptan criptomonedas como pago a través de fuentes de noticias como

Mashable

https://mashable.com/

NewsBTC

http://newsbtc.com

MarketWatch

www.marketwatch.com/

Si la exposición a las criptomonedas es la única razón por la que un inversor está invirtiendo en este tipo de acciones, debe recordar que la volatilidad de sus precios puede estar directamente correlacionada con el propio mercado de criptomonedas y, por lo tanto, puede no darte la diversificación que busca.

Por ejemplo, las acciones de Overstock, OSTK, experimentaron enormes ganancias después de que comenzara a aceptar Bitcoin a finales de 2017 y durante todo el comienzo de 2018. Sin embargo, a medida que el precio de Bitcoin se fue desplomando, también lo hizo el precio de las acciones de OSTK, como se puede ver en la Figura 13-1.

FIGURA 13-1

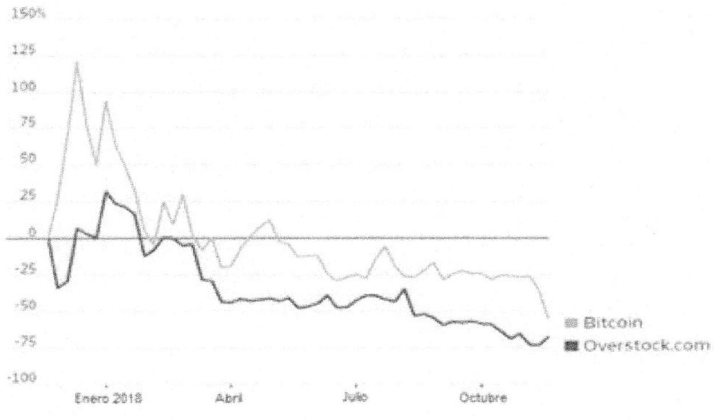

Fuente: tradingview.com

Exposición al comercio de criptomonedas

Mientras las autoridades gubernamentales trataban de evaluar las regulaciones en torno de las criptodivisas, muchas empresas con cotizaciones públicas de acciones, corredores y bolsas tradicionales se adelantaron a la multitud para ofrecer oportunidades de comercio de criptodivisas masivas.

Por ejemplo, cuando Interactive Brokers Group, símbolo bursátil: IBKR, anunció el 13 de diciembre de 2017 que permitiría a sus clientes *"acortar"* Bitcoin, o sea venderlo en la especulación de que su valor caería, el precio de sus acciones realmente cayó.

La razón de esto puede haber sido que en ese momento, el precio de Bitcoin estaba en su punto más alto, y a la mayoría de la gente no le gustaba la idea de ponerse en corto con Bitcoin.

Por supuesto, los precios de Bitcoin terminaron cayendo unos meses más tarde, e IBKR vio un impulso en el valor de sus acciones, como se puede ver en la Figura 13-2. Luego volvió a caer debido a otros factores distintos a su exposición a Bitcoin y subió mucho para mostrar un gran pico de valor hacia 2018 y volver a fluctuar a la baja hacia 2019.

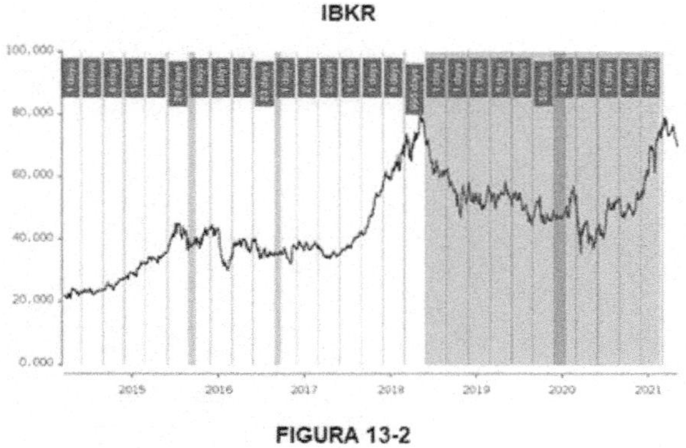

FIGURA 13-2

Las operaciones especulativas basadas en rumores y noticias pueden ser muy arriesgadas. Cuando se analiza una acción desde un punto de vista fundamental para una estrategia de inversión a medio y largo plazo, se deben considerar otros factores, como la gestión de la empresa, los servicios, las perspectivas del sector, los estados financieros y los ratios financieros.

Puede obtenerse más información sobre las estrategias de inversión a corto plazo y a largo plazo en próximos capítulos y en los portales de inversiones.

Factores de sentimiento del mercado

El segundo punto del análisis de inversión se centra en el sentimiento del mercado. Como se indica en capítulos anteriores, el sentimiento del mercado es el comportamiento general y la percepción de los participantes del mercado hacia un activo específico, como las criptomonedas o las acciones.

Al buscar acciones con exposición a las criptomonedas, se debe medir el sentimiento del mercado no sólo hacia esas acciones sino también hacia la industria de la criptodivisa.

Este enfoque le da una idea al potencial inversor sobre la dirección que puede tomar con su inversión.

Para un ejemplo muy simplificado, digamos que todos los demás puntos del análisis, incluidos los análisis fundamentales y técnicos, muestran que se puede esperar que el precio de una determinada acción bajará en el futuro. Designándose este movimiento con el término técnico de una inversión bajista en el precio de la acción. Pero si se quiere completar el análisis, también se debe medir el sentimiento del mercado, utilizando marcos temporales más cortos e indicadores como Ichimoku Kinko Hyo, del que se habla en Capítulos siguientes.

Otros indicadores del sentimiento del mercado son los siguientes

- Divergencia de convergencia de medias móviles (MACD)”

- Índice de fuerza relativa (RSI)

- Bandas de Bollinger (BOL)

Consideraciones extras

A fin de cuentas, si se quiere crear una cartera bien diversificada mediante exposición indirecta a las criptomonedas, es posible que se desee evitar la doble inmersión, lo cual significa invertir dos veces en la misma categoría/ industria.

Las acciones con exposición a las criptomonedas deben ser sólo una parte proporcional de su cartera global, según la categoría por sector.

Si el participante se quiere hacer una idea de cuánto ganará con su inversión con la cantidad de riesgo que está asumiendo, y cuánto debería valorar el precio de las acciones de la empresa, debe analizar el sector adecuadamente desde todos los puntos del análisis. Entonces podrá centrarse en elegir las mejores acciones de esa categoría.

Las siguientes son algunas preguntas que deberá hacerse antes de elegir las mejores acciones relacionadas con las criptomonedas para su cartera:

- ¿Está la empresa trabajando en algún nuevo desarrollo de su tecnología?

- ¿Qué impacto pueden tener los posibles avances?

- ¿Está la demanda de los servicios involucrados con las criptomonedas relacionada con variables económicas clave? En caso afirmativo, ¿cuáles?

- ¿Cuánto tiene previsto gastar la empresa en servicios relacionados con la criptografía? ¿Cómo planea financiar ese gasto?

- ¿Está la empresa empleando y abriendo rápidamente nuevos puestos de trabajo relacionados con el cripto/blockchain conectados con la criptomoneda?

El participante puede encontrar las respuestas a estas preguntas investigando los comunicados de prensa y los informes públicos de la empresa.

Su agente de bolsa también puede ayudarle a conocer los desarrollos más recientes.

Por supuesto, también los consultores en inversiones intentan estar al tanto de todas las novedades, así que un buen consejo es el de suscribirse gratuitamente a un portal de inversiones.

Luego se puede pasar a los siguientes puntos del análisis, como el análisis técnico y la gestión del riesgo.

Criptodivisa y Blockchain ETF's

Si al participante le está costando elegir las acciones o valores más adecuados, entonces es posible que quiera considerar otra opción. Una de las formas más fáciles de obtener exposición a una industria específica sin tener que elegir los principales activos de esa categoría es negociar con un fondo negociado en bolsa o ETF.

Un ETF es similar a un fondo de inversión en el sentido de que ambos son canastas de activos de la misma categoría.

Pero los ETF son cada vez más populares por razones como las siguientes:

- Son más eficientes desde el punto de vista fiscal que los fondos de inversión.

- Tienen menores gastos de negociación en comparación con los de los fondos de inversión.

- Son más sencillos y flexibles que los fondos de inversión.

- Son más accesibles que los fondos de inversión para un inversor medio.

En las siguientes secciones, se presentan los ETF's y otros índices que proporcionan exposición a las criptomonedas y a la tecnología blockchain.

Visión general de los ETF de blockchain

En 2018, un puñado de ETF's relacionados con blockchain eran accesibles para los inversores individuales.

Sin embargo, los ETF de Bitcoin o los ETF de criptodivisas no tuvieron mucha suerte a la hora de ser regulados, a pesar de que muchos de ellos estaban en línea para obtener la aprobación de la

Comisión de Valores y Bolsa, SEC. Por eso, los inversores que realmente querían exposición a la industria de las criptomonedas a través de un ETF tuvieron que buscar la siguiente mejor opción, que era un ETF de blockchain.

Los primeros ETF de blockchain que llegaron a los mercados fueron BLOK y BLCN, ambos se lanzaron el 17 de enero de 2018, justo en el momento en que Bitcoin estaba recibiendo un golpe. El 29 de enero de 2018, otro ETF de blockchain, llamado KOIN, se asomó a la competencia.

Se puede presentar una breve introducción a estos tres ETF's:

<u>BLOK:</u>

La designación completa de BLOK es Amplify Transformational Data Shearing ETF. Su cesta contiene 52 activos, entre ellos

Digital Garage, Inc., símbolo bursátil: DLGEF;

GMO Internet, Inc., símbolo bursátil: GMOYF, y

Square Inc., símbolo bursátil: SQ

Se puede encontrar las actualizaciones más recientes de este ETF BLOK en www.marketwatch.com/investing/fund/blok

BLCN:

El nombre completo de BLCN es *Reality Shares Nasdaq NexGen Economy ETF.* Sus principales participaciones tienen acciones más atractivas con exposición a blockchain, incluyendo

Advanced Micro Devices Inc., símbolo bursátil: AMD,

Intel Corporation, símbolo bursátil: INTC,

Microsoft Corporation, símbolo bursátil: MSFT

SBI Holdings Inc., símbolo bursátil: SBHGF.

Se puede encontrar las novedades más recientes de este ETF en https://finance.yahoo.com/quote/BLCN/holdings/

KOIN:

El nombre completo de KOIN es *Innovation Shares NextGen Protocol ETF.* Este no ha recibido tanto interés como los otros dos ETF's al principio. Sus principales participaciones incluyen

Taiwan Semiconductor Manufacturing Co. Ltd. ADR, símbolo bursátil: TSM,

Amazon, símbolo bursátil: AMZN,

Nvidia, símbolo bursátil: NVDA,

Cisco Systems, símbolo bursátil: CSCO.

Esta opción parece una muy buena selección debido a su enfoque en inteligencia artificial.

Pero quizás la razón por la que los inversores no estaban tan interesados con este ETF al principio fue que parece tener la menor cantidad de exposición directa a la industria del blockchain en comparación con los otros dos.

Sin embargo, como se puede ver en la Figura 13-3, sus rendimientos superaron a los de BLOK y BLCN en 2018. Se pueden conocer las novedades más recientes de KOIN en: www.morningstar.com/etfs/ARCX/KOIN/quote.html

FIGURA 13-3

Estos tres ETFs tuvieron la ventaja de la llegada temprana durante algún tiempo, pero eso no necesariamente significa que sean los mejores en el juego.

Invertir en ETF's facilita un poco el proceso de análisis de las acciones y valores, pero sigue siendo necesario un conocimiento general de los holdings de los ETF's para poder elegir el que mejor se adapte a la cartera del interesado. Si las participaciones de varios ETFs son muy diferentes, incluso en el mismo sector, se puede considerar invertir en múltiples ETF's, siempre que sus precios no estén correlacionados.

Vigilar otros índices

Mientras que los ETF de criptomonedas tardan en obtener la aprobación regulatoria, se puede buscar otros índices del sector que puedan darle exposición al mercado de las criptomonedas.

Por ejemplo, en marzo de 2018, Coinbase, uno de los mayores intercambios de cripto en Estados Unidos, anunció que estaba planeando lanzar su propio fondo de índice.

El índice pretendía seguir todos los activos digitales que cotizan en la bolsa de Coinbase, GDAX, que en ese momento incluía Bitcoin, Litecoin, Ethereum y Bitcoin Cash. Sin embargo, en octubre de 2018 la bolsa tuvo que cerrar el índice por la falta de interés de la industria. En su lugar, está cambiando su enfoque hacia un nuevo producto minorista.

Estas son otras fuentes de noticias sobre criptomonedas por orden alfabético:

https://www.cnbc.com/

https://www.coindesk.com/

https://www.forbes.com/crypto-blockchain/

https://www.investing.com/news/cryptocurrency-news

https://www.nasdaq.com/topic/cryptocurrency

https://www.newsbtc.com/

Capítulo 14

El análisis técnico

Algunas personas creen que los mercados financieros, criptográficos o tradicionales, son solamente otra forma de juego legalizado. Estas personas creen que los mercados se mueven al azar y no tienen ninguna conexión con la psicología de los inversores o con fundamentos técnicos como el estado de la economía o los diseños tecnológicos como blockchain.

Pero muchos inversores, después de años de observar e invertir en muchos mercados diferentes, han llegado a ver que la historia en los mercados sigue repitiéndose una y otra vez. Los mercados se mueven como resultado de una combinación de distintos puntos, que coinciden básicamente con los principales a tener en cuenta en el análisis de inversiones, como:

- Análisis de los fundamentos
- Análisis del sentimiento del mercado
- Análisis técnico

En este capítulo se aborda específicamente el análisis técnico y cómo puede ayudarle al interesado a identificar los mejores niveles de precios de compra y venta, tanto si es un jugador de largo plazo como un operador activo.

Muchos sitios de intercambios de criptodivisas y corredores ofrecen servicios de gráficos para facilitarle al inversor el comercio directamente desde su plataforma. Algunos de estos gráficos son sofisticados, y otros no tanto.

Para todos los análisis técnicos, desde las divisas Forex, las acciones y criptodivisas se puede usar TradingView

www.tradingview.com/

Se puede utilizar su servicio gratuito para casi todos los activos, o se puede optar por sus servicios pagos para acceder a los gráficos sin anuncios y para obtener otras ventajas.

Fundamentos del análisis técnico

En resumen, el análisis técnico es el arte de estudiar la historia de la evolución del precio de un activo para predecir su futuro.

La razón por la que suele funcionar es el resultado de una serie de factores, entre ellos los siguientes:

#El comportamiento de los inversores:

La investigación en finanzas conductuales muestra que los inversores toman decisiones basadas en una serie de sesgos psicológicos que se repiten.

#Psicología de las multitudes:

Muchos participantes en el mercado utilizan los mismos métodos de análisis técnico, lo que refuerza los niveles de precios clave.

Cuando los patrones de movimiento de los precios se repiten, los inversores que los detectan con antelación pueden obtener una ventaja en el desarrollo de su estrategia y obtener una rentabilidad superior a la media.

Aunque el mercado de las criptomonedas es relativamente nuevo, los patrones ya se están formando en marcos temporales a corto y mediano plazo.

Las siguientes secciones le ofrecen al participante los fundamentos de los tipos de gráficos, los marcos temporales y los factores psicológicos.

El rendimiento del pasado no garantiza los resultados del futuro. El análisis técnico sólo ayuda a ampliar las probabilidades a favor del interesado y no garantiza la obtención del beneficio. Por lo tanto, se debe llevar a cabo una gestión de riesgos adecuada, tal y como se explica en el capítulo 3.

El arte de los gráficos

Siendo que el usuario quiere conseguir complicarse con los movimientos de precios históricos de su criptomoneda favorita, debe recurrir al análisis de los gráficos. Por muy técnico que parezca este tipo de análisis, a menudo el interesado se encuentra utilizando el lado creativo de su cerebro cuando lo hace; el gráfico es su lienzo. Puede utilizar diferentes tipos de gráficos para trazar el comportamiento del precio de cualquier criptodivisa frente a otras monedas, fiduciarias o no.

Los analistas técnicos adoran los gráficos porque pueden seguir visualmente una actividad orientada a los números. Los gráficos han evolucionado en las últimas décadas a medida que un creciente número de inversores los ha utilizado para desarrollar sus estrategias en diferentes mercados, incluidos los de acciones, divisas y criptomonedas.

Algunos gráficos son sencillos y sólo siguen el precio al final de una sesión. Otros son más complejos de interpretar y registran todos los movimientos del precio durante la sesión.

Algunos de los gráficos más populares son los siguientes:

#Gráficos de líneas:

Los gráficos de líneas muestran sólo los precios de cierre del mercado.

Esto significa que para cualquier período de tiempo, sólo se puede saber cuál es el precio de la criptomoneda al final de ese período y no qué aventuras y movimientos ha tenido durante el desarrollo de ese periodo de tiempo. La Figura 14-1 muestra un ejemplo, con la cotización del Bitcoin en dólares estadounidenses (BTC/USD) durante unos meses entre Abril 2020 y Febrero 2021.

FIGURA 14-1

VALOR HISTÓRICO DEL BITCOIN 2020/21

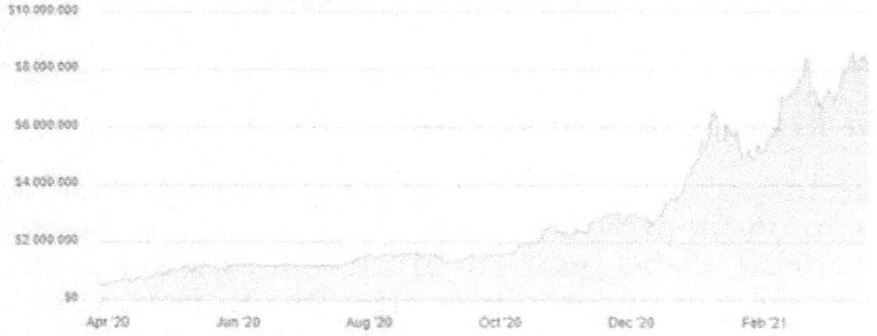

#Gráfico de barras:

En cualquier marco temporal, un gráfico de barras muestra el precio de apertura del mercado, la cotización de apertura, la evolución del precio durante ese periodo de tiempo y el precio de cierre, como se puede ver en la Figura 14-2. Por supuesto, el gráfico puede suministrar las dos visiones, la alcista de los toros y la bajista de los osos. La pequeña línea horizontal de la izquierda en la barra bajista muestra el precio de apertura del mercado.

La pequeña línea horizontal de la derecha es el punto de cierre del período de tiempo en la misma barra. Al considerar la visión alcista, las cosas se invierten y representan exactamente lo contrario. Su pueden consultar tutoriales en Youtube que explican los gráficos de barras.

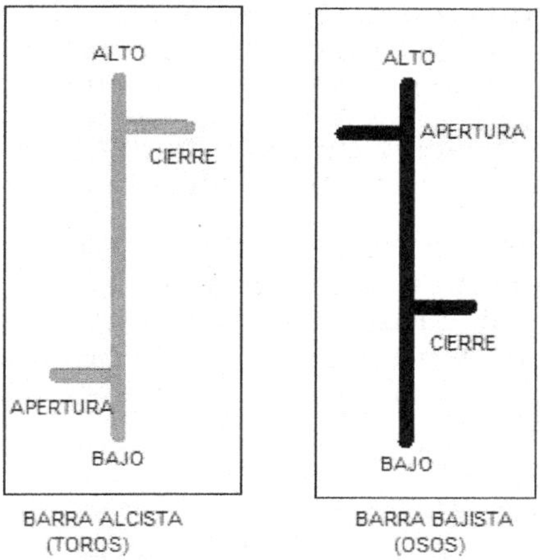

FIGURA 14-2

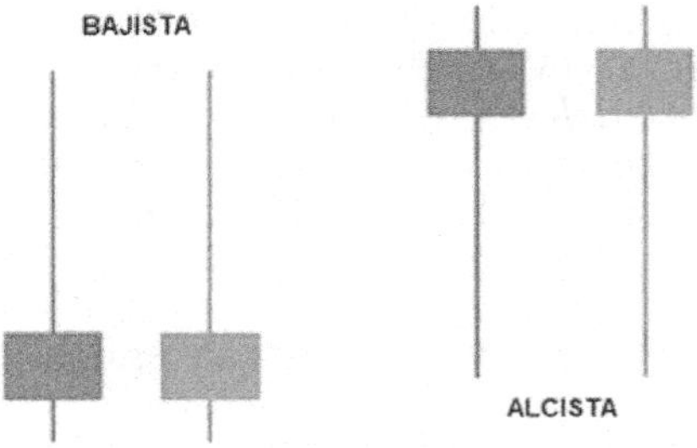

FIGURA 14-3

#Gráficos de velas:

Los gráficos de velas se parecen a los gráficos de barras, pero el área entre los precios de apertura y cierre está coloreada para mostrar el movimiento general del mercado durante ese periodo de tiempo. Si el mercado en general se ha movido al alza durante el periodo de tiempo, lo que se conoce como sentimiento alcista del mercado, el área se colorea normalmente en verde. Si el mercado se mueve a la baja, que el sentimiento bajista del mercado, la zona suele ser de color rojo. Por supuesto, se pueden elegir los colores que se desee, con la condición de que se aclare su significado como referencia. Caso contrario, por defecto valen los colores convencionales, como se puede ver en la Figura 14-3.

Un gráfico de velas también muestra el precio mínimo y máximo del activo durante el período de tiempo.

Este tipo de gráfico, atractivo visualmente, fue desarrollado por un comerciante de arroz japonés. Por una casualidad igual que el fundador de Bitcoin, Satoshi Nakamoto. Independientemente del hecho de que hay dudas sobre su verdadera identidad, la unidad más pequeña de Bitcoin se llama Satoshi.

El factor tiempo

Dependiendo del tipo de inversor que sea el interesado, puede elegir diferentes marcos temporales para realizar el análisis técnico. Por ejemplo, si es un operador activo cotidiano o *day trader* y quiere aprovechar las fluctuaciones de los mercados de criptomonedas, puede estudiar los precios del mercado en los últimos 30 minutos, una hora o cuatro horas. Por otro lado, si el interesado es un inversor a largo plazo, querrá dejar que los mercados encuentren su camino para apreciar una tendencia estable.

Recién entonces, extenderá sus órdenes de compra/ venta y para ello puede analizar las acciones de los precios en los últimos días o meses para encontrar patrones repetitivos y niveles de precios psicológicos clave.

Todos los tipos de gráficos pueden utilizarse en diferentes marcos temporales. Un gráfico lineal de una hora muestra el precio de cierre al final de cada hora. Un gráfico de velas diario muestra los precios de apertura, cierre, mínimos y máximos durante períodos de un día, así como el movimiento general del mercado en un periodo de tiempo más largo, como se pudo ver en otras figuras presentadas.

¿Hay un factor psicológico?

Al estudiar los movimientos del mercado, se pueden empezar a encontrar patrones y precios que se repiten en el gráfico. Gran parte de esta repetición tiene que ver con la psicología del mercado y la influencia del sentimiento general del público sobre la criptodivisa.

Una de las formaciones más llamativas en un gráfico es una tendencia. Una tendencia en un gráfico no tiene nada que ver con las tendencias en Twitter o en el mundo de la moda, pero la idea relativa es similar. En realidad esta tendencia se trata de un concepto estadístico. Cuando se nota que el precio de una criptomoneda sigue subiendo en un gráfico, ese movimiento significa, o se puede interpretar así, que los participantes del mercado se sienten bien con la criptomoneda. Siguen comprando y, por lo tanto, hacen subir su precio. Incluso se suele decir que la criptomoneda está en tendencia.

Es posible que alguien haya escuchado la famosa frase de inversión “la tendencia es tu amiga”. Si alguien detecta la tendencia con suficiente antelación, puede aprovechar la suba de los precios y hacer algo de dinero. Lo mismo ocurre cuando el precio de la criptomoneda se mueve hacia abajo, o sea que está en una tendencia a la baja.

Si se detecta una tendencia a la baja con la suficiente antelación, puede ser conveniente vender su criptodivisa para evitar pérdidas mayores o, por el contrario, establecer una orden limitada para comprar más a un precio más bajo y especular.

Lo importante es detectar los niveles clave

El objetivo del análisis técnico es identificar los mejores precios para comprar y vender.

Lo ideal es comprar al precio más bajo que la criptomoneda pueda alcanzar cayendo, en un futuro previsible. Y se trata de mantener la moneda y venderla luego al precio más alto que pueda alcanzar dentro de un marco de tiempo elegido. En los mercados bien establecidos, con una gran cantidad de datos históricos, se puede identificar estos precios mediante la detección de los niveles de precios clave que han creado algún tipo de límites para los movimientos del mercado en el pasado.

En los párrafos siguientes, se desglosan algunos de estos niveles importantes.

Niveles de soporte

Un *nivel de soporte* es una barrera que impide que los precios caigan por debajo de él. Es fácil de detectar en los gráficos porque en un determinado ciclo se observa que ningún precio alcanzó un valor menor. Siempre está por debajo del precio actual del mercado en su gráfico. Su consideración es tanto más efectiva cuanto más prolongado sea el ciclo observado. Los participantes en el mercado que detectan el nivel de soporte, generalmente esperan que los precios alcancen valores cercanos a ese nivel para comprar la criptomoneda. Una de las formas simples de detectar un nivel de soporte es estudiar el rendimiento pasado de la criptodivisa en el gráfico. Si un nivel de precios parece seguir "apoyando" el valor de la criptodivisa para que no caiga más bajo, se lo puede marcar como un nivel de soporte.

Como se puede ver en la Figura 16-5, que muestra la serie histórica del BTC desde octubre 2013 hasta febrero 2021, uno de los niveles de soporte clave de Bitcoin está alrededor de los U$D 6.000, excepto la caída puntual de febrero de 2019 hasta U$D 4000, que coincide con el estallido de la burbuja hacia fines de 2018, pero que puede considerarse un mínimo absoluto, ya que no fue nunca antes ni después alcanzado.

El precio de Bitcoin probó alrededor de este nivel psicológico de U$D 6000 múltiples veces en 2018, 2019 y 2020, pero en cada oportunidad, el nivel de soporte evitó que Bitcoin cayera más bajo.

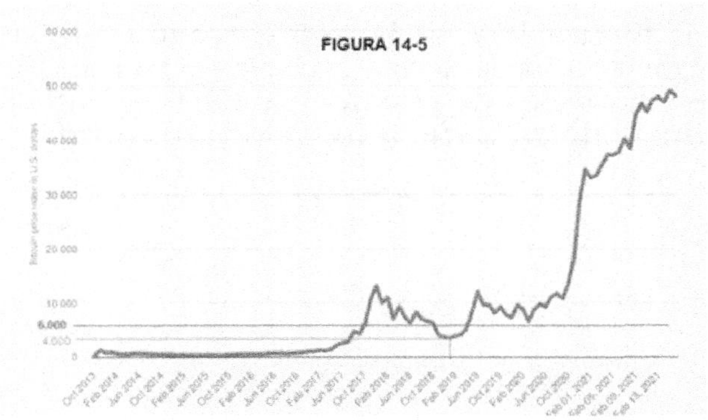

FIGURA 14-5

Es importante destacar que los precios se mueven "alrededor" del nivel de soporte, ya que éste no es siempre un número concreto. Incluso, aunque la mayoría de los medios de comunicación digan cosas como "Bitcoin cayó por debajo del nivel psicológico de los 6.000 dólares, los soportes clave son a menudo una zona más que un número redondo.

El nivel de soporte se hace más fuerte cuanto más se prueba. Pero después de que el soporte fuerte se rompa, el sentimiento del mercado tiene una buena oportunidad de cambiar a bajista y comenzar a bajar hacia los siguientes niveles de soporte.

Niveles de resistencia

La resistencia es una barrera que impide que los precios suban. Debe estar ubicada por encima del precio actual en su gráfico, y puede utilizarla como un punto oportuno para vender sus criptoactivos.

Se puede identificar un nivel de resistencia a simple vista buscando picos en el gráfico. Cada pico puede considerarse un nivel de resistencia siempre que esté por encima del valor actual del mercado y dependiendo del periodo que se quiera considerar.

En la Figura 14-6 se ha representado una serie de valores diarios con variaciones horarias y se han indicado algunos de los niveles de resistencia clave de Bitcoin cuando estaba cotizando en torno a un valor arbitrario.

FIGURA 14-6
Resistencias en el precio del Bitcoin

Algunos prefieren utilizar los niveles de retroceso de Fibonacci para identificar los niveles de soporte y resistencia. Al aplicar Fibonacci a una tendencia pasada, se puede ver inmediatamente un

Nivel de soporte y resistencia sin tener que aplicarlos uno a uno por su cuenta.

Por supuesto, los niveles de Fibonacci no siempre son completamente precisos, y es posible que el usuario tenga que jugar un poco con su aplicación para conseguir el resultado para un análisis correcto. Consulte el Capítulo 18 para ampliar conocimientos sobre el análisis de gráficos.

Tendencias y canales

En líneas precedentes de este capítulo, se explica cómo se pueden formar tendencias basadas en la psicología del mercado.

Algunas tendencias son muy fáciles de detectar. Por ejemplo, el periodo entre julio y diciembre de 2017 fue un período de una tendencia alcista extrema en Bitcoin y muchas otras criptodivisas cuando los precios no dejaron de subir. Por supuesto, esta fuerte tendencia alcista llamó la atención de muchas personas, inversores o no, lo que llevó a la cripto a una burbuja que se desplomó en la última parte de 2018.

Pero detectar las tendencias no siempre es tan fácil y trazar líneas de tendencia es un arte. Y al igual que con cualquier otro tipo de arte, cada uno tiene una opinión única sobre ellas. Aquí se presentan dos métodos básicos para dibujar una tendencia alcista y una tendencia bajista:

- Para dibujar una línea de tendencia alcista, cuando haya identificado casualmente un impulso alcista en el gráfico, simplemente haga clic en el instrumento de la línea de tendencia en su plataforma de negociación y conecte dos o más valles importantes, que son los extremos bajos o "picos decrecientes" como se muestra en la Figura 14-7.

- Para dibujar una tendencia bajista, conecte dos o más picos importantes, que son las cimas del trazo en el gráfico.

Si las líneas de tendencia están por encima del precio corriente, también se puede considerarlas como niveles de resistencia. Si la línea está por debajo del precio actual, pueden utilizarse como nivel de soporte.

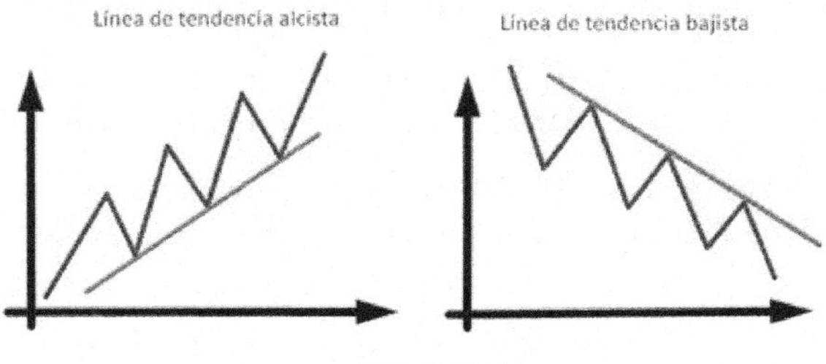

FIGURA 14-7

También se pueden encontrar videos tutoriales en YouTube sobre cómo dibujar líneas de tendencias.

Ahora bien, ¿qué pasa si el mercado se mueve entre dos niveles paralelos de soporte y resistencia? Los analistas técnicos llaman a esta formación un canal. Se puede utilizar canales largos para las estrategias de negociación a corto plazo de las que se habla después. Por ejemplo, una estrategia común es comprar en la banda inferior del canal y vender en la banda superior.

La Figura 14-8 muestra los canales básicos que se pueden identificar en un gráfico.

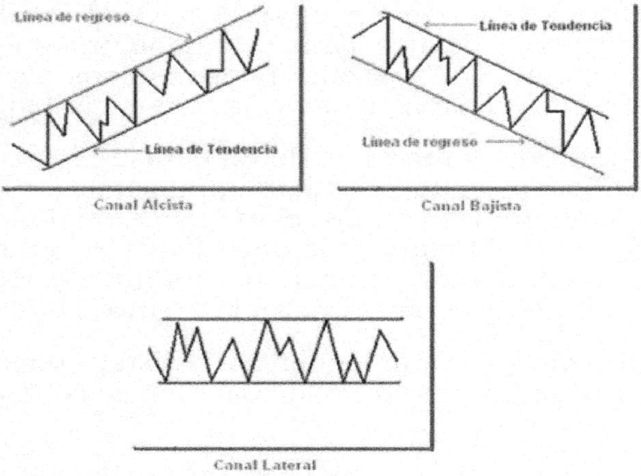

FIGURA 14-8

¿Qué pasa si la tendencia ya no acompaña?

Lamentablemente, las tendencias nunca son eternas. Como todas las cosas buenas un día llegan a su fin.

Identificar el momento exacto en que termina una tendencia es uno de los trabajos más difíciles de los analistas técnicos.

A menudo, el mercado se burla de la multitud con un cambio de dirección repentino pero de corta duración. Muchos inversores entran en pánico. Pero luego el precio vuelve a la senda de la tendencia a largo plazo.

Aunque los niveles clave de soporte y resistencia pueden ayudarle a predecir cuándo puede terminar una tendencia, debe respaldar sus descubrimientos con un análisis de los fundamentos y del sentimiento del mercado, como ya se ha explicado antes.

Patrones de comportamiento

¿Cómo se pueden identificar los patrones en un gráfico?

Los analistas técnicos buscan constantemente formas de identificar los niveles clave de soporte y niveles de resistencia. Este trabajo no es fácil, pero las formaciones de los gráficos pueden ayudarles con sus observaciones. Convertirse en un experto en gráficos técnicos puede llevar tiempo, y muchos analistas pasan años estudiando para obtener títulos como el de Técnico de mercado (CMT).

Por ahora, se puede visualizar lo esencial de algunos patrones gráficos importantes.

Patrones de inversión alcista

Cuando se confirma una formación de reversión alcista, normalmente indica que la tendencia del precio del mercado se invertirá desde una tendencia bajista hacia una tendencia alcista.

Algunos patrones gráficos de inversión alcista bien conocidos se muestran en la Figura 14-9 e incluyen el doble fondo, cuando el precio pone a prueba un nivel de soporte clave dos veces, creando dos formas de valle en el nivel de soporte, el fondo de cabeza y hombros, cuando el precio prueba aproximadamente el mismo nivel de soporte tres veces, y el fondo de platillo, cuando el precio alcanza gradualmente un nivel de soporte clave y se mueve gradualmente hacia arriba, tomando la forma de un cuenco.

Una estrategia de negociación popular que utiliza patrones de inversión alcista consiste en comprar cuando se identifica el patrón en su llamada línea de cuello, que es un nivel de resistencia clave y vender luego en los siguientes niveles de resistencia clave.

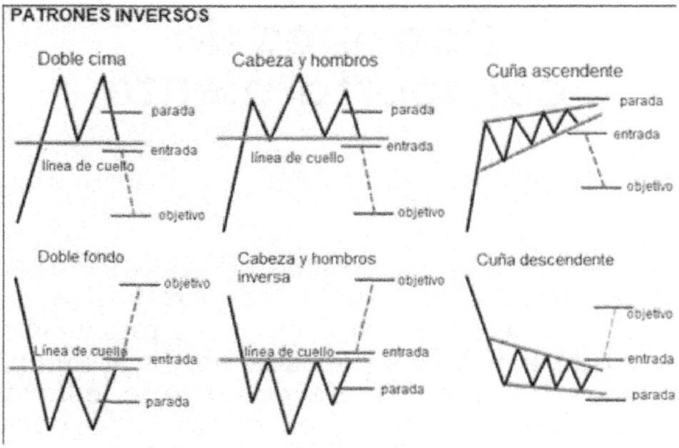

FIGURA 14-9

Patrones de inversión bajista

Como su nombre lo indica, una formación de inversión bajista es exactamente lo contrario de una alcista. En una inversión bajista, los precios normalmente alcanzan una resistencia durante una tendencia alcista y no pueden subir más. Por lo tanto, se ven obligados a ir a un mercado bajista. Algunos patrones de inversión bajista famosos, incluyen el doble techo, o doble cima, que es una formación de dos perfiles similares a una montaña en el gráfico cuando el precio pone a prueba un nivel de resistencia clave, la cabeza y los hombros, cuando el precio pone a prueba aproximadamente el mismo nivel de resistencia tres veces, pero la segunda vez sube un poco más, lo que hace que parezca una cabeza de pico, y la cima de platillo, cuando el precio alcanza gradualmente un nivel de resistencia clave y luego se mueve gradualmente hacia abajo.

Algunas de las estrategias típicas que se llevan a cabo utilizando las transposiciones bajistas son las siguientes: - Tomar beneficios de los activos que ha estado manteniendo después de identificar el patrón.

- Vender en corto en la línea del cuello y tomar ganancias en los siguientes niveles de soporte.

Los gráficos se pueden suavizar con promedios móviles

Si los gráficos de cotizaciones y toda la información que contienen le parecen demasiado complicados al participante, puede utilizar el recurso de algunos inversores y analistas que suelen utilizar las herramientas denominadas *medias móviles* (MA's) para identificar esas tendencias más fácilmente.

Por definición, una media o promedio móvil es un procedimiento matemático que registra el valor medio de una serie de precios a lo largo del tiempo. Hay muchas formas de calcular las medias móviles y utilizarlas en función de las necesidades de negociación. Algunas son básicas y otras son más sofisticadas. Algunos prefieren mezclar y combinar las medias móviles con patrones gráficos y, por supuesto, con los niveles de retroceso de Fibonacci. Las siguientes líneas contienen más información sobre las MA. Se puede consultar el Capítulo 18 para obtener detalles sobre los niveles de retroceso de Fibonacci.

Es posible que el interesado se haya acostumbrado a la idea de que las señales de trading y los indicadores a menudo están llenos de leyes técnicas. El mercado de criptomonedas suele actuar de forma arbitraria, ignorando todas las supuestas reglas. Por eso nunca se debe confiar en un solo método de análisis y siempre se deben confirmar las decisiones con otras herramientas y puntos de análisis.

Además, el interesado nunca debe invertir dinero que no pueda permitirse perder.

Medias móviles básicas

En su gráfico de operaciones, el interesado puede encontrar medias móviles básicas (MA) que suavizan los precios que van de 10 a 200 periodos de tiempo. Por ejemplo, si se observa un gráfico diario se puede seleccionar una media móvil a corto plazo que calcula una serie de 15 puntos de datos. Esta cifra se denomina media móvil de 15 días, o MA rápida.

Si quiere ver una media móvil a más largo plazo, se puede utilizar un periodo más largo, como como 200 días, y llamarla MA lenta.

Las medias móviles a más largo plazo son más eficaces a la hora de captar las principales tendencias.

Por otro lado, las MA de corto plazo son más sensibles a las acciones recientes de los precios.

Los analistas técnicos suelen utilizar una combinación de MA's y estudian su posicionamiento entre sí.

Medias móviles más sofisticadas

Los analistas técnicos más "frikis", suelen llevar su práctica de las MA al siguiente nivel, utilizando combinaciones más complejas de medias móviles para comprender mejor el sentimiento del mercado. Algunas de las medias móviles más sofisticadas que se utilizan con frecuencia son:

<u>#Divergencia convergente de medias móviles (MACD):</u>

El MACD es un indicador que muestra la diferencia entre una media móvil a corto plazo y una media móvil a largo plazo.

<u>#Bandas de Bollinger:</u>

Indicador usado en el análisis técnico de los mercados financieros, creado por el John Bollinger en la década de 1980. Este indicador incluye dos bandas por encima y por debajo de las series de precios del mercado.

<u>#Índice de fuerza relativa (RSI):</u>

El RSI es un indicador de impulso u oscilador que mide la fuerza interna relativa del precio de la criptodivisa contra sí misma.

"Ichimoku Kinko Hyo": Es la opción favorita de muchos analistas; consiste en cinco diferentes MA's, todas ellas superpuestas.

Brinda todo lo que se necesita saber de una sola vez, de ahí su nombre, que significa *"un vistazo al gráfico en equilibrio"*.

Capítulo 15

Estrategias comerciales de corto plazo

La elección de las operaciones de corto plazo, a menudo puede ser una cuestión de personalidad. Algunos negociadores prosperan en la emoción de las aventuras comerciales a corto plazo o el comercio especulativo. Otros prefieren invertir a largo plazo y poder relajarse, pasar noches tranquilas y dejar que los mercados hagan su trabajo.

Para los que eligen la adrenalina de las estrategias de corto plazo, se pueden consultar en este capítulo, algunos métodos que se utilizan para desarrollar estrategias cortoplacistas que han funcionado en el pasado.

Aunque los fundamentos de la negociación de corto plazo son similares en diferentes activos, el comercio de criptomonedas requiere que el usuario considere algunos pasos adicionales para aumentar las probabilidades a su favor.

Escenarios temporales de corto plazo

La operación de corto plazo también puede ser llamada *comercio agresivo*. Porque se asume más riesgo con la esperanza de obtener más beneficios. Como se ha explicado cuando se trató el tema del riesgo, la inversión de cualquier tipo requiere un constante equilibrio y compensación entre el riesgo y la rentabilidad. Para obtener más rentabilidad, hay que asumir más riesgos. Cuando se trata de ganar dinero en el corto plazo, se debe estar preparado para perder su inversión, y quizás incluso más, en ese plazo también, especialmente en un mercado volátil como el de las criptomonedas.

El comercio de corto plazo puede dividirse en diferentes categorías dentro de sí mismo en función de la rapidez con la que se obtienen los beneficios: horas, días o semanas.

En términos generales, cuanto más corto es el plazo de negociación, mayor es el riesgo que conlleva esa operación.

Las siguientes secciones explican los tres plazos más comunes de las operaciones a corto plazo para las criptodivisas.

Ganar en horas

El *day trading* es una forma de comercio agresivo de corto plazo. Su objetivo es comprar y vender criptomonedas en un día y obtener beneficios antes de irse a dormir. En los mercados tradicionales, como el mercado de valores, un día de negociación suele terminar a la tarde. Pero el mercado de criptomonedas funciona las 24 horas al día, por lo que el interesado puede definir sus horas de negociación diaria para que se ajusten a su horario preferido.

Este gran poder requiere de una gran responsabilidad. Nadie quiere que esa gran dedicación horaria interfiera con su vida normal.

Algunas preguntas que debe hacerse el interesado para determinar si el comercio de día es un camino correcto para él son las siguientes:

- ¿Tiene tiempo para dedicarse al day trading? Si tiene un trabajo de tiempo completo y no puede estar pegado a su pantalla todo el día, el day trading probablemente no sea adecuado para él.

Debe asegurarse de no utilizar el tiempo de su empresa para operar. No sólo puedes terminar despedido, sino que tampoco podrá dedicar el tiempo y la energía necesarios a la negociación. El doble de problemas.

- ¿Tiene suficiente tolerancia al riesgo para el day trading? Debería evaluar sus posibilidades de gestión del riesgo y calcular su tolerancia al riesgo.

- Incluso si puede permitirse perder potencialmente dinero con el day trading, ¿está dispuesto a hacerlo? ¿Tiene "estómago" para ver cómo sube y baja su cartera a diario? Si no es así, tal vez el day trading no sea adecuado para usted.

Pero, si con todo eso ha decidido que el *day trading* es el camino correcto para usted, las siguientes líneas comparten algunos consejos que debería tener en cuenta antes de empezar a arriesgar.

Definir las sesiones

Debe ser capaz de definir la duración de sus sesiones de comercio de criptomonedas.

Dado que las criptodivisas se negocian internacionalmente sin fronteras, una forma de poder definir un día de operación es basarse en las sesiones de negociación en las capitales financieras del mundo como Nueva York, Tokio, la zona del euro y Australia. La figura 15-1 muestra estas sesiones con apertura y cierre en hora de España.

Bolsa	Hora de apertura	Hora de cierre
Australia	00.00	06.00
Japón	03.00	08.00
Shangay	02.30 y 06.00	04.00 y 08.00
Europa	09.00	17.30
Lisboa	10.30	17.30
Suecia	09.30	17.00
USA	15.30	22.00
Canadá	15.30	22.00

FIGURA 15-1

Este método sigue sesiones de negociación similares a las del mercado de divisas forex.

Algunas sesiones pueden ofrecer mejores oportunidades de negociación si la criptodivisa que el usuario está planeando negociar tiene un mayor volumen o volatilidad en ese marco de tiempo. En un caso de ejemplo, una criptodivisa con base en China, como NEO, puede tener más volumen de operaciones durante la sesión asiática.

Diferencias con otros activos

También hay que saber que el comercio diario de criptomonedas es diferente del day trading de otros activos.

Cuando se hace day trading con activos financieros tradicionales, como acciones o divisas, se puede seguir parámetros ya establecidos, como el próximo informe de ganancias de una empresa, la cotización de la moneda de un país, o la decisión sobre los tipos de interés de un país. El mercado de criptomonedas, en su mayor parte, no tiene un calendario de eventos de riesgo desarrollado. Por eso, realizar un análisis fundamental para desarrollar una estrategia es mucho más difícil con las criptomonedas.

Resérvese un tiempo

Este es otro buen consejo. Dependiendo de su horario personal, puede considerar la posibilidad de programar un momento específico del día para concentrarse en sus operaciones. La idea de poder operar las veinticuatro horas del día es muy buena en teoría. Se puede entrar en su aplicación de trading durante una noche de insomnio y empezar a operar. Pero esta flexibilidad puede ser contraproducente cuando se empieza a perder el sueño por ello y alterar el ritmo de vida normal. Mantenerse alerta durante la operación diurna o nocturna es muy importante, porque se necesita desarrollar estrategias, identificar oportunidades de negociación y gestionar el riesgo varias veces a lo largo de la sesión. Para muchas personas, tener una disciplina concreta vale la pena.

Empezar de a poco

El *day trading* implica mucho riesgo. Por eso, hasta que lo pueda hacer tranquillo, empiece con una cantidad pequeña y aumente gradualmente su capital a medida que gane experiencia. Algunos corredores, incluso, le permiten empezar a operar con un mínimo de 50 dólares.

Si empieza a operar con una cantidad pequeña, asegúrese de que no utiliza el margen o el apalancamiento para aumentar su poder de negociación. El apalancamiento es una de esas herramientas increíblemente arriesgadas que se suele proyectar como una oportunidad. Le permite manejar una cuenta más grande con una pequeña inversión inicial tomando prestado el resto de su corredor. Si está tratando de probar las cosas empezando con algo pequeño, usar el apalancamiento frustrará ese propósito.

No asuma demasiados riesgos

Otro buen consejo, sobre todo para principiantes. Según la plataforma Investopedia, la mayoría de los operadores diarios con éxito no apuestan mucho de su cuenta, el 2% de la misma como máximo, en cada operación. Si tiene una cuenta de 10.000 dólares y está dispuesto a arriesgar el 1% de su capital en cada operación, su pérdida máxima por operación será de 100 dólares. Así que debe asegurarse de tener ese dinero reservado para posibles pérdidas, y que no está asumiendo más riesgo del que puede permitirse.

Asegure su cartera

Uno de los principales problemas del comercio diario de criptodivisas es el que implica la seguridad de su cartera.

Como ha explicado antes, las carteras de criptodivisas

menos seguras son las carteras en línea.

Dado que el interesado va a necesitar su capital a mano durante todo el día, puede que no tenga más remedio que dejar sus activos en el monedero online de su bolsa, lo que puede exponerle mucho al riesgo de piratería.

Una forma de mejorar su seguridad en este caso es no comprar ni vender criptodivisas sino especular con la acción del precio y los movimientos del mercado de criptomonedas utilizando corredores que faciliten estos servicios.

Evite el scalping

Scalping se utiliza en el idioma original, sin traducir del inglés, por ser un término técnico financiero. Igual, su traducción literal, algo así como "recortando", no aporta demasiada claridad.

El scalping es una variante del *day trading* que busca obtener ganancias reducidas en periodos de tiempo muy cortos, a veces minutos o segundos.

El scalping es la estrategia de negociación a corto plazo que eligen algunos operadores individuales. Básicamente significa entrar y salir de las operaciones con frecuencia, a veces en cuestión de segundos. Si el inversor está pagando comisiones por cada operación, no sólo se está exponiendo a un gran riesgo de mercado cuando hace scalping, sino que también puede perder demasiado por las comisiones antes de obtener algún beneficio. Los operadores individuales rara vez obtienen beneficios con el scalping. Ahora bien, si el interesado es parte de una empresa que tiene acceso a las comisiones de descuento y enormes cuentas de trading, la historia puede ser diferente.

Ganar en pocos días

Si el inversor quiere operar a corto plazo pero no quiere estar pegado a su ordenador todo el tiempo, este marco temporal puede ser el adecuado para él. En el comercio tradicional, los operadores que mantienen sus posiciones durante la noche se clasifican como *swing traders*.

La estrategia de negociación más común para los operadores de swing es la negociación por rangos, en la que, en lugar de seguir una tendencia, se busca un punto de inflexión, en una criptomoneda cuyo precio haya rebotado hacia arriba y hacia abajodentro de dos precios. La idea es comprar en la parte inferior del rango y vender en la parte superior, como se puede ver en la Figura 15-2. Si se utiliza un corredor que facilite servicios de venta en corto, también se puede ir en la otra dirección.

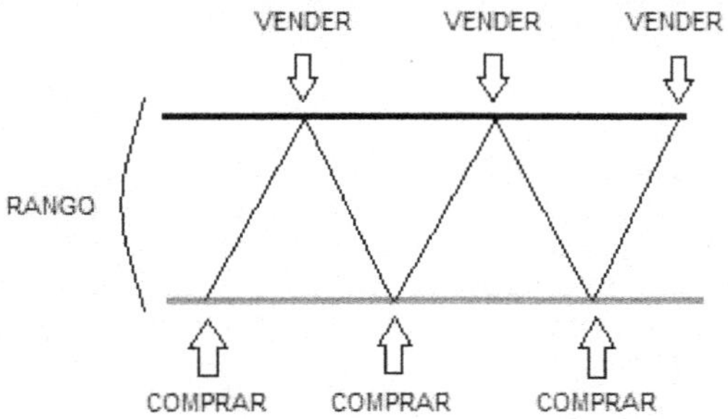

FIGURA 15-2

Por supuesto, en el mundo real los rangos no son tan limpios y definidos como se ven en el ejemplo de la Figura 15-2, que es sólo un esquema simplificado. Para identificar un rango, hay que dominar en el análisis técnico. Una serie de patrones de gráficos técnicos e indicadores pueden ayudar a identificar un rango.

Si el interesado elige el *swing trading* en lugar del *day trading*, un inconveniente es que no pueda obtener un tipo impositivo optimizado que se crea para los day traders en algunos países.

De hecho, el *swing trading* se encuentra en la zona

gris de la fiscalidad legal, porque si mantiene sus posiciones durante más de un año como inversión a largo plazo también obtiene una categoría impositiva optimizada.

Para más información sobre optimizaciones fiscales, consulte el Capítulo 19.

Si el operador negocia los movimientos del mercado de criptomonedas sin comprarlas realmente, debería asegurarse de que no está pagando un montón de comisiones por mantener sus posiciones durante la noche.

Puede consulte con su agente de bolsa antes de desarrollar su estrategia de swing trading o en sitios como: https://forestparkfx.com/, para seleccionar un corredor que se adapte a su estrategia.

Ganar en semanas

Este plazo entra en la categoría de las operaciones de posición en los mercados tradicionales. Es más corto que una estrategia de inversión a largo plazo, pero más largo que el trading diario.

Este tipo de operación a corto plazo puede considerarse la forma menos arriesgada de operar en un plazo breve, pero sigue siendo arriesgada.

En este tipo de operaciones, se puede identificar una tendencia del mercado y seguirla hasta que el precio alcance una resistencia o un soporte. Como ya se ha explicado, una resistencia es una barrera psicológica del mercado que impide que el precio suba y un nivel de soporte es todo lo contrario: un precio al que el mercado tiene dificultades para “romper hacia abajo”.

Para mantener sus posiciones durante semanas, necesita conservar sus criptoactivos en su monedero online, dentro de su bolsa, lo que puede exponerle a un riesgo de seguridad adicional ya comentado. Puede ser mejor una mejor opción utilizar un corredor que proporcione servicios de especulación de precios para este tipo de estrategia comercial, de modo que no tenga que exponer las criptodivisas.

Una estrategia popular de negociación de posiciones implica los siguientes pasos, como se puede apreciar en la Figura 15-3:

- Identificar una tendencia, utilizando el análisis técnico.

- Esperar un retroceso.

- Comprar en el retroceso dentro de la tendencia alcista.

- Tomar beneficios, o sea vender, en una resistencia.

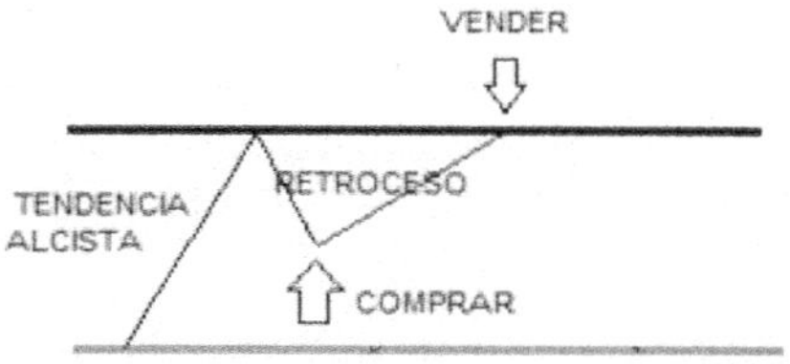

FIGURA 15-3

Lo que se observa es cómo conviene comprar en el retroceso de un mercado con tendencia alcista, tomando ganancias al vender en la resistencia.

En algunos Grupos de Inversión se proporcionan estrategias de negociación de posiciones utilizando la técnica combinada Ichimoku Kinko Hyo + Fibonacci. Se puede consultar en el Capítulo 18 para más información sobre esta técnica.

Métodos de análisis de corto plazo

Se pueden probar distintos métodos de análisis a corto plazo, porque nadie puede convertirse en un exitoso operador cortoplacista sólo leyendo las noticias.

La negociación de corto plazo es un arte que combina la gestión activa del riesgo con una gran comprensión de la psicología de la multitud y de los vaivenes de los precios que va más allá del alcance de este tratado. Además, el mercado de criptomonedas no está tan establecido como otros mercados tradicionales, por lo que operar con las criptomonedas menos conocidas a corto plazo puede ser aún más arriesgado.

El participante puede compararlo con el comercio de acciones de bajo costo o con los juegos de azar, que son formas casi seguras de perder dinero.

En cualquier caso, las siguientes líneas presentan algunos métodos de análisis que utilizan los operadores profesionales con grandes cuentas y una alta tolerancia al riesgo.

Según el sitio especializado Medium.com, las operaciones diarias en el mercado de criptomonedas han aportado a algunos inversores beneficios que van desde el 1% al 2%, mientras que en otros valores pierden dinero. Para la mayoría, el day trading del mercado de criptomonedas ha sido un juego de suma cero.

Aprender a descifrar los patrones de los gráficos

Se puede utilizar la mayoría de los patrones gráficos, sobre los que ya se ha comentado en capítulos anteriores, para operar a corto plazo, así como para las estrategias de negociación a mediano y largo plazo.

Todo lo que el participante tiene que hacer es ajustar la vista del gráfico a un marco temporal más corto.

Normalmente conviene comprobar con tres marcos temporales diferentes cuando se desarrolla una estrategia de trading.

Si se está analizando los mercados para una toma de beneficios más rápida, se pueden mirar tres marcos temporales cortos. Por ejemplo, si se busca obtener beneficios en cuestión de horas, se puede analizar la acción del precio en estos tres marcos temporales:

- Gráfico de 30 minutos, para hacerse una idea del sentimiento del mercado

- Gráfico de una hora

- Gráfico de cuatro horas, para comprender el panorama general

Si se observan diferentes formas de patrones gráficos de inversión alcista en los tres marcos temporales, es posible que haya una mayor probabilidad de que se inicie una nueva tendencia alcista, lo que puede conducirlo a una estrategia de trading alcista exitosa.

A continuación se muestra un ejemplo del par de monedas Bitcoin/dólar estadounidense (BTC/USD) el día 5 de septiembre de 2018.

Se puede utilizar la herramienta del sitio Trading View, https://tradingview.go2cloud.org/ para la elaboración de gráficos, ya que proporciona muchas variantes de análisis técnico y gráficos personalizables.

Un gráfico de 30 minutos

Si el operador está mirando el gráfico de 30 minutos, y a las 9:30 de la mañana, de repente ve una caída que hace que el precio de Bitcoin baje de aproximadamente 7.380 dólares a 7.111 dólares, como se puede ver en la Figura 15-4. Esta formación se llama patrón de vela envolvente bajista entre los analistas técnicos. ¿Es el comienzo de una nueva tendencia bajista?

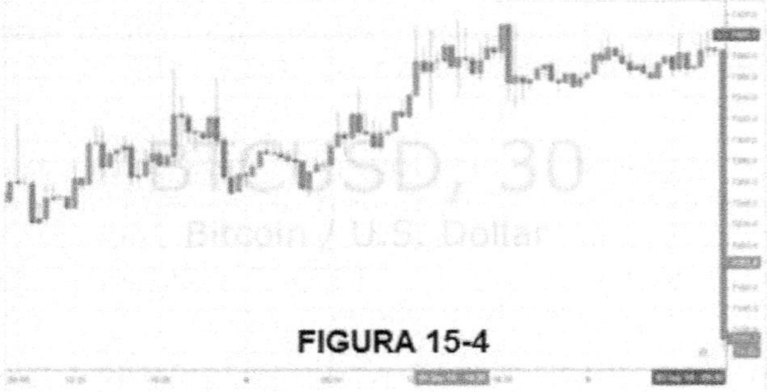

FIGURA 15-4

Un gráfico horario

Al pasar del gráfico de 30 minutos al gráfico horario se observa la misma caída (mostrada en la Figura 17-5). Pero como ahora puede

Pero como ahora puede ver el panorama más amplio, descubre que esta caída se produjo después de un periodo de tendencia alcista en el mercado, lo que puede ser una señal sólo de retroceso durante una tendencia alcista. Pero, ¿hasta dónde puede caer el par?

FIGURA 15-5

Gráfico de cuatro horas

Al pasar del gráfico horario al gráfico de cuatro horas, se observa que el patrón envolvente bajista se forma en una tendencia alcista mucho más larga que ha estado subiendo desde mediados de agosto. Observando el gráfico de cuatro horas, se pueden señalar los niveles de soporte clave, que se muestran en 6.890 y 6.720 dólares, hacia los que el precio puede retroceder dentro de este sentimiento de mercado bajista recién establecido.

En la Figura 15-6, se ha utilizado los niveles de retroceso de Fibonacci para identificar los niveles de precios clave con mayor precisión.

Siguiendo las pautas del análisis técnico, es de esperar una pequeña corrección después de esta caída repentina, seguida de más caídas a niveles de soporte clave en el gráfico de cuatro horas.

Con esto, una posible idea de negocio puede ser vender en la corrección o a precio de mercado y luego tomar ganancias en uno o dos niveles de soporte.

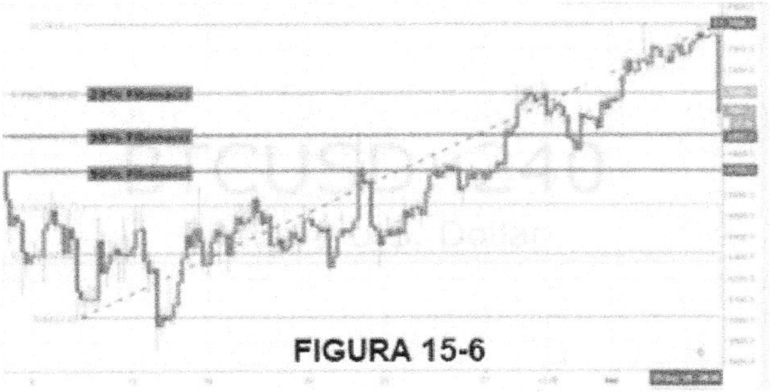

FIGURA 15-6

Tras las caídas repentinas de los precios, a veces el propio mercado se corrige antes de caer más. A menudo, se corrige hasta niveles de pivote clave, un nivel que se considera que cambia la tendencia si el precio rompe por debajo o por encima de él, que en este caso es el nivel de retroceso del 23% de Fibonacci en 7.090 dólares. La recompensa por esperar una corrección es que se puede obtener más beneficios vendiendo en corto a un precio más alto.

El riesgo es que el mercado no se corrija por sí mismo y el operador pierda.

Es conveniente, si el participante cree que el mercado realmente va a cambiar a un sentimiento bajista, vender algo a precio de mercado y establecer una orden limitada de venta en el nivel de pivote clave, por si acaso que el mercado se corrija antes de seguir bajando. De este modo, se puede distribuir su riesgo. Una orden de venta limitada es un tipo de orden de negociación que puede establecer en la plataforma de su corredor, que le permite vender sus activos a un precio específico en el futuro.

Para una toma de beneficios a corto plazo, se puede considerar la posibilidad de establecer órdenes limitadas de compra en los dos niveles clave de soporte, en los rangos de retroceso del 38% y del 50% de Fibonacci. En este ejemplo, el objetivo es tomar ganancias parciales en torno a los 6.890 dólares, y luego salir de la operación completamente en 6.720 dólares. Una vez más, este enfoque puede limitar las ganancias si el mercado continúa cayendo, pero también limita el riesgo si el precio no cae tan bajo como el segundo soporte clave, por lo que proporciona una relación riesgo-recompensa adecuada. La Figura 15-7 muestra cómo se comportó el mercado en realidad.

El precio del BTC/USD corrigió un poco, pero no llegó al nivel de retroceso de Fibonacci del 23%.

Por lo tanto, si sólo hubiera esperado una corrección para vender, se habría perdido la oportunidad de negociar. El mercado cayó hasta los dos niveles de soporte clave en el 38% y el 50% de los niveles de retroceso de Fibonacci. Así que si hubiera vendido a precio de mercado, habría obtenido beneficios en ambos niveles de soporte clave.

Por otro lado, el precio siguió cayendo más allá del nivel de retroceso del 50 por ciento de Fibonacci, por lo que puede representar una oportunidad perdida para maximizar las ganancias.

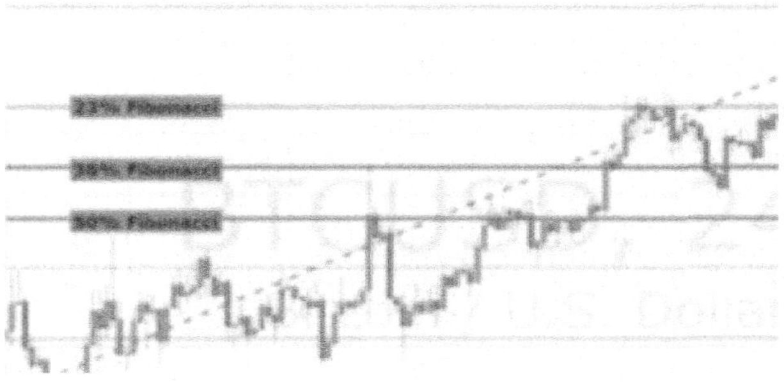

No obstante, siempre es mejor prevenir, por eso siempre se recomienda evitar una conducta demasiado codiciosa cuando se trata de desarrollo de estrategias.

Empleo de indicadores

Otro método de análisis técnico muy popular es el uso de indicadores, tales como el índice de fuerza relativa (RSI), las bandas de Bollinger (BOL) y el Ichimoku Kinko Hyo (ICH). Al añadirlos a un gráfico, lo hacen más claro y se acentúan las características importantes.

Los indicadores son herramientas matemáticas, desarrolladas a lo largo de los años por los analistas técnicos, que pueden ayudarle al operador a predecir las futuras evoluciones de los precios en el mercado. Se puede utilizar estos indicadores además de los patrones gráficos para obtener una mayor precisión en el análisis.

Pero en las operaciones de corto plazo, algunos operadores utilizan sólo uno o dos indicadores sin prestar atención a los patrones gráficos. De hecho, se puede crear toda una estrategia de negociación comercial completa utilizando sólo un indicador en las operaciones de corto plazo.

Para conocer más sobre la estrategia combinada Ichimoku-Fibonacci se puede consultar los capítulos subsiguientes que hablan de análisis gráficos y sucesiones.

Cómo evitar el bombeo ilegal

Ya en capítulos precedentes se introdujo el tema de la manipulación fraudulenta conocida como "bombeo y descarga". Un comerciante de criptodivisas, debe ser consciente de lo que puede ocurrir a partir de las actividades ilegales de grupos que manipulan los mercados, obteniendo beneficios y dejando a otros en la vía.

Un esquema de *pump-and-dump* ocurre cuando un grupo de personas o un individuo influyente manipula los precios del mercado a su favor.

Por ejemplo, en un supuesto probable, una persona muy influyente se dirige a los medios de comunicación masiva y afirma que "el Bitcoin va a alcanzar los U$D 70.000 en los próximos días", mientras que él ya tiene una estrategia de compra y venta establecida para negociar una gran cantidad de Bitcoin. En el momento en que su especulación llega a las noticias, muchos integrantes del público, crédulos, se dirigen a comprar Bitcoin basándose en la afirmación que presumen honesta e idónea. El bombo que se arma ayuda a que el precio de Bitcoin suba y que la estrategia del timador salga adelante. Pero antes de que el resto del mercado pueda ponerse a salvo, el deshonesto especulador vende todos sus Bitcoins, deshaciéndose de objetos con valor artificialmente inflado y obteniendo una enorme ganancia. Pero su venta masiva contribuye a que el precio de Bitcoin descienda, consumándose las pérdidas para los que compraron tarde y a precio alto.

Estos esquemas de *bombeo y descarga* pueden ocurrir en cualquier mercado. Pero, al menos, en los mercados tradicionales como el de la renta variable, la Comisión de Valores y Bolsa (SEC) intenta perseguir a los malos jugadores. En el mercado de las criptomonedas, la normativa aún no se ha establecido del todo. Según un estudio publicado por el Wall Street Journal, docenas de grupos comerciales manipularon los precios de las criptodivisas en algunas de los mayores intercambios en línea, generando al menos 825 millones de dólares entre febrero y agosto de 2018.

Por otro lado, sitios web como: https://pumpdump.coincheckup.com/ ayudan a los operadores a identificar posibles esquemas de bombeo y descarga en el mercado mediante el seguimiento de las criptomonedas que se disparan repentinamente más del 5% en cinco minutos.

¿Se puede gestionar el riesgo en operaciones de corto plazo?

La gestión del riesgo en las operaciones de corto plazo puede ser muy diferente a la de las inversiones a mediano y largo plazo.

Para evitar un colapso importante de la cuenta al operar a corto plazo, se debe equilibrar el riesgo y la rentabilidad de forma más activa. El uso de una orden de stop-loss es uno de los recursos a considerar.

Una orden de *stop-loss* o "detenga las pérdidas" es un precio de alerta que el participante estipula para que su corredor lo saque de su posición si se alcanza ese valor. Por ejemplo, suponiendo que el interesado cree que el Bitcoin va a subir de 20.000 a 20.800 dólares en la próxima hora, entonces introduce una posición de compra. Pero en cambio, Bitcoin empieza a caer por debajo de los 20.000 dólares, poniéndolo en una posición perdedora. Para evitar perder demasiado dinero, puede establecer una orden de stop-loss en 19.500 dólares. Se puede estudiar una relación riesgo-recompensa y fijarla en cualquier número que tenga sentido para su tolerancia al riesgo.

Así como muchos operadores consideran que en las operaciones de corto plazo, si no se utiliza un stop-loss se puede arriesgar la cuenta hasta que quede completamente aniquilada, todo lo contrario ocurre con el largo plazo. En general, al operar en inversiones de largo plazo no se debería usar stop-loss, para esperar a que el mercado solo se acomode, según sus propios tiempos.

En las operaciones a mediano y largo plazo, utilizar un stop-loss puede ser más arriesgado que no hacerlo, sobre todo si no se ha hecho un seguimiento de la cuenta como operador de tiempo completo. El participante debería asegurarse de que conoce perfectamente sus objetivos comerciales y su tolerancia al riesgo antes de utilizar un stop-loss en el comercio de criptomonedas.

Una forma fácil de calcular su relación riesgo-recompensa es dividir su beneficio neto estimado, o sea la recompensa, por el precio del riesgo máximo que está dispuesto a asumir. En el caso del ejemplo, si el participante quiere tener una relación riesgo-recompensa de 1:2, eso significa que está decidido a ganar el doble de lo que está dispuesto a arriesgar. Pero antes de entender cuánto riesgo puede asumir, debe calcular su tolerancia al riesgo, de la que habla en capítulos anteriores.

Capítulo 16

Estrategias de inversión de largo plazo

Una pregunta interesante es ¿cuánto tiempo tuvieron que esperar los primeros inversores de bitcoin para ver algún tipo de rendimiento? Algunos tuvieron que esperar cerca de siete años. Hubo mineros e inversores de bitcoin que debieron olvidarse por mucho tiempo de sus activos y esperar hasta la burbuja de 2017 para encontrar su recompensa.

La cuestión es que, al igual que en muchos otros mercados, el tiempo y la paciencia pueden ser los mejores amigos del inversor. Pero aun así, el participante en cripto necesita tener un plan basado en su tolerancia al riesgo y sus objetivos financieros con el fin de obtener beneficios a largo plazo. En este capítulo, se repasan los fundamentos de la inversión a largo plazo en criptomonedas.

Cuando el tiempo está de su lado

El consejo sería: cuando el tiempo está de su lado, conviene arrancar con inversiones de largo plazo.

Si se habla de estrategias de inversión a largo plazo, básicamente se está considerando a las criptodivisas como activos. Y al igual que cualquier otro tipo de inversión financiera, el interesado necesita crear una cartera que vaya de acuerdo con su tolerancia al riesgo y sus objetivos financieros.

Para ello, puede empezar por examinar los criterios para construir su cripto, como la gestión del riesgo, y luego desarrollar un plan para asignar diferentes tipos de criptoactivos en las diversas categorías que se exploran en capítulos previos.

En los siguientes renglones, se profundiza en un par de cosas que hay que tener en cuenta al empezar a gestionar la cartera.

Relacionar su situación actual con sus metas personales

El inversor debe tener en cuenta una gran variedad de cuestiones a la hora de gestionar su cartera de largo plazo. Factores como el riesgo y la rentabilidad son algunos de los más obvios que ya se analizaron. Pero cuando se trata de invertir a largo plazo en activos de riesgo como las criptomonedas hay que ir un paso más allá.

Algunas preguntas que debería responder el interesado son:

- ¿Cuál es la dimensión de sus ingresos ahora, y a dónde pueden llegar en el futuro?

- ¿Es probable que cambie de trabajo en el futuro? ¿Es seguro su trabajo actual?

- ¿Cuál es su estado civil actual? ¿Tiene hijos? ¿Dónde se ve en este sentido dentro de cinco años?

- ¿Cuál es su experiencia en inversiones?

- ¿Tiene otras inversiones en activos como acciones o bienes inmuebles?

- ¿Qué grado de diversificación tiene su cartera en general?

Estas preguntas pueden sonar a frases hechas, y es posible que ya tenga las respuestas en su cabeza.

Pero invertir a largo plazo es un proceso lógico, y escribir realmente los elementos básicos de sus objetivos y características personales siempre vale la pena.

Cuando haya evaluado su propia situación financiera y sus objetivos, podrá tener una mejor comprensión de cómo avanzar con su cartera de criptomonedas. Sus necesidades pueden incluso determinar la vía que elija.

Por ejemplo, si el inversor está jubilado y sus ingresos dependen de su cartera, la inversión en criptodivisas a largo plazo puede no ser la más adecuada para él. Quizá le convenga considerar un enfoque de menor riesgo y orientado a lograr ingresos actuales.

Si es joven y está dispuesto a asumir el riesgo con la esperanza de obtener altos rendimientos, puede incluso considerar las estrategias de negociación a corto plazo que se vieron antes.

La situación familiar del inversor también es sumamente importante, si es una persona casada, con un trabajo seguro y niños que dependen de él, no debería arriesgar más de un 15% o 20% de sus ahorros en su cartera de criptodivisas.

Cuando se trata de jubilados que necesitan ingresos corrientes para sobrevivir, se les puede recomendar que asignen sólo el 5 % de sus ahorros a criptodivisas, con el objetivo de obtener ganancias de capital en los próximos años.

En resumen, el interesado construye su cartera en torno a sus necesidades en función de las siguientes variables:

- Sus ingresos actuales
- Su edad
- El tamaño de su familia
- Sus preferencias de riesgo

Los objetivos de su cartera

Evaluar sus objetivos personales y su situación vital le acerca a la creación de su propia cartera. Al crear una cartera de largo plazo, por lo general conviene tener en cuenta estos objetivos:

#Generar ingresos corrientes:

Estas inversiones pueden generar un ingreso regular, lo que podría estar reñido con las altas apreciaciones del capital.

#Preservar el capital:

Esta estrategia de inversión conservadora y de bajo riesgo genera rentabilidad moderada.

#Hacer crecer el capital:

Centrarse en el crecimiento del capital requiere aumentar su tolerancia al riesgo y reducir su necesidad de una estrategia de inversión basada en los ingresos corrientes.

#Reducir los impuestos:

Si el inversor se encuentra en un tramo impositivo alto, puede considerar una cartera que genere ganancias de capital. Si está en un tramo impositivo más bajo, tiene menos incentivos para diferir los impuestos y puede obtener un alto rendimiento de la inversión, por lo que una cartera con activos de ingresos corrientes más elevados puede ser adecuada para él.

#Gestionar el riesgo:

El interesado siempre debe tener en cuenta la relación riesgo-rentabilidad en todas sus decisiones de inversión.

Se relacionan con sus objetivos personales y otras inversiones. Por ejemplo, los ingresos actuales y la conservación del capital son buenos objetivos para alguien con una baja tolerancia al riesgo que tiene una personalidad conservadora.

Si tiene una tolerancia al riesgo media y no necesita depender tanto de su inversión para obtener ingresos corrientes, puede elegir el crecimiento del capital como objetivo de su cartera. En muchos países, incluido Estados Unidos, los impuestos también desempeñan un papel importante en sus objetivos de inversión.

Ya se dijo que, si se encuentra en un tramo impositivo alto, centrarse en las ganancias de capital puede ser una mejor opción para el inversor porque puede diferir los impuestos.

Por último, pero no por ello menos importante, debe tener en cuenta la relación riesgo-rendimiento en todas sus decisiones de inversión, ya sean a largo plazo o no.

Estrategias de largo plazo

La mecánica lógica de cualquier tipo de inversión puede resumirse en cuatro palabras: *Comprar barato, vender caro.*

Pero, por supuesto, nadie puede acertar a la perfección con el momento indicado todas las veces. En el caso de las criptomonedas el mercado todavía está probando nuevos niveles psicológicos, por lo que predecir los máximos y mínimos puede ser todavía mucho más difícil. Las siguientes secciones presentan algunos métodos que se utilizan para ampliar las carteras de criptodivisas a largo plazo.

Los niveles psicológicos

También es importante prestar atención a la variación de los niveles psicológicos de los agentes del mercado. El mercado de criptomonedas todavía está en proceso de maduración como para permitir un exhaustivo análisis técnico de largo plazo.

Además de Bitcoin, muchas criptodivisas son tan nuevas que ni siquiera han formado un ciclo completo en los gráficos de negociación. Pero a medida que pasa el tiempo, los niveles psicológicos de soporte y resistencia han comenzado a desarrollarse. Los niveles de retroceso de Fibonacci son muy útiles para identificar los niveles clave, incluso en las criptodivisas más nuevas.

La razón por la que los niveles psicológicos ya están apareciendo en el mercado de criptomonedas puede ser que muchos criptoinversores están utilizando métodos tradicionales de análisis técnico para sus estrategias de inversión en criptodivisas.

Con eso, se puede esperar que la psicología de la multitud de criptomonedas forme patrones gráficos similares a los de otros mercados, como la renta variable y el mercado de divisas, en plazos más largos, como los gráficos semanales y mensuales.

La psicología de las multitudes es la constante entre los vendedores, los osos y los compradores, los toros; en el mercado, que provoca los movimientos de los precios de un activo.

Los niveles psicológicos son aquellos que los precios tienen dificultad para romper, debido a la fuerza o debilidad de los osos y los toros en del mercado.

Después de identificar los niveles psicológicos, el inversor puede utilizarlos para desarrollar diferentes tipos de estrategias basadas en su cartera actual, su tolerancia al riesgo y sus objetivos financieros.

Aquí siguen algunos ejemplos de estrategias:

- Comprar en un nivel de soporte clave y vender en un nivel de resistencia clave.

- Comprar al precio actual del mercado y vender a un nivel de resistencia clave.

- Esperar un retroceso cuando el precio alcance un nivel de resistencia clave y comprar más bajo.

Luego vender en el siguiente nivel de resistencia clave.

- Comprar en un nivel de soporte clave y mantenerlo

a largo plazo.

Se puede utilizar las técnicas ya desarrolladas para identificar dichos niveles de soporte y resistencia para su estrategia de inversión.

Vender cuando se alcanza el objetivo

El precio de una criptomoneda puede seguir subiendo después de alcanzar un nivel de resistencia clave.

Pero, ¿cuánto tiempo hay que esperar? ¿Qué nivel de resistencia se elige? ¿el uso de los niveles de resistencia tiene sentido para sus objetivos financieros?

Una forma realista de enfocar su estrategia de inversión para el interesado es vender cuando haya alcanzado su objetivo de inversión. Puede utilizar una orden de venta limitada, que se explicará más adelante en este capítulo, para hacerlo.

La clave aquí es que no debe mirar atrás y lamentar su decisión después de haber hecho la venta, incluso si el precio sigue subiendo después de vender.

Los mercados pueden seguir subiendo después de la venta. No deje que sus emociones se impongan a su decisión lógica de vender.

Si necesita el dinero y ya ha alcanzado su objetivo de inversión, no tiene motivos para arrepentirse de una venta anticipada. En todo caso, puede volver a entrar en el mercado en otra oportunidad con una nueva estrategia de inversión.

Las consecuencias fiscales

Este es otro factor que se debe tener en cuenta. Las leyes fiscales cambian constantemente y varían según los distintos países. Sin embargo, en la mayoría de los casos los impuestos afectan a casi todas las gestiones de inversión.

A partir de 2018, en Estados Unidos, un máximo de 3.000 dólares de pérdidas de capital se puede amortizar en exceso de las ganancias de capital contra otros ingresos en un año. Vale decir, si el participante tiene una posición de pérdida en una inversión y ha llegado a la conclusión de que es conveniente venderla, el mejor momento para hacerlo es cuando tenga una ganancia de capital contra la que pueda aplicar la pérdida para desgravar.

Antes de empezar a invertir, el interesado debe entender los fundamentos de los impuestos en su país.

Consulte el capítulo correspondiente a impuestos para obtener una visión general de cómo se debe tener en cuenta los impuestos antes de tomar decisiones de inversión.

Órdenes de límite y stop-loss

Tanto las bolsas de criptomonedas como los corredores de bolsa le permiten al participante utilizar varios tipos de órdenes para comprar y vender altcoins. La mayoría de los operadores activos utilizan órdenes de mercado para comprar o vender al mejor precio disponible, pero los inversores a largo plazo pueden utilizar otros tipos de órdenes como las órdenes limitadas y las órdenes *stop-loss.*

Los inversores a largo plazo también pueden utilizar órdenes de mercado en circunstancias anormales si necesitan tomar una decisión de inversión rápida. Las órdenes de mercado se ejecutan normalmente a un precio cercano al precio actual del mercado.

El uso de órdenes de mercado puede implicar a veces riesgos, especialmente en mercados volátiles como los de criptomonedas. A veces el precio de las criptodivisas cae o se dispara en cuestión de segundos. Si el inversor usted utiliza una orden de mercado en esas ocasiones, puede verse sorprendido por el precio real al que se ejecuta su orden.

Por eso, utilizar una orden limitada es siempre más seguro que utilizar órdenes de mercado.

Órdenes limitadas

Una orden limitada es un tipo de orden de transacción que le permite al usuario comprar o vender al precio que él prefiera. Por ejemplo, si el precio actual del mercado de Bitcoin es de U$D 20.534, el participante puede establecer una orden de compra limitada para comprar a 20.000 $ o incluso por debajo de ese nivel si cree que el precio tiene el potencial de caer.

A continuación, puede establecer una orden de venta limitada para obtener beneficios cuando alcance su objetivo de inversión, por ejemplo, a 22.000 dólares.

Aunque son propias de personalidades más conservadoras, las órdenes limitadas permiten ir al usuario estar tranquilo y sin preocuparse demasiado por los precios mientras los mercados hacen sus movimientos.

Así y todo, debe comprobar siempre sus órdenes limitadas antes de ejecutarlas. Debe asegurarse de que su orden limitada de compra no está por encima del precio actual del mercado y que su orden limitada de venta no esté por debajo del precio actual del mercado. Los corredores tradicionales suelen enviarle una advertencia si se equivoca al establecer las órdenes limitadas, pero muchas de las bolsas de criptomonedas no ofrecen tales cortesías.

Al igual que en otros mercados, las órdenes limitadas de criptomonedas tienen diferentes opciones para el tiempo que permanecen en efecto. Los tipos más comunes son "válida hasta la cancelación", designada por su sigla en inglés GTC (*good 'til cancelled)* y la de "llenar o matar", conocida por su sigla en inglés FOK *("fill-or-kill").*

"Una orden válida hasta la cancelación, GTC, normalmente permanece en vigor durante seis meses. Si no se ejecuta dentro de ese plazo, su corredor o bolsa pueden cancelarla.

Si el participante todavía quiere mantener la posición en vigor, es posible que tenga que renovarla después de seis meses.

"Una orden *fill-or-kill*, FOK, se cancela si no se ejecuta en forma inmediata. Por lo tanto, puede ser más adecuada para estrategias de negociación a corto plazo.

Otros tipos de órdenes limitadas que ofrecen las plataformas de negociación pueden ser "válida hasta la hora", GTT *(good 'til time)*, que es una orden que se mantiene en vigor hasta una hora específica que el usuario seleccione, y "ejecución inmediata o cancelación", IOC *(Immediate or cancel)*, que es una orden que se cancela si no es cumplida inmediatamente por su corredor.

El usuario también puede establecer más de una orden limitada para sus criptodivisas. También puede elegir comprar fracciones de una criptodivisa, especialmente cuando aquellas como el Bitcoin son tan caras. Por ejemplo, una cuenta puede establecer una orden de compra limitada para Bitcoin contra dólar estadounidense (BTC/USD) para comprar 0,4 Bitcoins cuando el precio alcance los 21.000 dólares.

En el formulario de orden, también se podría haber añadido una orden de compra limitada bien cancelada para comprar 0,2 Bitcoins a 19.858 dólares. Al tener múltiples órdenes limitadas, se elimina el riesgo de perder y evitar ir por todo a un solo precio.

Órdenes de "detenga las pérdidas"

El inversor puede utilizar órdenes de *stop-loss* para limitar la exposición a la pérdida de su inversión en criptomonedas. Las órdenes stop-loss son básicamente una forma de órdenes limitadas, en la que el usuario pide a su corredor que cierre su posición y asuma las pérdidas a un precio específico. No son recomendadas para todos, pero para algunos inversores cortar las pérdidas en caso de una rápida caída del mercado puede tener sentido. Al igual que las órdenes limitadas, las de *stop-loss* tienen diferentes tipos, como la válida-hasta-la-cancelación.

Los mercados volátiles como el de las criptomonedas, normalmente rebotan desde los mínimos con la misma rapidez con la que caen hacia ellos. Por eso, al utilizar una orden de *stop-loss*, se puede terminar por salir de su posición antes de tiempo y perder las ganancias potenciales.

Si se desea utilizar una orden de stop-loss, se debe analizar el mercado con cuidado y elegir un nivel apropiado para su *stop-loss*. Para obtener las últimas estrategias de inversión en criptomonedas e ideas sobre órdenes limitadas de compra/venta, el interesado puede considerar unirse a un Grupo de Inversión.

Capítulo 17

Maximizar ganancias y minimizar pérdidas

Se puede gestionar la cartera de forma activa o pasiva, dependiendo si el interesado es un operador a corto plazo o un inversor de largo plazo. Si es un inversor a largo plazo puede gestionar su cartera pasivamente comprando y manteniéndola bien diversificada durante un tiempo determinado.

Si es un inversor a corto plazo, puede utilizar las herramientas que presentan en el Capítulo para gestionar y obtener sus objetivos deseados de una manera más activa.

Aún para un fan de la inversión a largo plazo, eso no significa que esté en contra de la gestión activa de la cartera.

De hecho, se ha visto una y otra vez que se puede conseguir mejores rendimientos, ya sea de largo o corto plazo, mediante la gestión activa de la cartera. Activa, no significa estar pegado a la pantalla todo el tiempo y revisar disimuladamente las aplicaciones de inversión a lo largo del día durante las conversaciones y reuniones. Este capítulo explica algunas estrategias de gestión que pueden ayudarle al inversor a encontrar un buen equilibrio para hacerlo todo y seguir manteniendo una vida normal.

Mantener las pérdidas en un mínimo posible

En la visión finanzas conductual de las finanzas se produce un fenómeno llamado aversión a las pérdidas cuando los inversores mantienen los activos perdedores en sus carteras mientras venden diligentemente los "ganadores". Esta tendencia irracional suele ser la causa por la cual, ir en contra de la multitud es una forma de reducir las pérdidas.

En las siguientes secciones, se explican algunas técnicas que un inversor puede utilizar para mantener bajas sus pérdidas en las inversiones en criptomonedas.

Medir los rendimientos

La gestión de sus inversiones en criptodivisas puede ser un reto para un inversor porque sus activos pueden estar dispersos en diferentes bolsas y carteras de criptodivisas.

Además, es posible que él haya comprado algunas altcoins utilizando Bitcoin, otras utilizando el dólar estadounidense y otras utilizando criptomonedas como Ethereum o Litecoin. Por eso se recomienda llevar un registro de las inversiones y que ingrese en él cualquier cambio que el interesado haga en su cartera. Estos son los tres pasos para determinar la rentabilidad de la cartera:

- Medir la cantidad que se ha invertido

- Medir las ganancias de capital, que es el beneficio que se obtiene al comprar y vender criptomonedas

- Medir los ingresos, que es el pago que se obtiene por mantener algunas criptomonedas, si es que procede

Para calcular la cantidad invertida, se puede crear una

lista similar a la de la Figura 17-1. La tabla muestra el número de monedas, la fecha de compra, el costo tanto total como unitario por moneda y el valor actual.

FIGURA 17-1

MONEDA	NOMBRE COMPLETO	CANTIDAD	FECHA DE COMPRA	COSTO TOTAL	COSTO POR UNIDAD	VALOR CORRIENTE
BTC	BITCOIN	0,2	06/01/2021	U$D 10.491,4	U$D 52.457	U$D 49.199,30
ETH	ETHEREUM	5	14/02/2021	U$D 18.575,90	U$D 3.715,18	U$D 3.710,76
XLM	STELLAR LUMENS	120	01/03/2021	U$D 76,80	U$D 0,64	U$D 0,64
LTC	LITECOIN	22	05/03/2021	U$D 6.655,88	U$D 302,54	U$D 304,95

Ahora bien, como el usuario puede comprar diferentes monedas utilizando o monedas fiduciarias, como el dólar estadounidense, u otras criptodivisas, es posible que tenga que convertir el valor de su inversión a un tipo de moneda para para mantenerlo simple y más fácil de rastrear. En la Figura 17-1, se han convertido todos los valores de compra al dólar estadounidense, que es casi una moneda universal. Otra forma de hacer un seguimiento de su inversión es crear registros separados dependiendo de cómo se hayan comprado las altcoins. Por ejemplo, se puede tener un registro separado para las inversiones con BTC y otro para las que se compró con USD.

Puede crear estos registros de forma mensual, trimestral o anual, dependiendo de su marco de tiempo de inversión. Por ejemplo, si el usuario es un comerciante a corto plazo, puede necesitar el seguimiento de un registro mensual. Si es un inversor a mediano y largo plazo, puede utilizar registros trimestrales y anuales. Normalmente el interesado puede encontrar la rentabilidad de su inversión calculada por su corredor de bolsa o servicios de intercambio.

Muchos entusiastas de las criptomonedas han renunciado a medir los rendimientos con respecto a las monedas fiduciarias como el USD. Si algunos creen que Bitcoin es el rey y Ethereum la reina, pueden acabar comprando la mayoría de sus altcoins, usando para pagar y tasarlas a BTC y ETH.

Convertir su compra de criptomonedas a un valor como el USD es sólo una cuestión de comodidad y uniformidad.

A veces, no se puede cobrar en monedas fiduciarias en el sitio de intercambio elegido.

El USD, el Bitcoin y el Ethereum tienen sus fluctuaciones propias frente a otras monedas, por lo que una conversión puede darle una falsa impresión de ganancia o pérdida.

Al convertir a USD, puede parecer que ha ganado beneficios en su inversión inicial, mientras que, en realidad, puede estar en una posición perdedora frente a Bitcoin. Una alternativa podría ser llevar dos tasaciones paralelas, una en dólares y otra en euros.

Si compró sus monedas en un intercambio utilizando otra criptodivisa como Bitcoin, puede encontrar el valor en USD correspondiente buscando su moneda y la fecha de compra en sitios web como: https://tradingview.go2cloud.org/

Para medir sus plusvalías e ingresos, sólo tiene que consultar la información de su cuenta con su corredor y su bolsa. En el caso de los intercambios de criptomonedas, su información sobre la plusvalía se encuentra normalmente en las pestañas denominadas “Cartera” o “Fondos”.

La mayoría de los intercambios proporcionan el valor estimado de toda su cuenta, ya sea en Bitcoin o en USD. Si tiene más de una cuenta, puede sumar estas cifras estimadas en su registro de inversiones y controlarlas regularmente.

Seguimiento de las comisiones

Para comprar y vender criptodivisas, se necesitan servicios como los prestados por las bolsas de criptomonedas y los corredores. Estas empresas ganan dinero principalmente a través de las comisiones sobre las transacciones.

Aunque ya se explicó que no es recomendable elegir sitio de intercambio basándose sólo en sus bajas comisiones, a veces éstas se pueden convertir en un importante factor de decisión.

Esto es cierto, especialmente para los operadores activos. Las comisiones pueden ser aún mayores si se trata de convertir una moneda fiduciaria a una criptomoneda como Bitcoin y luego enviarla a otro sitio de intercambio para comprar otra criptodivisa utilizando Bitcoin, y así sucesivamente. Las comisiones pueden ser el mayor inconveniente de las estrategias de intercambio a corto plazo de criptodivisas, porque representan un costo que no se puede omitir de considerar.

Algunos consejos para mantener las comisiones de intercambio al mínimo mientras se conserva la inversión son:

- Compre sus criptomonedas principales al tanto alzado en intercambios más seguros, que pueden tener tasas de transacción más altas. Por ejemplo, cuando se necesita Bitcoin y Ethereum para comerciar con otras criptomonedas, se puede comprar una gran cantidad de ambas en una bolsa con tarifas más altas que permita utilizar el dólar estadounidense.

- Para el comercio activo, elija los intercambios que ofrecen tasas más bajas para su par de criptomonedas, pero asegurándose de almacenar periódicamente sus ganancias en una cartera de hardware.

- Considere la posibilidad de realizar operaciones activas con la criptodivisa nativa de la bolsa. Puede tener una tasa de transacción más baja que la de otras criptomonedas cruzadas. Por ejemplo, la bolsa Binance ofrece opciones de negociación más baratas para su propia criptodivisa, Binance Coin (BNB).

- Incluya siempre la tasa de transacción cuando calcule su beneficio para estar en la cima de su juego. Por ejemplo, si compra una moneda de Ethereum por 3.700 dólares, pero paga 1,50 dólares en tasas de transacción, ha gastado 3.701,50 dólares por su inversión. Aunque esta cantidad no tiene un gran impacto para las inversiones a largo plazo, los comerciantes activos pueden sentir el peso de las comisiones acumuladas con el tiempo.

Entender el arte de salirse

Hay dos famosas reglas de la inversión de Warren Buffett, con un poco de humor pero inolvidables:

1.- No perder nunca dinero.

2.- No olvidar nunca la regla número uno.

Por muy exhaustivo que hay sido el análisis realizado, el inversor puede encontrar a veces que salir de una mala inversión es mejor que mantenerla. Las siguientes secciones dan algunas de las estrategias generales cuando se trata de salir de una inversión a tiempo.

No sea codicioso

Si está utilizando uno de los patrones de gráficos técnicos que se presentaron antes, siempre establezca su orden de límite de toma de beneficios en el nivel de precios que es consistente con la técnica. El inversor puede tener la sensación de que el mercado seguirá subiendo después de que se active su objetivo de beneficios (PT), y puede tener la tentación de reajustar su PT prematuramente. La realidad es que a veces el mercado seguirá subiendo y a veces no. Pero es preferible estar seguro antes que lamentar, por lo que es mejor abstenerse de reajustar las órdenes de PT con demasiada frecuencia, a menos que tenga una razón muy bien fundamentada y válida para hacerlo, además de lo que dicta el instinto.

Tome beneficios parciales

Esta regla es un canto a la prudencia. Aunque parezca ser un acaparador, muchos usuarios no pueden desprenderse de todas sus monedas, o de cualquier otro activo, de una sola vez. Es conveniente establecer precios estratégicos de toma de beneficios parciales en función de los objetivos de inversión y dejar que los mercados se encarguen del resto.

Por ejemplo, si el usuario compra 10 monedas de Ethereum (ETH) a 3.700 dólares y busca tomar beneficio parcial en niveles clave, puede vender 2 de sus monedas Ethereum a 3.800 dólares, vender 2 más a 3.910 dólares, y mantener el resto a largo plazo. De esta manera, obtiene algunas ganancias en el camino pero no se desprende de todas sus monedas, por lo que todavía se siente ganador cuando el precio de Ethereum continúa subiendo después de vender. Por supuesto, el cálculo de esos niveles clave necesita de un análisis minucioso.

Deshágase sin culpa de las malas inversiones

De vez en cuando, el participante se encuentra con una moneda que no vale la pena.

Con las inversiones a largo plazo que valen la pena, debe tender a comprar más monedas a medida que el precio sube pero a veces la criptomoneda, su comunidad y su gestión simplemente no tienen futuro. En este punto es cuando es importante reexaminar el análisis fundamental.

Cuando se hace evidente que esa moneda no va a recuperarse, es mejor que cierre los ojos y salga de allí antes de que sus pérdidas sean mayores. Si está demasiado asustado para hacerlo, siempre puede tomar pérdidas en partes, utilizando el método de ganancias parciales del que habló en la sección anterior.

Al desprenderse de sus malas inversiones y asumir pérdidas, se puede recibir créditos fiscales que pueden utilizarse para compensar los impuestos que deberá pagar por ganancias de capital en otros activos.

Dejar que los beneficios crezcan

Normalmente hay que lidiar con dos emociones cuando los mercados empiezan a subir. Una es la de lamentar no haber comprado más cuando los precios estaban bajos. La otra es la tentación de vender y tomar ganancias antes de alcanzar la orden de límite de beneficio cuidadosamente analizada.

Lo que el inversor debe recordarse a sí mismo y a sus compañeros de inversión, es que las emociones rara vez conducen a la maximización de los beneficios. A fin de cuentas, la disciplina es lo que hizo grande a un banco. En las siguientes líneas se detallan algunos trucos que pueden usarse para evitar la presión emocional.

Comprar a la baja

Es muy poco probable que un participante pueda comprar al precio más bajo cada vez que invierta.

Pero estudiar la psicología del mercado y los patrones históricos de precios puede ayudarlo a acercarse.

Una buena herramienta de análisis técnico para identificar el fondo es el Ichimoku-Fibonacci.

Se puede utilizar la combinación Ichimoku-Fibonacci para medir la psicología de la multitud e identificar los niveles clave de soporte y resistencia. Recordando que el soporte es un nivel de precios por debajo del cual el mercado tiene dificultades para romper; y la resistencia es un nivel de precios por encima del cual el mercado tiene dificultades para sobrepasar.

Para la inversión a largo plazo, se puede utilizar el gráfico diario para el análisis Ichimoku. Como se puede ver en la Figura 17-2 después de que el precio de XRP de Ripple cayera por debajo de 0,70 dólares el 15 de mayo de 2018, entonces rompió por debajo de la nube de Ichimoku diaria. Siguiendo las pautas de Ichimoku Kinko Hyo, tenía una indicación de que el precio de XRP podría caer más hacia los niveles clave de Fibonacci y los niveles de soporte en 0,57 dólares y 0,47 dólares.

FIGURA 17-2

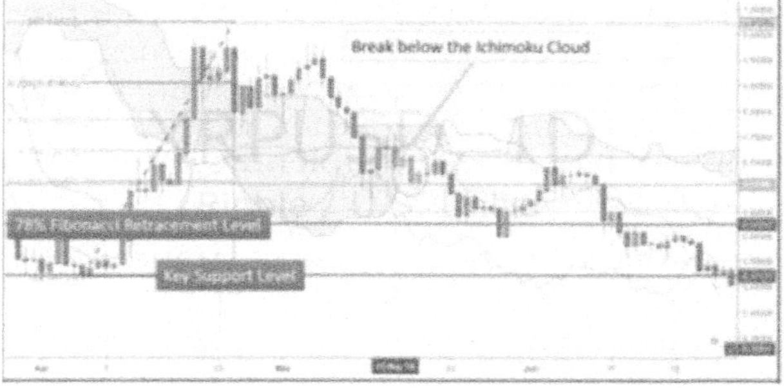

Al realizar este análisis, se pudo establecer una orden de límite de compra en estos niveles con anticipación y apuntar a comprar a precios más bajos en lugar de comprar inmediatamente. De esta manera puede maximizar su beneficio y reducir su precio neto de compra.

Debido a que el mercado de criptomonedas no tiene suficientes datos históricos en los que basarse, a veces el precio sigue cayendo por debajo de los niveles más bajos de todos los tiempos, creando nuevos mínimos. Si el inversor tiene suficiente confianza en los fundamentos de la criptodivisa, los nuevos mínimos pueden darle la oportunidad de comprar más a precios más bajos. Puede utilizar los niveles extendidos de Fibonacci para identificar nuevos mínimos. Para utilizar estos niveles, debe identificar una tendencia en la que el precio haya subido o bajado durante un período prolongado de tiempo. A continuación, arrastre la herramienta de Fibonacci en su plataforma de gráficos de la parte superior a la inferior de la tendencia, si se trata de una tendencia bajista y de la parte inferior a la parte superior, si se trata de una tendencia alcista. Al hacer esto, los niveles de Fibonacci aparecen mágicamente en su gráfico.

El valor de la paciencia

"La paciencia es una virtud rentable" es una frase con mucha densidad y algunos consideran que ha cambiado su forma de invertir y ha incrementado sus beneficios en gran medida. Hay inversores que cuando sienten vértigo al mirar un gráfico, prefieren dar un paso atrás, cambiar el marco temporal y mirar el panorama general. Hacen más investigación fundamental. Y si los puntos del análisis de inversión no están en línea, simplemente cierran su cuenta y siguen con otra cosa.

Ponerse nervioso es muy fácil cuando los mercados caen y uno ha invertido mucho dinero en un activo. Ser paciente puede ser a menudo el camino definitivo para obtener rendimientos tangibles.

Identificar los picos

"Comprar bajo y vender alto" sigue siendo el nombre de este juego. Una vez más, hay que adivinar y acertar para obtener beneficios al precio más alto cada vez que se invierte o ser muy racional y estudioso con los análisis y técnicas.

Pero si se utilizan los datos históricos y los patrones de los gráficos técnicos, se pueden aumentar las probabilidades a su favor. Para el comercio activo y la inversión a mediano plazo en el mercado de criptomonedas siguen existiendo herramientas muy útiles.

Otras herramientas incluyen patrones de gráficos técnicos y clavespsicológicas.

Utilizando el XRP de Ripple como ejemplo, en septiembre de 2018 se identificó un patrón gráfico de doble fondo, en proceso de formación en el gráfico diario, como se puede ver en la Figura 17-3. Un doble fondo es una formación popular en los gráficos, donde el precio ha tenido dificultad para romper por debajo de un nivel de soporte dos veces, formando dos fondos en forma de valle.

FIGURA 17-3

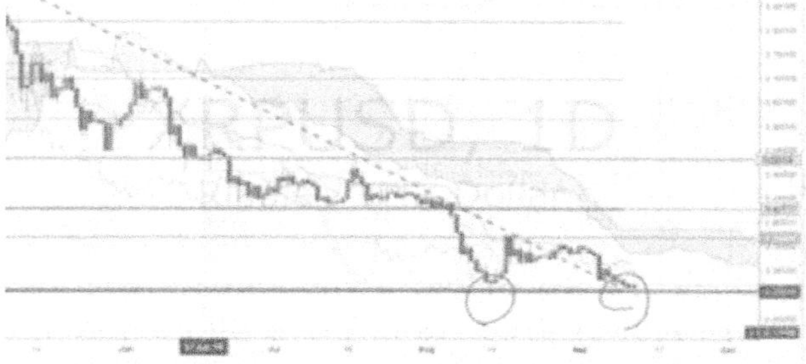

Cuando se confirma, puede interpretarse como un patrón de inversión alcista, lo que significa que los precios pueden empezar a subir.

Siguiendo las pautas de los gráficos de doble fondo, los inversores a mediano plazo pueden esperar que el mercado tome beneficios cuando el precio haya subido desde la línea del cuello; U$D 0,3666 en la Figura 17-3, la misma distancia desde el fondo hasta la línea del cuello, o los siguientes niveles de retroceso de Fibonacci disponibles (0,4273 y 0,5314).

Para estar seguro, normalmente se recomienda tomar ganancias parciales en cada nivel para distribuir el riesgo.

Como se puede ver en la Figura 17-4, el 21 de septiembre, XRP alcanzó ambos niveles y luego alguno antes de volver a caer. Un inversor a medio plazo habría tomado beneficios en estos niveles, mientras que un inversor a largo plazo habría permanecido en su posición.

FIGURA 17-4

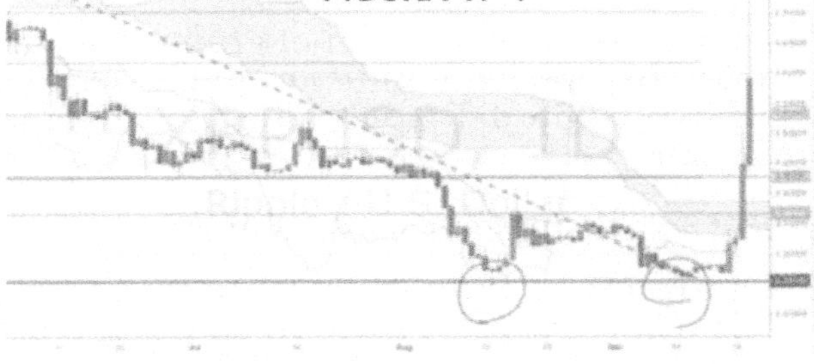

Para los inversores a largo plazo, la toma de beneficios puede ser un poco más difícil.

El mercado de las criptomonedas es una nueva y emocionante oportunidad de inversión que la mayoría de la gente está descubriendo. Al igual que con la burbuja de las puntocom, el bombo puede llevar a una volatilidad extrema. Esto se vio en los resultados del bombo en 2017 cuando el precio de Bitcoin subió más del 1.000% y el XRP de Ripple ganó la friolera del 36.018%. Hubo inversores que vendieron justo en el pico y se hicieron millonarios y otros que compraron en el pico y tuvieron que sentarse en sus pérdidas hasta la siguiente subida.

En este caso, la mayoría de los inversores que pudieron vender en el pico son los que fueron en contra del bombo y de la mayoría de la gente.

Los patrones de los gráficos técnicos, como los dobles fondos, los indicadores como el Ichimoku e ir en contra de la multitud no garantizan resultados óptimos. Estos elementos son simplemente herramientas que aumentan la probabilidad de identificar el mejor precio para comprar y vender. A fin de cuentas, el usuario debe llevar a cabo una gestión del riesgo exhaustiva que se aplique a sus objetivos financieros personales y a su tolerancia al riesgo.

Encontrar picos y valles

Existen algunas herramientas de negociación que se pueden utilizar para identificar los picos y los fondos:

#Patrones gráficos de inversión bajista:

Estos patrones se forman en el gráfico durante un periodo de subida de precios e indican que el sentimiento del mercado y la evolución del precio pueden volverse bajistas y empezar a caer.

#Patrones gráficos de inversión alcista:

Estos patrones se forman durante una tendencia bajista e indican que los precios pueden empezar a ser alcistas y a subir.

#Ichimoku Kinko Hyo:

Este indicador japonés consta de cinco medias móviles diferentes, que le ayudan al inversor a obtener una mejor visión del sentimiento actual del mercado y a predecir la acción futura de los precios.

Capítulo 18

Aplicación de análisis gráficos y sucesiones

En párrafos precedentes se ha explicado cómo se puede utilizar el análisis técnico para desarrollar estrategias de inversión en criptomonedas. Aunque existen una gran variedad de patrones gráficos e instrumentos de análisis que pueden ayudar con la preparación de una estrategia, una técnica de buena reputación es combinar Ichimoku Kinko Hyo y los niveles de retroceso de Fibonacci. En este apartado se repasan los fundamentos de estos dos indicadores técnicos y se muestra cómo se puede utilizarlos en las operaciones.

Los métodos más avanzados de Ichimoku-Fibonacci están fuera del alcance de esta publicación; pero se puede consultar sobre ellos en publicaciones editoriales especializadas.

Cómo controlar el Ichimoku Kinko Hyo

El nombre oriental puede sonar intimidante, pero se trata de una herramienta para facilitar las cosas y no para complicarlas.

La frase original en japonés se puede traducir aproximadamente como “mesa equilibrada de una sola pieza”.

En las criptodivisas, Ichimoku Kinko Hyo le permite al

usuario averiguar todo lo que necesita saber sobre la evolución del precio en "un solo vistazo": Ichimoku.

¿Cuáles son los elementos de Ichimoku Kinko Hyo?

Este indicador se compone de varias medias móviles (MA) diferentes. Cada una de estas MA's tiene un propósito específico, y su posicionamiento frente a las demás y al precio puede ayudarle al operador a entender el sentimiento actual del mercado y a predecir su dirección futura.

Estos son algunos de los componentes que se ven cuando se añade el Ichimoku Kinko Hyo (ICH) a un gráfico:

- La nube Ichimoku, nombre japonés: Kumo
- La línea base, nombre japonés: Kijun
- La línea de giro, nombre japonés: Tenkan
- El lapso de retraso, nombre japonés: Chiko

El procesador de gráficos puede utilizar diferentes colores para cada uno de estos componentes, como se ve en la Figura 18-1 se utiliza una línea rosa gruesa para el Kijun, una línea azul fina para el Tenkan y una línea verde fina para el Chiko. La nube Ichimoku es en realidad el espacio entre otras dos medias móviles, Senkou, que es líder y span A y B.

Dependiendo de la dirección de la nube, este espacio suele ser de color verde para los alcistas y rojo para un sentimiento de mercado bajista.

NOMBRE	KUMO	TENKAN	KIJUN	CHIKO
SIGNIFICADO	Nube	Giro	Base	Demorado
IMAGEN				

FIGURA 18-1

Un sentimiento de mercado alcista significa que se espera que el precio que el precio suba. Un sentimiento de mercado bajista es cuando la expectativa es que los precios caen.

Para un servicio de gráficos sencillo que ayude con el análisis técnico, incluyendo Ichimoku y Fibonacci, se recomienda TradingView .

www.tradingview.com/

Se puede utilizar este servicio de gráficos para casi cualquier activo, incluyendo criptomonedas, divisas forex y acciones.

La Figura 18-2 muestra los componentes de Ichimoku Kinko Hyo en acción en un gráfico que muestra la acción del precio de Ripple (XRP) frente a Bitcoin (BTC) en una base de cuatro horas o 240 minutos. Esto significa que cada una de las velas muestra los movimientos del precio de XRP frente a BTC en cuatro horas. Los componentes de Ichimoku bailan alrededor de los precios, cruzando por encima y por debajo de la evolución del precio dependiendo de los cálculos. Se puede tomar estos movimientos como indicaciones sobre la futura dirección de los precios.

FIGURA 18-2

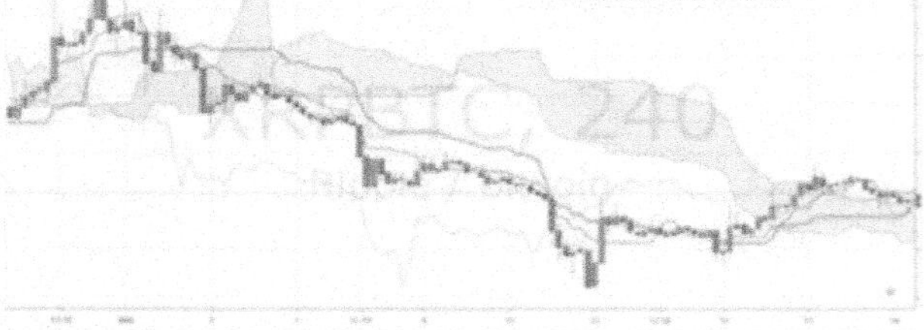

Interpretaciones de Ichimoku

Se puede utilizar el posicionamiento de los componentes de Ichimoku entre sí, así como frente al precio para predecir hacia dónde puede ir el precio. Las siguientes secciones presentan algunas interpretaciones básicas del Ichimoku Kinko Hyo.

El rendimiento pasado nunca es una indicación de los resultados futuros. Por lo tanto, todas estas indicaciones no son más que un complemento de la investigación exhaustiva sobre sus inversiones que debe realizar el operador; no debe tratarlas como estrategias garantizadas. Para el análisis técnico debe estudiar otros patrones gráficos para reforzar aún más su estrategia Ichimoku.

Además, debe realizar todo el análisis de inversión antes de tomar una decisión final de inversión.

Señales de compra

Si se identifica una o más de las siguientes señales en un gráfico, lo más probable es que el precio puede seguir subiendo y, por tanto, es un buen momento para comprar:

- Si el precio se mueve por encima de la nube Ichimoku, este movimiento puede indicar un impulso alcista en el mercado y, por tanto, es una señal de compra.

- Cuando la línea Chiko, demorado o retrasada, se mueve por encima de la nube, puede considerarse una señal de compra.

- Cuando la línea Tenkan, giro, cruza por encima de la línea Kijun, base, ese cruce puede indicar un cambio en el sentimiento del mercado de bajista a alcista y, por lo tanto, ser una señal de compra.

Señales de venta

Las siguientes son señales de venta:

- Cuando el precio se mueve por debajo de la nube Ichimoku

- Cuando la línea Chiko, retraso, cruza por debajo de la nube

- Cuando la línea Tenkan, giro, cruza por debajo de la línea Kijun, base.

Otras interpretaciones comunes

Además de las indicaciones puras de compra y venta, Ichimoku Kinko Hyo también puede ayudarle a identificar capas de soporte y resistencia, así como proporcionar una comprensión general de condiciones del mercado. Estas son algunas de las interpretaciones:

- Mientras las cinco líneas sean paralelas, la tendencia continuará en esa dirección.

- Cuando los precios están dentro de la nube Ichimoku, significa que el mercado está en proceso de consolidación, lo que no es un buen momento para comprar o vender.

- Se puede utilizar la banda inferior de la nube predominante como capa de soporte, que es un nivel por debajo del cual el precio tiene dificultades para romper.

- Se puede utilizar la banda superior de la nube predominante como capa de resistencia, que es un precio que el mercado tiene dificultades para superar.

El Ichimoku puede funcionar como nivel de entrada tanto para las posiciones de compra como de venta.

También puede combinar dos o más de las interpretaciones para ajustar la estrategia del inversor en función de su tolerancia al riesgo.

Introducción a los niveles de retroceso de Fibonacci

El uso de Ichimoku Kinko Hyo, sólo le da al operador una visión parcial de los mercados y no le ayuda con una estrategia de salida.

El siguiente paso es identificar los niveles clave de soporte y resistencia que el mercado puede tener dificultades para alcanzar, por debajo en el caso de un nivel de soporte y por encima en el caso de un nivel de resistencia.

Se pueden buscar los niveles de soporte y resistencia de muchas maneras. Una recomendad es utilizar los niveles de retroceso de Fibonacci.

Algunos antecedentes de Fibonacci

Fibonacci es el apodo del matemático italiano Leonardo Pisano Bigollo, al que algunos consideran como "el matemático occidental con más talento de la Edad Media". Algunas de sus contribuciones más famosas a la ciencia son la introducción del sistema numérico decimal posicional, también conocido como sistema numérico y la popularización de la secuencia o sucesión de Fibonacci.

Matemáticamente, la secuencia de Fibonacci, mal llamada serie porque los números no están sumados sino ordenados de acuerdo con un patrón secuencial, es la sucesión de números en la que cada elemento en la secuencia es la suma de los dos números que le preceden. Así, si se suman los números 0 y 1, el resultado es 1, y añades ese dígito a la secuencia. Luego se suman el 1 y el 1 y añade el resultado, 2, a la secuencia. Los primeros elementos son:

0,1, 1, 2, 3, 5, 8, 13, 21, 34, 55, 89, 144, 233, 377, 610, 987, 1597, ...

La secuencia de Fibonacci tiene aplicaciones en el análisis técnico, pero la secuencia en sí misma no es exactamente lo que se utiliza. Los niveles de retroceso de Fibonacci que se utilizan en el análisis técnico son el resultado del cálculo de la relación alternativa entre los números de la sucesión.

Aplicando los ratios a una tendencia alcista o bajista, se pueden identificar niveles de soporte y resistencia fácilmente.

Así es como se calculan los ratios: Después de los tres primeros números, si se divide cualquiera de los números por el número siguiente, se obtiene aproximadamente 0,618. Por ejemplo, 34 dividido entre 55 da 0,618. Si se calcula el cociente entre los números alternos se obtiene 0,382. El cociente entre uno de cada tres números sucesivos es 0.235. La secuencia utilizada en el análisis técnico consiste en el empleo de estos ratios: 0.78; 0.618; 0.5; 0.382 y 0.236

¿Cómo trabajar con Fibonacci?

La pregunta debería ser ¿cómo se insertan los niveles de retroceso de Fibonacci en el gráfico?

La buena noticia es que no tiene que hacer ningún cálculo matemático. Todo lo que tiene que hacer es poner la herramienta de Fibonacci a su servicio de gráficos y aplicarla a la evolución del precio. Estos son los pasos específicos que se deben seguir:

1.- Encontrar una tendencia en los precios.

Puede ser una tendencia alcista o una tendencia bajista.

2.- Buscar la herramienta de retroceso de Fibonacci en los programas carro y hacer clic en ella.

3.- Aplicar la herramienta de Fibonacci a la parte inferior de la tendencia, si se trata de una tendencia alcista; o a la parte superior de la tendencia, si es una tendencia bajista.

4.- Arrastre la herramienta de Fibonacci hasta el otro extremo de la tendencia y vuelva a hacer clic para colocar los niveles de retroceso de Fibonacci en el gráfico. Aparecerán los niveles de retroceso de Fibonacci. La Figura 18-3 muestra un ejemplo, donde se observa la evolución del precio de Stellar Lumens (XLM) frente a Bitcoin (BTC) en un gráfico de cuatro horas. El fondo de la tendencia para el par XLM/BTC está en 0,00003309, y la parte superior de la tendencia está en 0,00003901. Al arrastrar la herramienta Fibonacci desde abajo hacia arriba, se puede ver los niveles de retroceso de Fibonacci marcados como 0,78; 0,618; 0,5; 0,382 y 0,236.

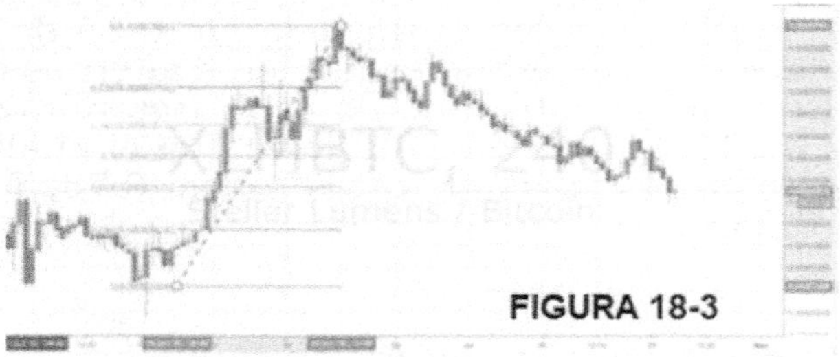

FIGURA 18-3

Combinación Ichimoku y Fibonacci

El resultado de combinar las técnicas de Ichimoku y Fibonacci es muy provechoso.

Cuando el operador se haya acostumbrado a tener los indicadores Ichimoku y Fibonacci en sus gráficos por separado, puede aplicar ambos al gráfico y comenzar a obtener un resultado asombroso. Tantas líneas en un gráfico pueden darle un dolor de cabeza al principio, pero después de un tiempo puede incluso pensar que un gráfico sin Ichimoku y Fibonacci está totalmente desnudo.

A veces hay muchas opciones para elegir cuando se selecciona una tendencia, alcista o bajista, para Fibonacci. La mayoría de las veces, muchas de las tendencias dan como resultado los mismos niveles de retroceso de Fibonacci.

Los niveles clave de resistencia y soporte de Fibonacci también suelen coincidir con los niveles de soporte y resistencia de Ichimoku porque Fibonacci trabaja para mostrar los niveles psicológicos clave que se mantienen en todo el tablero. Esta es, específicamente, la belleza y la magia de Fibonacci.

El operador puede utilizar Ichimoku y Fibonacci en un variado número de maneras para ayudarse con su análisis técnico. También es recomendable utilizar otros métodos de análisis técnico y patrones gráficos para confirmar el análisis.

Por ejemplo, se puede utilizar el Ichimoku para detectar una señal de compra o de venta, y luego utilizar los niveles de Fibonacci para determinar el precio al que puede tomar ganancias.

En un ejemplo: si el operador descubre un patrón gráfico de doble fondo alcista en un gráfico diario. Se debe recordar que un patrón de doble fondo es un patrón gráfico de inversión alcista que consiste en una forma de dos valles en un nivel de soporte clave en el gráfico;

El usuario aplica el Ichimoku al gráfico y observa una señal de compra del Ichimoku, tal como se ha descrito anteriormente en este capítulo. Este descubrimiento es una oportunidad perfecta para identificar un punto de entrada basado en el patrón gráfico de doble fondo y la señal de Ichimoku.

Pero, ¿adónde ir desde allí y dónde tomar ganancias? En este punto es cuando se puede utilizar Fibonacci. Dependiendo de su tolerancia al riesgo, el operador puede seleccionar un nivel de retroceso de Fibonacci como objetivo de beneficios y crear una orden limitada a través de su cuenta de broker para vender a ese nivel. Una orden limitada es una dirección que el usuario pone a través de su corredor para comprar o vender un activo a un precio específico.

La Figura 18-4 muestra un caso de estudio en el gráfico de cuatro horas de XLM/BTC donde se ha identificado una señal bajista basada en Ichimoku después de que el precio rompiera por debajo de la nube Ichimoku en 0,00003579.

Basado en la estrategia de Ichimoku, se puede crear una orden de venta limitada en la banda inferior de la nube Ichimoku (0,00003579) o un poco más arriba, en el nivel de retroceso de 0,5 Fibonacci; 0,00003605.

Para la toma de beneficios, se puede considerar el nivel de Fibonacci 0,786 en 0,00003435. Para negociadores que gustan de usar stop-losses, pueden utilizar el nivel de Fibonacci 0,382 o superior, dependiendo de su tolerancia al riesgo. Para simplificar, no se mencionan otras señales bajistas que se pueden encontrar en este gráfico. Un stop-loss es una orden que puede poner su corredor para salir de una operación perdedora antes de que las pérdidas se le vayan de las manos.

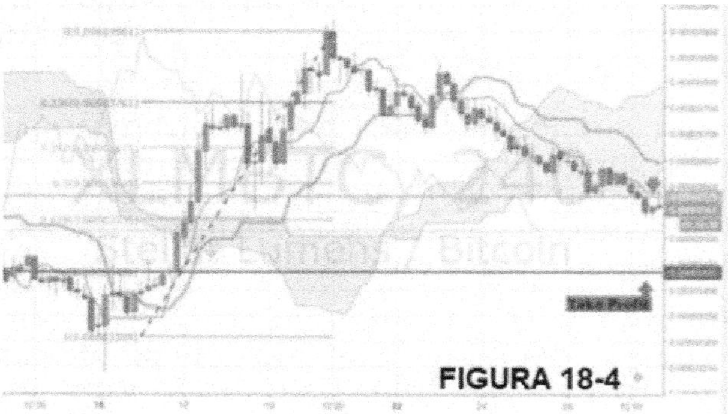

FIGURA 18-4

El estudio del caso anterior se realiza en el gráfico de cuatro horas, que se considera mediano plazo y, por tanto, conlleva un alto nivel de riesgo. Si se buscan estrategias de inversión más conservadoras, se debe considerar la posibilidad de utilizar los marcos temporales diario y mensual.

Capítulo 19

Criptomonedas e impuestos

Antes del boom de las criptomonedas en 2017, muchas personas que ingresaron al universo de las criptodivisas, ya sea a través de la minería o la inversión, probablemente ni siquiera pensaban en sus implicancias fiscales. Pero a medida que la inversión en criptodivisas se fue convirtiendo en una corriente principal, sus pautas de tributación han ido cobrando protagonismo. En este capítulo, se repasan los fundamentos de la fiscalidad de las criptomonedas.

Estas directrices se basan en las leyes fiscales de Estados Unidos a partir de 2018.

Dependiendo del marco de tiempo de inversión de cripto, el tipo de ganancia y la situación financiera personal del operador, es posible que necesite consultar con un contador para preparar su declaración de los impuestos.

Distinción de los tres tipos de impuestos cripto

La configuración fiscal de las criptomonedas es complicada, hasta el punto de que los legisladores estadounidenses presentaron una carta abierta al Servicio de Impuestos Internos (IRS) en septiembre de 2018 pidiéndole que simplifique la tributación de las criptodivisas. Se puede ver la carta en el sitio: https://waysandmeansforms.house.gov/uploadedfiles/letter_irs_virtual_currencies.pdf.

En la mayoría de los casos, el usuario trata sus activos de criptodivisas como propiedad y no como moneda.

Esto significa que él paga impuestos sobre las ganancias de capital en sus inversiones en criptodivisas.

En este caso, no tiene ninguna obligación fiscal hasta que venda sus monedas para obtener un beneficio. Pero, ¿qué pasa si ha obtenido sus monedas mediante la minería? ¿O qué pasa si su empleador le paga en criptodivisas?

Para simplificar, se han dividido las obligaciones fiscales de las criptomonedas en los tres escenarios probables en las siguientes secciones.

Impuestos sobre la renta

Si el usuario ha invertido en todo el costoso equipo del que se ha hablado en capítulos anteriores y está obteniendo recompensas por la minería de criptomonedas, entonces puede ser considerado un propietario de un negocio de criptomonedas.

Técnicamente está recibiendo un pago en criptomonedas por su operación comercial, y por lo tanto está sujeto al impuesto sobre la renta por el IRS.

No hace falta decir que también está sujeto al impuesto sobre la renta alguien que trabaja para una empresa que le paga en criptomonedas.

Aquellos que cobraron en Bitcoin antes de 2017, cuando el valor del Bitcoin subió a 20.000 dólares hicieron un buen arreglo salarial, aunque hayan tenido que pagar el impuesto sobre la renta de los Bitcoins que recibieron.

Si además, hubieran elegido cambiar sus Bitcoins por el dólar estadounidense (USD) en el pico de 2017, también habrían estado sujetos al impuesto a las ganancias de capital sobre lo que obtuvieron de su transacción.

Si un operador recibe recompensas de minería o ingresos en cripto por valor de más de 400 dólares en un año, debe reportarlo al IRS. El que ha montado una operación de minería en su casa puede reportar sus ingresos de minería como ingresos de autoempleo en el Anexo C de su declaración de impuestos.

Hay formas de minimizar el impuesto sobre la renta de criptomonedas que se verán más adelante en este capítulo.

El inversor cripto siempre debe asegurarse de mantener un registro de su actividad minera y de sus estados financieros, en caso de que sea auditado por el IRS. Además, si se está presentando como una entidad de negocios, debe consultar con un profesional de los impuestos para descubrir las mejores opciones para su situación particular. Incluso puede reclamar los honorarios del contable en su negocio.

Como minero de criptomonedas y propietario de un negocio, se deben entender los fundamentos de la inversión en criptodivisas. Si vende o intercambia sus criptodivisas por otras altcoins o cualquier producto, entonces debe pagar impuestos de ganancia de capital, dependiendo del plazo, es decir si son a largo o a corto plazo. Sus beneficios de la actividad minera a menudo dependen del valor de mercado de la criptomoneda, así como de la cantidad de impuestos que pagará por ellas. Para identificar las mejores criptodivisas para minar, se debe realizar activamente el Análisis de Inversión y cambiar a mejores criptodivisas si su estrategia de minería ya no tiene sentido. Un punto del diagnóstico es el análisis de capital, que incluye las consideraciones fiscales.

Impuestos sobre las ganancias de capital a largo plazo

Se ha señalado a las ganancias de capital como una de las principales razones por las que la gente invierte en criptomonedas. Así es como el IRS categoriza las criptodivisas también.

Igual que con la posesión de acciones y bienes raíces, el poseedor de criptos sólo debe pagar impuestos sobre las ganancias de capital después de vender sus criptoactivos para obtener un beneficio. Si tiene una pérdida, puedes reducir su factura de impuestos declarándola. Ahora bien, si el operador mantiene sus criptoactivos durante más de un año, a menudo se obtiene una mejor tasa de impuestos.

Esta mejor tasa se llama impuesto sobre la ganancia de capital a largo plazo.

El usuario puede calcular sus ganancias de capital haciendo un simple cálculo de la cantidad que ha ganado o perdido después de comprar sus criptomonedas.

Por ejemplo, si compra un Bitcoin por 20.000 dólares y lo vende por 25.000 dólares, habrá obtenido 5.000 dólares de plusvalía o ganancias de capital menos la cantidad que paga por las tasas de transacción.

ANEXO: ALGUNOS EXPERTOS EN CRIPTOIMPUESTOS

El mercado de las criptoinversiones es un sector bastante nuevo y, por lo tanto, muchos expertos fiscales tradicionales pueden no tener el conocimiento necesario para ayudar al inversor con las mejores decisiones de impuestos criptográficos.

Haciendo una búsqueda en LinkedIn, se pueden encontrar unos cuantos expertos en cripto con sede en Estados Unidos que pueden ayudar:

- Camuso CPA:

Camuso CPA es una firma de contadores públicos que trabaja con inversores, empresas, y particulares en todo el país y es un líder del mercado en el asesoramiento fiscal de la criptomoneda.

De hecho, Camuso CPA es la primera firma de CPA en el país que acepta pagos en criptodivisas a cambio de servicios profesionales. La firma tiene como clientes a inversores, mineros y pequeñas empresas junto con los contribuyentes que necesitan ayuda para tratar con bitcoin y otras criptodivisas.

Se puede contactar con Patrick Camuso a través del sitio web de la empresa, www.CamusoCPA.com

- Jag CPA's & Co:

Tienen amplios conocimientos fiscales de varias industrias, incluyendo la inmobiliaria, start-ups, blockchain, construcción, comercio electrónico, atención sanitaria, cannabis y fabricación y distribución. Se puede contactar a través del sitio web del buffet de contadores www.jagcpastx.com

Impuestos sobre ganancias de corto plazo

Un impuesto sobre las ganancias de capital a corto plazo es muy similar al impuesto sobre los ingresos de la minería y las criptomonedas que se mencionaron anteriormente en este capítulo. Si se vende o intercambia las criptomonedas regularmente y se las mantiene por menos de un año, entonces las ganancias o pérdidas del inversor pueden ser categorizadas como ingresos, lo que a menudo tiene implicancias fiscales menos favorables. Incluso si no cobra oficialmente sus criptomonedas, el operador puede estar sujeto a impuestos de corto plazo si usa la criptomoneda para comprar cosas, ya sean productos tangibles u otras criptomonedas.

Los negociadores menos activos, que hacen algunas operaciones de vez en cuando, están sujetos a diferentes leyes fiscales que los comerciantes del día que negocian criptomonedas para ganarse la vida.

¿Cómo minimizar los impuestos sobre criptomonedas?

Ya sea que el inversor haya ganado sus cripto como ingreso o haya visto ganancias de capital en sus activos, las siguientes secciones le muestran algunas formas de reducir la cantidad que debe al IRS.

Reducir el impuesto sobre la renta de la minería

En los Estados Unidos, se puede obtener una mejor tasa de impuestos si se crea una empresa o entidad comercial en torno a sus actividades mineras en lugar de hacerlo como trabajador autónomo. Al hacerlo, se puede aprovechar las ventajas fiscales de los propietarios de empresas para pagar las cargas relacionadas con el negocio y obtener una mejor tasa de impuestos que los individuos. ¿Tiene una computadora de alta gama para minar Bitcoin? Reclámelo en su declaración como parte del negocio y deduzca su renta imponible. ¿Tiene su ordenador configurado con equipo de minería como los ASIC's y GPU's caros de los que se habló anteriormente?

¿Pagando una tonelada de electricidad al minar? Todo esto permite obtener una reducción de impuestos sobre las recompensas que le pagan a través de la minería.

Eso es, por supuesto, si sus monedas realmente valen algo. Incluso a nivel personal, su operación minera puede ser muy rentable, pero también puede costarle mucho más que las recompensas que recibe, especialmente si el mercado de criptomonedas no va muy bien en ese momento.

En el momento de escribir este artículo, si sus ingresos

netos totales son superiores a 60.000 dólares, la presentación como una corporación S, o una LLC que se grava como una corporación S, pueden ayudarle. Conviene consultar a un profesional de los impuestos para que le oriente.

El usuario puede reclamar sus gastos en su negocio sólo si la entidad LLC, corporación C, o S se creó antes de obtener los ingresos de la minería. Todo lo que ha ganado antes de la formación de la empresa no será posible incluirlo bajo la protección de la empresa a los efectos fiscales.

Reducir el impuesto sobre el comercio

Si el usuario se considera un comerciante diario, entonces puede optar por pagar mucho menos en impuestos que los comerciantes ocasionales.

Pero primero debe pasar la prueba de operaciones diarias del IRS respondiendo afirmativamente a estas tres preguntas:

- ¿Tiene el objetivo de obtener beneficios de los cambios de precios diarios en el mercado de criptomonedas en lugar de mantener sus posiciones a largo plazo o incluso durante la noche?

- ¿Pasa la mayor parte del día operando en lugar de tener un trabajo diurno a tiempo completo?

- ¿Tiene un patrón de negociación sustancial y regular y hace una gran cantidad de operaciones diarias?

Si reúne los requisitos para ser un operador diurno, es posible que pueda reclamar sus recompensas como autónomo.

Esta designación significa que puede deducir todos sus gastos relacionados con el comercio en el Anexo C como cualquier otro propietario único.

Según finance.zacks.com, la sociedad tributará en función de sus ganancias y pérdidas, sea o no una corporación de un solo propietario. También puede utilizar el dinero que gana con el *day trading* para pagar su seguro, asistencia sanitaria y beneficios de los empleados, si los tiene.

El seguimiento de las actividades de comercio de criptomonedas a corto plazo puede ser increíblemente confuso.

La industria tiene una alta volatilidad y fluctuación del mercado, y un número creciente de criptomonedas negociables están disponibles todo el tiempo. Estas situaciones hacen que la supervisión de los recursos de forma manual sea casi imposible. Existen algunos recursos de seguimiento que se pueden utilizar para las actividades de comercio cripto que se detallarán seguidamente.

Reducir los impuestos sobre las ganancias de capital

Si no se puede calificar como un operador de día, la mejor apuesta para reducir sus impuestos sobre la plusvalía de las criptomonedas es ser un inversor de largo plazo.

Esto significa mantener sus activos durante más de un año. No venda, intercambie o compre nada con sus criptodivisas en el plazo de un año desde su compra. Con esto al menos reducirá su carga impositiva.

Como se ha mencionado anteriormente, los impuestos sobre la plusvalía de las inversiones mantenidas durante más de un año, a largo plazo, pueden ser mucho más bajos que los impuestos sobre la plusvalía de las inversiones mantenidas durante menos de un año, de corto plazo.

En 2018, las ganancias de capital a largo plazo están gravadas al 0 por ciento, al 15 por ciento o al 20 por ciento, dependiendo del nivel impositivo del inversor. Si él está en el tramo impositivo de rentas altas, por ejemplo, su tasa impositiva sobre las plusvalías puede ser del 20 por ciento. Se puede obtener más información sobre los tramos impositivos en el sitio: www.irs.com/articles/2018-federal-tax-rates-personal-exemptions-and-tandarddeductions

Al momento de intercambiar una criptodivisa por otra el operador debe saber que eso puede ponerlo en riesgo de pagar más impuestos.

Para comprar ciertas criptodivisas en sitios de intercambio específicos, no tiene otra opción que convertir sus criptomonedas por otra en un plazo más corto, pero si obtiene un gran beneficio con la cripto inicial, ya no entra en la categoría de inversor a largo plazo y pierde ese beneficio fiscal. Lo mejor hablar con un profesional de impuestos para asegurarse de que está pagando en la tasa correcta.

Comprobar la tasa de su estado

En los Estados Unidos, los diferentes estados tienen diferentes leyes fiscales estatales, y algunos estados tienen mejores tratamientos que otros para grupos específicos de personas o ciertas industrias.

Algunos estados, como Florida por ejemplo, se consideran un "paraíso de la jubilación" porque los jubilados no tienen que pagar el impuesto sobre la renta y también obtienen una gran protección para sus activos y beneficios de impuestos sobre la propiedad.

Cuando se trata de inversores en criptomonedas, ciertos estados como Wyoming tienen grandes incentivos fiscales para las empresas de criptomonedas y los inversores porque las criptodivisas están exentas de impuestos sobre la propiedad por completo.

En 2018, Wyoming se convirtió en el primer estado en definir las criptodivisas como una clase de activo completamente nuevo.

Los funcionarios de Wyoming lo etiquetaron como el "proyecto de ley de utilidad de tokens" y lo convirtieron en ley en marzo de 2018.

Fue diseñado para eximir a las criptodivisas específicas de las leyes estatales de transmisión de dinero.

A medida que las criptodivisas se vuelven más populares, se puede esperar que más estados creen tales tipos de leyes para incentivar a las empresas y a los individuos a llevar sus cripto talentos y dinero allí. Por eso es importante estar al tanto de los últimos acontecimientos de esta industria.

Se pueden consultar en sitios web como https://pro.benzinga

Evaluación de los ingresos imponibles de las transacciones de criptografía

Finalmente, la declaración de sus ingresos y ganancias de capital en criptografía depende del usuario.

Debe hacer un seguimiento de todos sus hechos imponibles, es decir, cada vez que venda o intercambie sus criptoactivos por otras cosas. Hasta el momento de escribir esto, el IRS no requiere la presentación de informes de terceros para criptos, es decir, las entidades donde el usuario compra las criptomonedas no tienen que reportar las ventas, lo que dificulta el seguimiento y la presentación de informes.

Pero hay que tener presente que todo lo que se relaciona con este mercado es muy dinámico y está en constante cambio, no sólo comercial o tecnológico sino también legal. Algunos consejos y puntos a tener en cuenta cuando se evalúan las actividades con criptomonedas son los siguientes.

Seguimiento de la actividad en el sector de las criptomonedas

El mercado de las criptomonedas se está expandiendo, y cada vez hay más recursos de seguimiento disponibles para comerciantes, inversores y mineros por igual. Aquí hay algunos recursos que se pueden consultar:

- CoinTracker

https://www.cointracker.io

CoinTracker sincroniza automáticamente sus transacciones de criptomonedas con una lista creciente de intercambios como Coinbase, Kraken, KuCoin, y más para generar formularios de impuestos. También cuenta con un equipo de apoyo en línea.

- CoinTracking

https://cointracking.info

CoinTracking analiza su actividad de inversión y genera un informe fiscal basado en sus ganancias y pérdidas.

- CryptoTrader.tax

http://cryptotrader.tax

Este sitio web sitio web lo conecta con una lista creciente de intercambios como Coinbase, Binance, Bittrex, y lo ayuda a calcular sus criptoimpuestos en pocos minutos. Tiene un gran soporte al cliente en línea que responde a sus preguntas inmediatamente.

Manejo de las bifurcaciones de criptomonedas

En capítulos precedentes se habló de cómo se puede obtener monedas gratis cuando una parte de la comunidad de una criptodivisa decide crear su propia versión de la moneda.

Por supuesto, nada es gratis totalmente, y es probable

que tenga que pagar impuestos por las criptomonedas adicionales que reciba a través de la bifurcación.

Por ejemplo, si el operador e Ethereum y se somete a un hard fork que le paga una cantidad igual de la nueva criptomoneda además de sus activos originales de Ethereum, deberá pagar impuestos ordinarios sobre las nuevas monedas libres en lugar de impuestos sobre las ganancias de capital a largo plazo.

El usuario paga estos impuestos sobre la base del valor en dólares estadounidenses de la nueva criptomoneda el día en que las recibe.

El IRS todavía ofrece poca orientación en relación con las bifurcaciones duras y los impuestos.

Hay que asegurarse de consultar con un profesional de impuestos y mantenerse a la vanguardia del juego mediante el seguimiento de todos sus registros de criptografía utilizando sitios web profesionales como http://cryptotrader

Informar sobre las inversiones internacionales en criptografía

El mercado de las criptomonedas y sus reglas están en constante evolución. Por eso un inversor se debe mantener al día sobre todas sus transacciones de cripto. Pero incluso si invierte en criptodivisas fuera de los Estados Unidos, debe reportar la actividad al IRS.

Para el momento de escribir esto, no tiene que informar de sus criptodivisas en su *Informe Exterior* de cuentas bancarias en el extranjero (FBAR). Esta directriz se basa en una declaración del IRS de 2014 que decía: "La Red de Ejecución de Crímenes Financieros, que emite orientación normativa con relación a los informes de cuentas bancarias y financieras extranjeras (FBAR), no requiere que las cuentas de divisas digitales o virtuales sean reportadas en un FBAR en este momento, pero podría considerar la posibilidad de exigir la declaración de dichas cuentas en el futuro".

Hay que asegurarse de estar al día con las regulaciones de criptografía del IRS porque están sujetas a cambios cada año; nuevamente, lo mejor es consultar a un profesional de impuestos. También el usuario debería tener en cuenta que el no estar obligado a reportar tus criptomonedas en tu FBAR no significa que pueda ocultar al IRS sus actividades de criptodivisas en el extranjero.

Vale la pena repetirlo: el usuario es responsable de conocer las ramificaciones fiscales de su actividad criptográfica. El IRS ha estado persiguiendo las inversiones en criptodivisas dentro y fuera de los Estados Unidos. Incluso obligó a Coinbase a entregar sus registros de clientes en 2017. Así que la gente que simplemente no conocía las implicancias fiscales de las criptomonedas se pudo meter en problemas junto a los que intentaban ocultar sus inversiones en cripto.

Capítulo 20

Movimientos posibles si la cartera no funciona

Tanto para un operador de corto plazo como para un inversor de largo plazo, puede suceder que por momentos observe a su cartera como improductiva, apreciando que alguna de sus participaciones parecen moverse en su contra.

Antes de que pueda reaccionar, es posible que alcance la situación de FUD, sigla de *Fear, Uncertainty and Doubt,* o sea miedo, incertidumbre y duda, que en la jerga de las criptomonedas es bien conocida y puede ser increíblemente frustrante y contribuir a que tome una decisión emocional en lugar de ejecutar una estrategia bien pensada.

En este capítulo se incluyen diez potenciales consejos al usuario, para seguir cuando el mercado parece no estar de su lado.

No hacer nada

Es un muy buen consejo, sobre todo para no empeorar las cosas. En la mayoría de los casos, la paciencia es una virtud rentable. Si el operador ha ingresado en una posición específica después de haber hecho un análisis exhaustivo de inversión desde todos los puntos aconsejables, lo más probable es que la actual caída del mercado sea temporal. Si se le da tiempo, puede volver a encontrarse en territorio positivo. Incluso los mercados más difíciles vuelven a subir si se espera lo suficiente.

Por supuesto, el mercado de las criptomonedas es muy nuevo y no ha exhibido suficiente evidencia para demostrar que sigue el sentimiento de otros mercados tradicionales como el bursátil.

Sin embargo, dado que la mayoría de los inversores clasifican las criptomonedas como un activo con plusvalía de capital, al igual que las acciones, el mercado de criptomonedas puede seguir una psicología de mercado similar a la de los otros activos financieros. Los activos de plusvalía son aquellos en los que se invierte esperando una ganancia en su valor para obtener un rendimiento positivo. Por supuesto, esperar mucho tiempo puede no ser adecuado para todos los operadores e inversores.

Dependiendo del momento de su vida en que se encuentren y de cuáles sean sus objetivos financieros, el usuario puede aprovechar para hacer del tiempo su mejor amigo en la actividad inversora.

Si tiene un plan de diez años para alcanzar un objetivo financiero, como comprar una casa, por ejemplo, no debería preocuparse por los pequeños altibajos de los mercados.

Reevalúe su tolerancia al riesgo

Como se explicado, medir la tolerancia al riesgo es el primer paso que debe dar un operador cuando empieza a invertir en cualquier cosa. Pero a medida que la vida avanza, las circunstancias cambian de forma que pueden afectar a su tolerancia al riesgo.

Un periodo de baja de su cartera puede ser un buen momento para reevaluar su tolerancia al riesgo e identificar la mejor actitud que puede adoptar a continuación.

Por ejemplo, si ahora tiene una mayor tolerancia al riesgo que la que tenía cuando entró en una posición, puede considerar la posibilidad de aumentar su participación desde la posición perdedora.

Pero si su situación financiera ha afectado a su tolerancia al riesgo de una manera negativa y no tiene mucho tiempo en sus manos, puede considerar la posibilidad de reducir las pérdidas.

Sin embargo, lo fundamental es no tomar nunca una decisión precipitada basada únicamente en las emociones y la sensación de que su tolerancia al riesgo es alta o baja. Si calcula cuidadosamente su tolerancia, puede llevarse una sorpresa en sentido contrario.

Mire el panorama general

Puede evaluar el panorama general tanto desde el punto de vista técnico como desde el fundamental:

#En el aspecto técnico, puede hacerse una mejor idea de hacia dónde se dirige el mercado cambiando a marcos temporales de más largo plazo. Por ejemplo, el mercado puede estar en una tendencia alcista a muy largo plazo, en la que el precio ha ido subiendo en promedio durante bastante tiempo. En ese caso, la actual caída puede ser una saludable corrección, que incluso puede ser una buena oportunidad para comprar más de su criptoactivo.

#En el lado fundamental, hay que volver a las razones básicas por las que se eligió invertir en una criptomoneda específica, reviendo aspectos como la causa, la gestión y la comunidad, la tecnología, y todo lo demás que puede contribuir al crecimiento a largo plazo de la valoración de la criptodivisa.

Investigue las razones fundamentales por las que la criptodivisa ha bajado

Cuando se evalúa el panorama general, como se discute en el párrafo anterior, se puede encontrar que un problema fundamental está impulsando la devaluación de su criptoactivo.

Tal vez la criptodivisa ya no está respaldada por corporaciones financieras gigantes, la empresa emisora se ha involucrado en una estafa, o se está quedando sin dinero y por lo tanto no puede invertir en su tecnología. Puede utilizar su motor de búsqueda favorito para investigar los detalles fundamentales de cualquier criptodivisa específica. Simplemente busque el nombre de la criptomoneda en línea y revise los resultados más recientes de la búsqueda en la categoría "Noticias".

Si los fundamentos han cambiado para peor y son la razón por la que el valor ha bajado, es posible que tenga que reevaluar su posición y potencialmente cortar las pérdidas.

Siempre es conveniente que el operador se mantenga al día con las noticias más recientes de las criptomonedas.

Se pueden consultar sitios web como: https://cryptobriefing.com/ www.coindesk.com/ www.newsbtc.com/

Considerar la cobertura

La cobertura es una práctica de inversión común para gestionar el riesgo. Con la cobertura, básicamente el operador va en contra de su posición o sector actual para compensar el riesgo que conlleva.

Se puede realizar la cobertura con derivados, como las opciones y los futuros, pero también se puede intentar cubrir mediante la diversificación, así como yendo en contra de su posición actual.

Por ejemplo, si ha comprado Bitcoin frente a otra criptomoneda como Ethereum y el precio de Bitcoin está cayendo, puede considerar la venta de Bitcoin en una operación diferente y aprovechar la actual tendencia a la baja.

La cobertura posicional es especialmente útil cuando se opera con criptomonedas que permiten la venta en corto. Para más información sobre estrategias de cobertura, el operador puede consultar en los sitios especializados.

Diversificar dentro de los criptoactivos

Añadir a su cartera otros criptoactivos que estén expuestos a un tipo de riesgo diferente al de su criptodivisa perdedora es otra forma de cobertura que puede ayudarle al operador a equilibrarla. Identificar estas criptodivisas puede ser muy difícil, porque en general la mayoría de las criptomonedas están expuestas a tipos de riesgo similares.

Diversificar entre otros activos financieros

Hasta que la inversión en criptodivisas se convierta en la corriente principal, esta estrategia puede resultarle la más útil.

Si su análisis muestra la necesidad de esperar un período más largo en el mercado de criptodivisas mientras que otros instrumentos financieros, como los bonos del gobierno son lucrativos, se puede considerar diversificar con respecto a las criptomonedas para distribuir el riesgo. Este enfoque es una forma diferente de cobertura, de la que ya se ha hablado.

Intercambio con una criptomoneda mejor

Después de rehacer el análisis de inversión para sus criptoactivos que han bajado, puede advertir que no vale la pena mantener una criptografía en particular.

A diferencia del mercado de acciones, donde no tiene más remedio que asumir las pérdidas, en el mundo de las criptomonedas puede tener la opción de cambiarla por otra criptodivisa mejor.

Por ejemplo, si el operador compró un lote grande de una criptomoneda llamada *Equis Coin* a un precio alto, pero su valor

ha estado cayendo en picada sin signos de recuperación. Al mismo tiempo, oye hablar de una nueva criptomoneda barata con un futuro brillante.

Aunque no pueda comprar una gran cantidad de la nueva criptodivisa con su devaluada *Equis Coin*, todavía puede beneficiarse cortando sus pérdidas en *Equis Coin*, saliendo temprano de su posesión y realizando el intercambio con la mejor cripto nueva.

Añadir a su posición actual

Hay un famoso inversor, Warren Buffett, que se caracteriza por ampliar su posición perdedora, comprando más de una acción que cae a un precio más barato, cuando los mercados caen.

Pero, por supuesto, lo hace sólo para activos que tienen sólidos fundamentos y están en medio de un temporal y saludable retroceso. Él puede manejar el riesgo.

Esta estrategia tiene el potencial de funcionar también para las criptomonedas.

Antes de entusiasmarse demasiado, el operador debe tener en cuenta que el mercado de criptomonedas puede actuar de forma diferente al mercado de valores, que es en lo que invierte Warren Buffett y puede seguir siendo impredecible y volátil en los próximos años.

Por eso el interesado debe asegurarse de que puede permitirse una mayor pérdida prospectiva durante un periodo de tiempo hasta que el mercado de criptomonedas vuelva a su cauce.

Un buen consejo es evitar utilizar el margen y pedir dinero prestado a su corredor cuando añada a su posición perdedora. Estos métodos aumentan el riesgo de su inversión.

Al añadir a su posición perdedora, puede hacer que su precio medio de mantenimiento sea más bajo y, por tanto, obtener más beneficios cuando el precio se recupere.

Contemplar la posibilidad de reducir las pérdidas

Si bien no hay que abusar de las stop losses, que son órdenes de mercado que se establecen para cortar las pérdidas si el precio de un activo como una criptomoneda va en contra de la posición de inversión del operador, a veces no hay otra opción por varias razones, incluyendo la tolerancia al riesgo personal y las condiciones del mercado.

En ese caso, se puede considerar simplemente salir de la posición perdedora, dejarla y centrarse en otra fuente de beneficios.

Los operadores a corto plazo son más propensos a utilizar paradas de pérdidas. A largo plazo se supone que no son necesarias porque el operador ha hecho el cálculo de la gestión del riesgo con antelación, asegurándose de tener suficiente tiempo para esperar.

El uso de un *stop-loss* puede ser increíblemente beneficioso si usted invirtió en una estafa y le posibilita salir de su error, ya que le permitirá limitar sus pérdidas antes de que el valor del activo se desplome del todo.

Capítulo 21

Desafíos y oportunidades para inversores

En este capítulo se introducen oportunidades y obstáculos que pueden enfrentar los inversores en criptomonedas durante sus incursiones en este mercado. Aún el obstáculo puede transformarse en un beneficio si se lo trata de la manera correcta.

Nuevas criptomonedas en el bloque

Bitcoin, la primera criptodivisa de la historia, que ya tiene más de diez años, no es la única criptodivisa que interesa a los inversores. Para bien o no, siguen apareciendo nuevas criptodivisas a diestra y siniestra, y se puede esperar que ese número aumente. Lo más probable es que no todas las 1.600 criptodivisas disponibles hacia 2018 van a triunfar dentro de cinco años. Por otro lado, una sola criptodivisa que ni siquiera ha nacido todavía puede explotar y reemplazar definitivamente a Bitcoin en el futuro.

Es por esta razón que se puede considerar este concepto como una oportunidad y un reto, porque mirando con visión de futuro porque no hay que descartar a los recién llegados y elegir entre todos, viejos y nuevos actores, a los que tienen verdadero potencial.

Influencia de los datos económicos

Encontrar datos económicos es principalmente un desafío actual relevante para la industria cripto.

Aunque existen muchas organizaciones de consultoría dedicadas a las criptomonedas, puede ser difícil encontrar los verdaderos datos económicos que impulsan al mercado. Debido a que la industria cripto no ha desarrollado un sistema económico sólido todavía, a veces los medios de comunicación pueden crear miedo o codicia en el mercado de la nada, sin ningún estado financiero consistente que lo respalde.

Para evitar caer en esas trampas, se puede considerar seguir a más de una fuente de noticias de criptografía y luego tomar lo que se lee con lupa.

Algunas organizaciones de noticias financieras y criptográficas que se pueden seguir para entender mejor los mercados son:

- AMBCrypto:
https://ambcrypto.com/
- Benzinga:
https://pro.benzinga.com/
- Bitcoin Exchange Guide:
https://bitcoinexchangeguide.com/
- CCN:
www.ccn.com
- CoinDesk:
www.coindesk.com/
- CoinGape:
https://coingape.com/
- CoinGeek:
https://coingeek.com/

- Cointelegraph:
https://cointelegraph.com
- Crypto Briefing:
https://cryptobriefing.com/
- Crypto Daily:
https://cryptodaily.co.uk/
- The Daily HODL:
https://dailyhodl.com/
- Forbes:
www.forbes.com
_ Global Coin Report:
https://globalcoinreport.com/
- MarketWatch:
www.marketwatch.com/
- NewsBTC:
www.newsbtc.com/

¿Existe la Normativa?

Aunque es algo que está en una dinámica permanente, podría considerarse que la normativa sobre criptomonedas está todavía en sus inicios. Algunos países llevan la delantera en términos de regulación, creando una oportunidad para sus residentes de aprovechar la industria de las criptomonedas desde el principio. Sin embargo, no hay que decepcionarse si las cosas tardan en llegar. La falta de regulación es una gran preocupación en la industria, pero también ha significado un ejercicio de libertad y creatividad para los primeros inversores.

A medida que más países regulen el mercado de criptomonedas y lo reconozcan como un instrumento financiero real, los precios de las criptomonedas pueden empezar a subir cada vez más.

El peligro de los Hackers

En este punto es importante separar el mito de la realidad. Muchos consideran que las criptomonedas están más expuestas que otros mercados de inversión a la piratería informática, por su naturaleza tecnológica. Es un error, porque con la creciente digitalización todos los mercados están expuestos por igual a la acción de los hackers. Desde una cuenta bancaria hasta una tarjeta de crédito pueden ser accedidas y manipuladas en forma fraudulenta.

Se han desarrollado en este tratado algunas formas de protección para el inversor y sus criptomonedas de ser hackeadas.

El hackeo es un problema real en la industria cripto y, por desgracia, puede que no desaparezca en el futuro.

Sin embargo, los incidentes de hackeo normalmente tienen un impacto negativo en el precio del mercado de criptomonedas sólo temporalmente.

Es entonces cuando puede convertirse en una oportunidad para que el resto de los actores del mercado para comprar a precios más bajos.

Aprovechar un incidente de hackeo no significa que se deba invertir en la empresa que se ha visto comprometida. Siempre hay que investigar y analizar las circunstancias. Si una criptomoneda específica o una bolsa de criptomonedas se ve comprometida de una manera irreversible, es posible que el operador desee mantenerse alejado de ella.

Sin embargo, la noticia puede afectar a otras criptomonedas en el mercado sin otra razón fundamental que el hecho de formar parte de la misma industria. Cuando un jugador cae, la ola negativa impacta en todos los demás también.

Burbujas

Se puede pensar que la burbuja de las criptomonedas ya ha estallado en 2018 y que ahora su mercado está en camino de la estabilización. Pero nada indica que no pueda surgir otra burbuja en nuevas criptodivisas, o incluso en las ya existentes.

Con la investigación y el análisis, se pueden identificar las burbujas por el rápido crecimiento del precio que no tiene ninguna razón fundamental detrás.

Es decir, cuando se observa un crecimiento basado sólo en el boom del mercado. Ese es el mejor momento para vender sus activos cripto a precios más altos y tomar ganancias o simplemente mantenerse al margen hasta que las cosas se calmen.

La actitud de "mantenerse alejado" es el verdadero desafío, porque el usuario tiene que luchar contra su FOMO o miedo a perderse algo, según la sigla en inglés de *Fear Of Missing Out*, que define la conducta del operador que entra al mercado "persiguiendo el precio", para no perderse una operación supuestamente ventajosa.

Un mercado a la baja

Cuando el operador ve que su cartera de criptomonedas está a la baja, puede que su confianza en sí mismo y su actitud positiva decaigan con ella.

Sin embargo, debe recordar que una posición perdedora no es una ofensa contra su capacidad ni debe interpretarla como una cosa personal.

Es probable que sólo sea un movimiento natural del mercado basado en el sentimiento del conjunto innominado de muchos actores, y no debe dejar que lo afecte.

De hecho, puede incluso tomarlo como una oportunidad ampliando sus inversiones y cubriéndose, como se ha explicado antes.

Una cartera perdedora no es una indicación de que el usuario sea un mal inversor y no tenga lo que se necesita para obtener beneficios en el mercado.

Del mismo modo, una inversión ganadora no demuestra que el usuario es un exitoso infalible, ni indica que ha dominado el arte de la inversión.

Nuevas monedas y proyectos

Se está construyendo una innegable ola de nuevos sistemas económicos, que puede o no terminar con las criptomonedas respaldadas por la cadena de bloques.

Los proyectos en marcha en el momento de escribir este artículo incluyen la Iniciativa Q, que comenzó como un experimento social en junio de 2018. Basa su modelo económico en el hecho de que toda moneda tiene valor simplemente porque la gente la tiene y las tiendas la aceptan como un sistema de pago. El proyecto Iniciativa Q afirma ser "la red de pagos del mañana". Más concretamente, está haciendo un experimento financiero social con una moneda del "futuro" llamada Q.

Ha realizado su lanzamiento con marketing de referencia, de manera que los primeros en adoptarla pudieron obtener unidades Q gratis invitando a otros y animándolos a invitar a más personas.

La filosofía del proyecto afirma que si un número suficiente de personas tiene Q, puede convertirse en una moneda legítima que sustituirá al dólar estadounidense y será utilizada en todo el mundo.

La razón por la que se considera a este tipo de proyectos como una oportunidad y un reto es que actualmente se pueden encontrar muchos aspirantes a modelos económicos futuros. Estos modelos, eventualmente pueden contener mucho riesgo o simplemente no tienen lo que se necesita para llegar a concretarse.

Por ejemplo, muchas personas consideraron que la Iniciativa Q era un esquema piramidal, donde sólo ganan los primeros en entrar y quedan un montón de estafados en la base y rechazaron la invitación a unirse. Es plausible moverse con cuidado en estos temas que involucran dar información personal.

Iniciativa Q, aparenta tener un riesgo mínimo porque

todo lo que pide es el nombre y la dirección de correo electrónico, y su política afirma que la empresa destruirá esos datos si el proyecto no tiene éxito. Pero, igual muchos desconfían.

El aspecto de una invitación a participar de la Iniciativa Q se puede ver en el sitio: https://initiativeq.com/invite/

Los enlaces de invitación se activan y desactivan periódicamente, por lo que hay una posibilidad de que cuando el interesado haga clic en el enlace anterior, esté en el periodo de desactivación. Pero siguiendo el enlace, se puede acceder a las páginas de medios sociales de Initiative Q, donde se podrá encontrar enlaces activos. Además, si el potencial participante pregunta a sus amigos y familiares puede que tenga un enlace que compartir.

Otra posibilidad, que no hay que descartar, es que el proyecto se haya cancelado para cuando usted lea esto.

Diversificación

En capítulos anteriores se ha hablado con bastante detalle de la diversificación. Aunque la diversificación suele ser una estrategia de gestión del riesgo, una diversificación excesiva puede ser perjudicial para la cartera.

¿Por qué? Porque al repartir una parte excesiva de su fondo de inversión en tantos activos diferentes, es probable que el usuario se pierda de invertir a lo grande en los que más rinden. Y si invierte demasiado poco en los verdaderos ganadores, su rendimiento total también será escaso.

Si el inversor ha realizado un análisis exhaustivo de inversión sobre una criptomoneda específica y cree que va a triunfar, puede considerar asignar una parte más grande de su cartera en lugar de comprar una gran cantidad de criptodivisas sobre las que no está seguro. A veces sólo una o dos grandes inversiones son todo lo que se necesita para alcanzar su objetivo financiero.

Enamorarse de una criptomoneda

En este caso, la desviación puede ocurrir igual con una determinada acción en el mercado bursátil o con una divisa en Forex. Invertir requiere de disciplina y decisiones difíciles. Las criptomonedas pueden ser encantadoras, pero emocionarse demasiado con ellas puede perjudicar su cuenta de cuenta de inversión a largo plazo. Si ha llegado el momento de decir adiós a una criptomoneda que el operador consideraba ganadora en el pasado, simplemente debe hacerlo. Enamorarse de lo que se hace es genial y a veces hasta recomendable, pero nunca olvidando que se está en este negocio para obtener beneficios. No se debe dejar que las emociones guíen las decisiones de inversión demasiado; se puede utilizar un poco de instinto pero cuando ya se haya hecho todo el análisis lógico.

Además, se debe tener en cuenta que sus criptomonedas probablemente no le devolverán el amor de forma sentimental sino sólo con ganancias.

Uso del análisis de inversión

Cualquiera que sea el tipo de inversor o negociante el interesado, el análisis de inversión está ahí para guiarle en el camino. Sin embargo, el uso del análisis requiere de paciencia y comprensión del funcionamiento de los mercados. No se puede improvisar. Incluso si una celebridad a la que el usuario admira, está promoviendo una criptomoneda específica, eso no tiene que contemplarse en el análisis fundamental.

Si el operador cree que ha descubierto una tendencia fuerte sólo en un marco de tiempo, no puede llamar a eso análisis, sin comprobar otros indicadores. Debe asegurarse de que todos los elementos del análisis apuntan en la misma dirección antes de tomar una decisión de inversión.

Mayo, 2021

Agradecimientos

Querido lector, muchas gracias por haber llegado hasta el final de este libro.

Si te ha gustado el contenido y consideras que has aprendido algo interesante que puede mejorar tu vida, estaría muy agradecido si pudieras dejarme una valoración al respecto.

Para mí significaría mucho y me ayudaría a seguir aportando contenido de valor a la comunidad.

¡Muchas gracias!

DEDICATION:

This is dedicated to the courageous and the crazy. Yes, you, who are facing your fears - mostly the one's inside of you.

Fear will be faced in the smallest of ways, reaching the tallest of walls mounted over time.

And to the crazy - this is to your crazy ride, crazy risks and mainly, to the crazy adventure of learning you.

I often say, "*Wild hearts are often misunderstood by cabin dwellers*." So let your wild heart run free regardless.

TABLE OF CONTENTS

TABLE OF CONTENTS

PART I

LIFE IS FORMED IN EVERY BREATH ONE TAKES; AND HE CHOSE TO BREATHE INTO ME.

I found my voice in the misery of defeat.
In heated debates within me and my
violent silence to the
world around me.

I found a voice.
It was my voice.

It was kind in the slightest and
moved with a softened blade.
It fed from light and longing.
Yet it gave without relent.
Hope echoed in its calling.

Circulating from crevice to crown;
my voice found itself wrapped in the
arms of undulated love.

When did I stop chasing butterflies?

My gut is cemented to the back of my ribs
my feet planted on streams of doubt
Pain so grey I forgot what it was
like to float in a sea of color.
Did I lose my eyesight? Or did color
just fade from my eyes?

Bred to chase the feeling of flight,
Yet taught to use my feet to temper my soul.
How can I find my butterflies again?

My ribs crave their light buttery stir.
Their warmth and sparkling fear
blushing my skin so ripe as they awaken.
Their kisses so sweet and faint like
a soft dream sitting on my eyelids
Infusing my vision with delight.

I found my butterflies in the risk of life.
Dreaming in the midst of chaos,
reviving what was once asleep inside.

As your feet worn and bloodied,
Remember the wear is daring.
Its stunning rips and tears are from
movement of starting and continuing.
The story of grand and grotesque.
Simple and supple.
The wear is your victory.
The wear built your strength.
The wear is where you live knowing
you're not standing still
but moving and that is
beauty-filled.

When did you become a shadow?
A burnt offering to adulthood.
Where did you go?
I don't think you even know.

Slowly humanity and reality handed
you stormy waters and told you not to spill it.
And spill it you did.
All over your arms, and eyes and
most of all, your lungs.
They are licked with wet thunder
every time you speak
Instead of the shooting stars that
would float off your tongue
when you tended to your dreams.
You were weightless with your desire
to move mountains.

Find her again. She needs your
revival, so she can run free.

It's only me, I remind myself.
You are weakness that inspires
strength.
You are a spirit alive by one
breathe.
You are home in lights arms.
& you are here because creation
called your name.

The stars tell me to jump every time
I stop to listen.

So, I do.

Starting with my mind, as it is the
keeper of the little big things.
Here goes my pride,
as I unravel it in the wind.
Bare and feeling brave, I untie all
that is left in my spirit and my soul.

Fear prickles my fingertips, but
adventure captures my heart.
Familiarity and intimacy grasp the
back of my throat
as you whisper everything in just one look.
I know you, my throat etches,
and my chin confesses.

You. Yes, I have done all of this
for you. I am reminded once again.

The stars encourage me with gentle
gleams, and the moon with his eager glow.
"Hello," my breath now breathes as I
open myself to something new.

PART 2

THE BEAUTIFUL ACKNOWLEDGE BEAUTY IN ANY FORM; WHEN UNDERSTOOD, BUT MOST IMPORTANTLY WHEN NOT.

My stomach drops with bile
every time you brush my name
with your mouth.
Your tongue prickles with pride while holding
sweet nothings in your hand.

I am sore with your nothings.

~~~~~~~

Your air is hot with false wisdom
that doesn't fit quite right.
I believed the half truths
filled in your half ,moon eyes.

Until I said, no.

No more walking on my soft coated heart or
my deep weighted lungs.

No more squeezing out my no's with your
strings holding my soul ever so tight.

No to your attention
that wreaked havoc on my mind.

No to you in my life.

Yes, I said,
no.
~~~~~~~

What sin she was with breasts on her
ribs and curves on her thighs.
God forgive her for being made in your sight.
The image she did not ask for but
pressured to ask forgiveness for.

Is she a sinner for the weight of her body?
Or for the weight your eyes choose
to linger on her body?

She may not remember,
but her soul reminds her
The moment creation exhaled into her lungs.
His breath lingered while her
breasts blossomed.
His words shaped the curve of her
hips and the chisel in her jaw.

Fearful and wonderful, creation named her.
Not sin and shame.
That is your unfit cloak reflecting
your own pain.

I have visible brushstrokes on my
thighs and tight scribbles for hair.
Unlikely curves on my back and
textured patterns everywhere.
My face is splashed with rose
markings to signify I'm alive.
I am abstract. I am art.
I am divine.

Maybe you are clean lines
or a dot on a small page.
Maybe you are a vase made in
the Rococo phase.
Or maybe you are a rock painted
green for no one to see.
But there are no maybes that
you are art.
You are abstract.
You are made to be.

PART 3

"THE AIM OF ART IS TO REPRESENT NOT THE OUTWARD APPEARANCE OF THINGS, BUT THEIR INWARD SIGNIFICANCE."
- ARISTOTLE

I see you.
The one with the round eyes and
hope faint on your breath.
You dreamed in other worlds but were confined to the
one you see with your eyes.

You, I see you.
The one who tried to find out what
happened to you in other men's eyes.

I see you, too.
The one who vowed to change lives, because you
thought it would make your life right.

I know you.
The one who's soul scoured to
find value in times old eyes.

I know you. Yes, you.
With the other worldly dreams floating in your mind,
and a mouth brimming with fire and ice.

I know why
Hope fell out of your chest. Life had a way of
unraveling your kind.

That's why I know you.
And that you have eyes to see the future,
even with a past craving to be set free.

I found your truth.
I found her in the Mediterranean Sea while
whispering through the breeze. Where else would you
feel at home, but in the hopeful never been's and one
day's longing to come alive?

I know your truth
because it reflects my own soul.
You are rare. You are unsure.
You are a melody waiting to be sung.

Heaven's eyes are open to you.
The sky is cheering you on.
The mountains echo your voice.
And your shout hasn’t run dry.

Your whisper rumbles when needed.
Your hope glistens in the horizon.
Your love ebbs in the deep and in
the shallow
but most of all it roams free
in the shadow of the Almighty.

You are living in the dream
of the dead by just living;
so breathe, knowing you aren't done
with the dream just yet.

Let flowers pour out of your ribcage
Oozing the fragrance of spring
Let it remind you of the seeds I
planted in the barren land.
Let it reach your lungs
as a song of adulation
to the very breath who created you.

Sing of my goodness with petals
falling from your lips
Tell the cymbals to prance in
harmony stirring the buds of winter from
their slumber

It's time to rise, oh sweet one;
Oh sweet daughter of mine.
Let your breath be fragrant
with my words.
Let your shout become your whisper
And let your whisper become our
first dance.

Radiant are you my beloved.
Your heart has bloomed again
And I am in delight, dear one.

PART 4

THE SECRET IS: RESISTANCE LEADS TO RESILIENCE

Oh your garden,
Your garden of delight.
You have filled it with
wonderment and fresh blooms.
Fragrantly nurtured in winter and wellness;
Nothing can take away your sight.
Seeking and seemingly lost
You will find the roaming has more life than
purpose made from controlled strife.

Let's listen and let's learn.
Wander into a garden of growth and life.
Now, wait and breathe.
Work with purpose.
Not for the purpose of life.

You are made from light and longing
Painted with colors of forevermore
A song with lyrics of unknown tongues.
I can hear it sung, over and over as if it's
a lullaby awakening curiosity and sight.

There is more life to love,
and more love to live
in this very moment.
What once was the future
will inevitably be the past.
So live and love it
before this moment no longer has life.
x

FIN.

x

Made in the USA
Columbia, SC
07 December 2019

84501243R00026

Made in the USA
Monee, IL
04 September 2021

77340131R00213